U0685875

我们一起解决问题

本书受到国家自然科学基金项目的资助

项目名称：线上民宿房东亲和力对房客预定行为的影响机制研究

——基于多源异构数据视角

项目编号：72202154

民宿房东亲和力
对顾客的影响研究

陈东芝　著

人民邮电出版社

北　京

图书在版编目（CIP）数据

民宿房东亲和力对顾客的影响研究 / 陈东芝著. --
北京 ： 人民邮电出版社，2023.8
ISBN 978-7-115-62535-9

Ⅰ．①民… Ⅱ．①陈… Ⅲ．①旅馆－商业服务 Ⅳ.
①F719.2

中国国家版本馆CIP数据核字(2023)第155091号

内 容 提 要

本书以旅游学、管理学和行为学等多学科理论为基础，以房东亲和力为研究重点，深入剖析了房东亲和力的概念、维度及作用机制，构建了房东亲和力与顾客情感、行为意向之间关系的概念框架，探究了房东亲和力如何影响顾客满意度及如何调节民宿各类属性表现与顾客满意度之间的关系，比较分析了房东自述和顾客评论中提到的房东亲和力对评论数量的影响，以及对属性表现、评论数量、房间数量关系的调节作用。这些内容对提高民宿房东亲和力、增强民宿竞争优势有很大的借鉴价值。

本书适合民宿经营者、旅游相关主管部门、旅游企业，以及相关领域的研究者、师生阅读和使用。

◆　　　　著　　陈东芝
　　　　责任编辑　　程珍珍
　　　　责任印制　　彭志环

◆人民邮电出版社出版发行　　　北京市丰台区成寿寺路 11 号
　　邮编 100164　　电子邮件 315@ptpress.com.cn
　　网址 https://www.ptpress.com.cn
　　北京虎彩文化传播有限公司印刷

◆开本：700×1000　1/16
　　印张：15　　　　　　　　　　　　2023 年 8 月第 1 版
　　字数：260 千字　　　　　　　　　2024 年 9 月北京第 3 次印刷

定　价：89.00 元

读者服务热线：（010）81055656　印装质量热线：（010）81055316
反盗版热线：（010）81055315
广告经营许可证：京东市监广登字20170147号

前言

近年来，旅游业的繁荣发展催生了许多类型的住宿业态的出现，如 B&B（Bed and Breakfast）、招待所、农场住宿和民宿。这些住宿业态在一个小的家庭环境中提供个性化服务，让顾客拥有不同于酒店标准化服务的住宿体验。与酒店相比，民宿的一个重要特征是房东有亲和力。发展和保持亲和力是房东维持主客沟通的重要因素。民宿房东亲和力是指房东在为顾客提供常规的功能服务或属性服务的基础上，在其力所能及与合理的成本、时间支出范围内，为顾客提供富有价值的交流、指导、帮助与服务的综合能力。房东具有亲和力，通常会获得顾客较高的满意度、忠诚度及口碑宣传等商业回报。房东通常会使用亲和力唤起顾客的积极情绪，进而影响顾客的决策。

在旅游业和酒店业的研究中，亲和力或亲近感的社交意义被低估了。尽管现有研究考察了民宿的服务质量、家庭氛围、运营策略、民宿的亲近感，但这些研究并没有对房东亲和力的概念进行界定和衡量。亲和力策略在心理学、营销学和社会学等领域受到了广泛关注，但这些领域对民宿房东亲和力的研究却少之又少。在民宿中，房东不仅要花费大量的精力满足顾客的饮食和住宿需求，还要关心顾客的情感需求，给顾客一种家的感觉。因此，构建一个关于房东亲和力的概念框架就显得尤为重要。为此，本书遵循科学的研究范式，探究并总结出了不同房东的亲和力的共性，为后续的相关研究奠定了坚实的基础。

本书以民宿房东亲和力为研究对象，在相关理论和研究成果的基础上，提出有关假设，建立关系模型，并进行假设验证。首先，在文献梳理和理论指导下，主要采用深度访谈法、语义网络分析法、在线评论分析法、因子分析法等研究方法，确定了房东亲和力的两个维度（热情和能力）与四个因子（个人魅力、态度友善、服务与帮助、组织与分享）。在此基础上，本书进一步构建了房东亲和力与顾客情感、行为意向之间关系的概念框架。其次，本书采用文本挖掘法构建房东亲和力词库，探究了房东亲和力如何影响顾客满意度，以及如何调节民宿各类属性与顾客满意度之间的关系，同时比较分析了房东自述和顾客评论中提到的房东亲和力对评论数量的影响。最后，对一系列研究结论进行分析和总结，进一步厘清了本书的理论贡献和现实价值。

本书的创新点体现在以下几个方面。第一，采用质性研究方法，从国内外视角探索了房东亲和力的概念模型、结构维度与运行机理，为后续研究提供了理论框架，在一定程度上拓展了社会认知理论，丰富了房东亲和力的研究内容。第二，构建了具有良好信度和效度的房东亲和力量表，为后续的实证研究提供了可靠的度量工具，为开展对房东亲和力的定量研究奠定了基础。第三，基于一手数据和二手数据两种数据来源，使用结构方程模型和层次多元回归分析法，验证了房东亲和力对顾客满意度的影响。第四，基于大数据分析，构建了房东亲和力词库，探讨了房东亲和力对顾客满意度的影响，并比较分析了房东自述和顾客评论中的房东亲和力对评论数量的影响。

本书在写作过程中参考了诸多学界、业界前辈和同行的文献，借鉴了他们的观点、数据、图表，虽然在文后尽可能地进行了文献著录，但仍不能全面展现他们的劳动成果的价值，在此谨表谢意。

另外，在这里也要感谢我的博导邱汉琴教授的指导，感谢亲友们的大力支持，感谢唐晓云研究员、吴忠军教授、张威教授、吕佳颖教授、马晓龙教授、李辉教授、杨晶晶副教授、张坤副教授、梁赛副教授、毕建武副教授的指导，感谢师兄师姐、师弟师妹的关心和帮助。

鉴于作者水平有限，书中难免存在不妥之处，恳请广大读者批评指正！

目录

第一章

导言

第一节 研究背景

一、现实背景

旅游业的繁荣发展催生了许多类型的住宿业态，如 B&B（Bed and Breakfast）、招待所、农场住宿和民宿。"民宿"一词最早起源于 20 世纪 60 年代初的英国，即房东在一个小的家庭环境中为顾客提供不同于酒店（标准化服务）的个性化服务（Hsieh & Lin，2010）。到 1980 年代，民宿首次出现在我国台湾省。2011 年以后，随着信息化网络时代的普及和智能手机的使用，民宿在我国也呈现几何式飞速增长的趋势。山里寒舍、松赞绿谷、浮云牧场和过山云居等民宿品牌不断涌现，并发展成行业流行的典范。《亲爱的客栈》《青春旅社》《民宿里的中国》《三个院子》和《漂亮的房子》等各大平台真人秀节目，从生活方式、社交空间、文化传统和建筑美学等维度诠释了短租民宿的概念，提升了民众对民宿的接纳度和好感度，改变了民宿产品的低端形象，增加了品牌曝光度。自 2011 年民宿在我国兴起，"民宿"关键词在互联网上的搜索指数逐年上升。2015 年，民宿关键词搜索指数飙升。2016 年，"民宿"在百度的搜索指数开始高于"酒店"的搜索指数。

与酒店相比，民宿的一个重要特征是房东有亲和力。一方面，当顾客在评论和评分中给予房东积极的评价时，表明他们喜欢房东和民宿，这有利于增加民宿的订单量，提高入住率。另一方面，如果民宿和房东没有获得顾客的认可与支持，就可能会面临被淘汰的风险。因此，房东通常会不遗余力地展示亲和力，他们的各种沟通特征也得到了顾客的称赞，如反应迅速、乐于助人、热情好客等。

二、理论背景

虽然房东亲和力的产生过程是房东与顾客互动的中心，但是对房东亲和力的科学研究并没有引起学者们的重视。在旅游业和酒店业的研究中，亲和力或亲近感的社交意义被低估了（Cederholm & Hultman，2010）。尽管有研究考察了民宿的服务质量、家庭氛围、运营策略和民宿的亲近感（例如，Hsiao & Chuang，2015；Jin，Ling & Fern，2016），但这些研究既没有明确房东亲和力的概念，也没有科学衡量房东亲和力。

房东亲和力指的是房东的社会交际和服务能力（Qiu et al.,2021），它与其他领域的亲和力有很大不同，主要体现在民宿房东的服务特性及民宿体验活动的综合性上。民宿房东不仅要花费大量的精力满足顾客的餐饮住宿需求，还要顾及顾客的情绪，给顾客一种家的感觉。现有的心理学领域中关于亲和力的研究虽然较为成熟，但主要集中于教师的亲和力（Dolin，1995；Brooks & Young，2015）、婚姻内的亲和力（Bell & Gonzalez，1987）、家庭亲和力（Ganong，Coleman & Fine et al.，1999）和在线信息的亲和力（Grebe，2009）等方面的研究，这些研究的结论并不适用于解释民宿房东亲和力。为此，本书遵循科学的研究范式，探究并归纳了不同房东亲和力的共性，构建了房东亲和力的概念模型，明确了房东亲和力的维度，分析了房东亲和力对顾客满意度和评论数量的影响，为后续的相关研究奠定了坚实的基础。

第二节 研究目的与研究意义

一、研究目的

（一）房东亲和力的概念及理论模型构建

"亲和力"一词被广泛应用于心理学研究领域，但现有研究尚未在民宿特殊场景下，对房东亲和力进行清晰的概念界定和理论逻辑分析。因此，本书在现有研究的基础上，针对中国和美国两国民宿房东，收集了相关的深度访谈记录和在线评论，并且采用扎根理论方法和语义网络分析方法，从国内外视角探讨房东亲和力的概念模型、结构维度与运行机理，分析各维度和因子之间的相互关系，为房东提升亲和力提供理论指导。

（二）房东亲和力量表开发

现有的心理学领域中关于亲和力策略的量表不适合研究民宿房东亲和力。与其直接使用现有的亲和力量表，还不如开发一个更适合民宿房东的量表。因此，本书严格按照邱吉尔（Churchill，1979）的量表开发程序设计房东亲和力的测量维度和指标，采用探索性因子分析、一阶和二阶验证性因子分析等方法，构建了房东亲和力的测量量表，为后续的实证研究提供了较好的信度和效度的度量工具，完善了房东亲和力的理论框架。

（三）房东亲和力对顾客满意度的影响作用研究

本书采用一手数据和二手数据两种数据源，使用结构方程模型和层次多元回归分析两种方法验证了房东亲和力对顾客满意度的影响。首先，我们在我国云南省大理市和丽江市发放了 388 份问卷，运用结构方程模型验证了房东亲和力对顾客满意度的正向影响。其次，我们从爱彼迎（Airbnb）网站获取了来自 21 个国际旅游城市的 224 128 条评论数据，使用文本挖掘方法获得文本的语义特征（如房东亲和力），采用层次多元回归分析方法验证房东亲和力对顾客满意度的直接影响作用，并以房东亲和力为调节变量，探讨了其对 Airbnb 民宿各属性表现（如沟通顺畅、位置便利等）与顾客满意度之间的关系的调节作用，以期为民宿经营者提升亲和力提供行动指南和基本参照框架。

（四）房东亲和力对评论数量的影响作用研究

了解房东在民宿共享平台网站上表现出的亲和力如何影响评论数量，对于民宿获取竞争优势至关重要。首先，我们从 Airbnb 内部网站收集了 36 个城市的 104.6 万条顾客评论和 114 310 条房东自述，通过分析顾客评论和房东自述，构建了房东亲和力的文本分析框架，探讨和比较了不同文本中提到的房东亲和力对民宿在线评论数量的影响。其次，我们探讨了房东亲和力对属性表现与评论数量之间关系的调节作用。最后，我们分析了房东亲和力对"属性表现""民宿房间数量"与"评论数量"之间关系的调节作用。

本书深化了对顾客面临线上多种房东亲和力信息的决策场景的理解，有利于提升民宿发展的质量与效率。

二、研究意义

（一）实践意义

1. 为房东在实践中实施亲和力策略提供有效的概念指导

首先，本书界定了房东亲和力概念等基础问题，为民宿经营者提高服务水平、增强竞争优势等相关实践提供理论依据。其次，本书系统构建了房东亲和力量表，探讨了房东亲和力对顾客情感价值、合作意向和顾客满意度的影响，可以从整体上指导民宿经营者的相关实践活动。具体而言，房东可以通过充分展示个人魅力、热情好客、服务与帮助、定期组织旅游活动等方式增强与顾客的互动，让顾客产生积极情绪进而影响其合作意向。最后，本书分析了房东亲和力对顾客满意度和评论数量的影响，研究发现，房东亲和力对顾客满意度和评论数量有积极的影响。值得注意的是，Airbnb 平台中的顾客评论存在强烈的积极性偏见。随和温顺型的顾客可能不太愿意花时间留下评论，但为了避免发布差评带来麻烦，他们通常会礼貌性地为属性表现不佳的民宿留下高评分，并且以后不会再预订该民宿。在线房东亲和力只能表面上降低顾客对每个属性的要求，并不能真正影响顾客的决策。因此，提高民宿的属性表现是提高评论数量最根本的途径。房东的行动有时要比言语更重要。与其在自述中说自己有亲和力，不如通过实际行动让顾客感受自己的亲和力，并引导顾客在评论中描述自己的热情和能力。因此，房东应采取亲和力策略来吸引顾客，拥有房源较多的房东应特别注意在自述中不要进行过多的亲和力描述，鼓励顾客留下正面评论，引起潜在顾客对民宿的喜爱，从而促进民宿的线上销售。

2. 为政府规范民宿房东行为提供管理工具

2019 年，中华人民共和国文化和旅游部发布了《旅游民宿基本要求与评价》，这是我国第一个规范民宿行业的国家行业标准，对行业管理具有一定的指导意义。为了加强对民宿的法律监督，全国各地政府都开始重视与民宿有关的立法问题。为此，本书构建了房东亲和力的理论框架，以帮助政府规范房东行为，采取相应的措施鼓励房东提高亲和力，助力民宿产业的发展。

3. 推动目的地营销组织和在线平台改善民宿服务

我们建议目的地营销组织使用网络平台，如 Airbnb、猫途鹰和美团等网站来提高目的地形象。同时通过口碑营销或电子口碑营销，鼓励顾客分享个人感受、惊喜时刻和社交体验。

从网络平台的角度来看，要想提升民宿服务质量，必须做到以下几点。第一，应当设计更好的反馈系统，对顾客的在线评论进行分类，使得潜在顾客更容易获取他们想要的信息，并且鼓励顾客在入住后从房东亲和力的各个维度和因子进行评论。第二，民宿平台应该鼓励房东积极回答潜在顾客各方面的问题，并且注重在线平台即时通信系统的设计，如即时提醒、手机和电脑聊天记录同步及视频通话等。第三，使用适当的奖励机制来规范房东的行为。第四，需要进一步培训客服人员使用亲和力策略，以提供高质量的服务，传递温暖。第五，平台管理者可以鼓励房东根据顾客的评分和评论撰写自述，但要注意避免过于积极的描述。平台还需要定期审查顾客的评论，以避免虚假信息，特别是对于拥有多个房源的房东的在线文本信息，平台应该给予更多的关注。

（二）理论意义

1. 房东亲和力概念模型的构建将经营行为理论化

虽然近年来关于民宿家的氛围、民宿房东与顾客的亲密关系等研究逐渐增多，但理论上仍有诸多不完善之处，如房东亲和力的定义、概念维度及其测量问题。笔者将房东亲和力定义为房东在为顾客提供民宿常规的功能服务或属性服务的基础上，在其力所能及与合理的成本、时间支出范围内，为顾客提供热情和富有价值的交流、指导、帮助与服务的综合能力。房东若具有亲和力，则通常会获得顾客满意度提升、口碑宣传与顾客忠诚度提升等商业回报。本书明确了房东亲和力的两个维度（即热情和能力），以及四个因子（态度友善、个人魅力、服务与帮助，以及组织与分享）。

2. 房东亲和力量表的开发夯实了该领域的理论基础

本书严格遵循量表开发流程，在丰富的文献分析基础上，先通过质化研究获得量表的初始题项，然后通过探索性因子分析获得四个因子 23 个题项，最后通过验证性因子分析得到关于房东亲和力的二阶四因子 23 个题项的测量模型。该测量模型得到信度与效度的双重检验。此外，梅拉宾（Mehrabian，1971）提出，外部刺激可能会引起个体的情感和行为反应。因此，本书提出了刺激 – 机

体 – 反应模型，通过分析房东亲和力与顾客情感价值、合作意向和顾客满意度之间的关系验证量表的法则效度。

3. 房东亲和力对顾客满意度的影响机制研究完善了理论体系

本书采用一手数据和二手数据两种数据源，使用结构方程模型和层次多元回归分析两种方法，验证了房东亲和力对顾客满意度的影响。研究发现，房东亲和力对顾客满意度有直接的正向影响。此外，本书以房东亲和力作为调节变量，验证了房东亲和力对 Airbnb 平台民宿各属性表现与顾客满意度之间关系的调节作用。根据依恋理论，第五章的研究发现，房东亲和力可以降低顾客对属性表现的要求，提高顾客整体满意度。这是在理论上对明晰房东亲和力研究的有益尝试，对期望 – 失验理论有推进作用。

4. 深入剖析了房东亲和力对评论数量的影响

本书对比分析了从顾客评论和房东自述中提取的房东亲和力对民宿在线评论数量的影响，印证了符号互动主义理论（Blumer，1937）。第六章的研究发现，房东的亲和力正向调节了属性表现和评论数量之间的关系，这与基于正义理论一致（Grégoire & Fisher，2008），却与第五章的结论相反。这些结果表明，Airbnb 平台的在线评论存在强烈的积极性偏见。当面对表现不佳但有亲和力的房东时，为了避免尴尬，顾客往往会给出较高的评分，但他们可能不会留下与房东亲和力相关的正面评论，并且不会再体验该民宿。对于拥有多个房源的房东来说，房东的亲和力是一把双刃剑。当顾客评论中提到房东具有亲和力时，潜在顾客可能会降低他们对各种属性的要求，并增强预订意愿。相反，当房东自述中提到自己具有亲和力时，潜在顾客可能会提更高的要求。有研究者提出，诚实和积极是房东撰写自述的两个重要策略（Tussyadiah，2016）。房东自述显示的不仅仅是个人信息，更是房东向顾客承诺的内容（Tussyadiah & Park，2018）。

第三节　研究方法

一、质性研究方法

（一）文献分析法

本书第二章系统回顾了国内外关于亲和力、民宿房东经营策略、顾客满意度、社会认知理论、刺激－机体－反应理论、符号互动理论、基于正义理论和期望－失验理论等相关文献，吸取国内外的前沿理论，总结前人的研究成果，对研究问题进行深入剖析和综合对比，找出研究的空白点，厘清本书和已有研究的继承与拓展关系，为本书的写作奠定了理论背景。

（二）深度访谈法

深度访谈法是通过对受访者的深度访谈来探究受访者的意见及态度，适用于前瞻性研究。本书第三章第一节通过对房东和顾客进行半结构化的深度访谈，获取本书所需要的一手数据和资料，以探究房东亲和力的概念和结构维度；根据访谈内容，提炼和设计房东亲和力的测量项目，并通过因子分析进行确认。

（三）扎根理论法

扎根理论法是一种自下而上的通过归纳建立理论的方法。格拉泽（Glaser，2001）指出，扎根理论是提出一种自然呈现的、概念化的和相互关联的行为模式，旨在围绕一个中心范畴形成一个新概念和理论。本书第三章利用扎根理论的基本原理，对深度访谈资料和在线评论进行分析，并且探索房东亲和力的概念、维度和运行机理，为丰富房东亲和力的测量题项奠定基础。

（四）在线评论分析法

鉴于顾客可能会用简单的词汇描述对房东亲和力的感受，由此获得的分析结果与实际情况会存在偏差。本书第三章从 Airbnb 内部网站下载了中国和美国的民宿房源数据，这些在线评论信息和半结构化访谈资料相互印证，弥补了访谈资料的不足，共同组成了一个新的扎根分析的资料库，为第三章的模型构建奠定了基础。

（五）语义网络分析法

语义网络分析法是一种基于语义网络知识表示的形式分析方法（董军，2016）。该方法通过将节点和关系链对人、物、动作、关系、属性等要素模型化，用以表达物理量、心理量、条件、目标等要素的逻辑关系。本书第三章第二节采用语义网络分析法，对 Airbnb 平台中美国三大城市民宿的 150 161 条在线评论进行语义分析，给美国民宿的发展以丰富的启示。

二、定量研究方法

（一）问卷调查法

问卷调查法是指采用一系列程序设计题项收集关于研究对象数据的方法，是旅游研究中常用的数据收集方法。本书首先采用文献综述、深入访谈和在线评论分析等方法，对获取的数据资料进行编码分析，从而获得房东亲和力的维度及其测试题项；其次，邀请专家对题项进行打分，并通过预调研对题项进行进一步测试，形成房东亲和力的调查问卷；最后通过在线调查和实地调查，完成探索性因子分析和验证性因子分析，构建房东亲和力量表。

（二）文本数据挖掘法

文本数据挖掘法是指从文本数据中提取有价值的信息和知识的计算机处理技术方法。首先，本书第五章和第六章从 Airbnb 网站获取了国际重要旅游城市的评估数据。其次，采用自然语言处理方法对获取的文本信息进行处理。最后，利用 Python 网络工具包对所获取的文本信息进行主题提取（房东亲和力），并获得文本的语言特征（如文本长度、可读性、思维分析和视角选取等）。

（三）数理统计分析法

数理统计分析法以概率论为基础，运用统计方法探究资料中数据的内在逻辑规律。常见的数理统计分析法包括描述性统计分析法、因子分析法和回归分析法等。首先，本书第四章对房东亲和力调查问卷进行数理统计分析，使用 SPSS 24.0 软件对第一轮和第二轮收集的调查数据进行描述性统计分析、可靠性分析、探索性因子分析、验证性因子分析、聚合效度检验、区分效度检验和法则效度检验，通过反复试验，最终形成房东亲和力量表。其次，本书第五章和第六章采用 R 语言软件对 Python 网络工具包处理后的数据进行回归分析和调节效应检验。

第四节　研究结构

笔者编写本书的基本思路是，回顾房东亲和力相关文献→探究房东亲和力的概念模型、结构维度与运行机理→构建房东亲和力量表→探究房东亲和力对顾客满意度的影响机制→探究房东亲和力对评论数量的影响→研究结论、贡献与展望。本书共分为七章，具体内容如下。

第一章阐述了研究的现实背景和理论背景及研究意义，明确了研究方法和研究结构。

第二章主要对民宿房东经营策略、亲和力及民宿顾客满意度相关研究进行综合梳理、回顾及评述，并对社会认知理论、刺激－机体－反应理论、期望－失验理论、符号互动理论和基于正义理论等相关理论进行回顾。本章是后续章节的重要理论基础。

第三章在文献分析的基础上，从国际和国内两个角度，通过采用深度访谈、语义网络分析和在线评论分析等质性研究的方法，构建房东亲和力的概念模型与结构维度，探究房东亲和力的运行机理，为房东亲和力量表的进一步开发奠定基础。

第四章在文献综述、深度访谈和在线评论等资料的基础上，严格遵循量表开发程序，提炼房东亲和力的测量题项，并对题项进行适度筛选，同时通过探索性因子分析识别房东亲和力的主要构成因子，以及每个因子的测量题项，形成初始量表。另外，基于第二次收集的调研数据，对该测量模型进行验证性因子分析，并且进行一系列聚合效度检验、区分效度检验和法则效度检验，完成量表的开发工作，验证了房东亲和力与情感价值、合作意向和顾客满意度之间的关系。

第五章和第六章是关于影响机制的研究。这两章主要在对相关领域文献回顾梳理的基础上，结合第三章和第四章对房东亲和力维度与因子的提炼结果，进一步研究房东亲和力对顾客满意度和评论数量的影响。第五章根据从 Airbnb 网站获取的 21 个国际旅游城市的 224 128 条数据，构建房东亲和力词库，进行层次多元回归分析，并且探讨了房东亲和力与顾客满意度之间的关系，检验了房东亲和力在属性表现和顾客满意度之间关系的调节作用。第六章从 Airbnb 内部网站收集了 36 个城市的 104.6 万条顾客评论和 114 310 条房东自述，建立了基于顾客评论和房东自述的两个房东亲和力词库，分析了房东自述和顾客评论中房东亲和力对评论数量的影响，以及其对"属性表现""民宿房间数量"与"评论数量"关系的调节作用。

第七章总结了研究的相关发现，概述了研究的主要贡献，并且提出了研究的局限性及未来研究的方向。

第二章

文献综述与理论基础

第一节　相关概念界定与理论基础

一、相关概念界定与辨析

编写本书的前提和基础是，厘清书中相关与相近概念，辨析相关概念的内涵，明确研究指向，确定研究边界。本书涉及民宿、民宿房东、民宿业主、民宿经营管理者、亲和力、亲密关系、融洽关系、亲近感、好客度与房东主动服务等多组相关和相近的概念，我们需要对其进行详尽的对比和分析。

（一）民宿

国外家庭旅馆起源于第二次世界大战后的英国。克拉克（Clarke，1996）指出，民宿是指可以体验旅游环境的住宿产品。莫里森、皮尔斯和莫斯卡多等（Morrison，Pearce and Moscardo et al.，1996）明确了民宿的标准：顾客与房东之间要有个人互动，房东要为顾客提供特殊的个性化服务，房东经营场所和住宿容量小（一般少于 25 个房间）。在日本，民宿是指城市游客以家庭为单位在旅游目的地暂时居住的农家民宅（孙明月，2016）。希瑟、菲利普和欧赞等（Heather，Philip and Ozanne et al.，2015）指出，民宿交易是具有广泛的价值共创的自助交易，以及在消费主义的刺激下由社区欲望驱动的短期中介交易，是一种平衡的市场中介交易。

民宿在我国最早出现于台湾省。2001 年，台湾省发布了《台湾省民宿管理办法》，其对民宿的定义是，民宿是指利用自用住宅空余房间，结合当地的文化、自然景观、生态、环境资源及农林渔牧的生产活动，以家庭副业的方式经营，为游客提供乡村生活住宿。民宿的客房数不超过15间，客房建筑面积不超过150平方米。位于原住民保护区的休闲农业区、观光区、偏远区和离岛区的，并已颁发了营业执照的民宿客房数应少于15间，且总建筑面积不超过200平方米（杨欣和尹燕，2012年）。

我国的家庭旅馆是随着国内旅游业的发展而形成的一种特殊旅游产品。我国民宿有不同的称谓，如民居旅馆、农家旅馆、个体旅馆和农家乐等，都是指以当地特色居民住房为载体来接待游客的特殊设施（龙肖毅和杨桂华，2008）。卢慧娟和李享（2020）提出，民宿是一种小型住宿场所。房东参加招待，游客可以体验当地的自然、文化与生产生活方式，同时感受到浓郁的人情味和温馨的家的感觉。学者们认为，民宿具有以下几个特征：民宿是一种不同于酒店的住宿业新形式，多使用自住或闲置房屋作为经营接待场所；民宿更注重与顾客的沟通交流，形成交互式体验，让顾客深入体验旅游目的地的原生态文化（许凌，2020）。

（二）城市民宿与乡村民宿

城市民宿是指将城市旅游景区周边空置的旧建筑进行改造和重新利用，延续使用原有建筑的功能并进行空间整合，依托城市文化与历史资源，结合当地人文风情与生活方式，满足游客住宿和餐饮等基本生活需求与休闲娱乐需求，为游客提供个性化服务（李爽，2019）。由于城市民宿和乡村民宿所依托的自然资源与文化资源不同，在建筑形式、服务内容和文化特征等方面存在很大差异。第一，城市民宿通常位于城市景区或旅游街区附近，其目标客群主要是追求城市文化的人群。而乡村民宿通常位于自然风光秀美的地段，如沿海、靠山或城郊等，主要针对追求田园诗般的自然生活，想要远离城市喧嚣的人群。第二，城市民宿是基于城市文化环境进行个性化发展的，其设施通常比较完善，而乡村民宿房东主要为顾客提供餐饮服务和农村体验活动，很少关注周围的环境和顾客，接待过程中缺乏情感交流，很难营造出一种"家"的感觉或展现房东亲和力。因此，本书的研究对象主要是城市民宿。

（三）线下民宿与线上民宿

2019 年 7 月 3 日，中华人民共和国文化和旅游部发布了民宿行业的标准——《旅游民宿基本要求与评价》。其将线下民宿定义为，利用当地民居等相关闲置资源，经营用客房不超过 4 层，建筑面积不超过 800 平方米，房东参加接待，为游客提供当地自然、文化与生产生活方式的小型住宿设施。传统的线下民宿存在的主要问题是信息不对称及搜索成本高，且大多集中于旅游目的地附近，导致民宿供需匹配效率低。

线上民宿是指房东通过互联网平台，将自有的闲置房屋在短期内出租给顾客，并提供接待服务。在国外相关文献中，学者们将民宿称为点对点住宿（Peer-to-peer Accommodation）、共享短租平台（Sharing Short-term Rental Platform）、点对点短租（Peer-to-peer Short-term Rental）或住宿共享服务（Accommodation-sharing Service）（周恺，等，2020）。在国内相关文献中，学者们通常使用共享民宿、线上民宿短租或共享短租等术语（徐峰，等，2020；龙飞，等，2021；王美钰，等，2021）。线上民宿通过互联网技术搭建了多种类型的双边交易市场平台，如生活方式平台——小红书、民宿共享平台——Airbnb 和短视频社交平台——抖音，提升了房源与顾客的匹配效率（徐燕和戴菲，2019），成为自由行者的首选（凌超和张赞，2014）。自 2016 至 2019 年，我国线上民宿收入的平均增速是传统住宿的 5.8 倍（中国共享经济发展报告，2020）。

与传统的民宿相比，线上民宿呈现出以下新特点：房源种类更加丰富，服务更细致、产品覆盖面更广（武亮，2019）；交易成本更低，供需匹配率更高（Poon & Huang，2017），顾客使用线上民宿的动机更加复杂；房东定价策略更加灵活，收益分配机制更有激励性，通过建立身份认证机制使安全系数更高。本书的研究对象包括线下民宿和线上民宿两个类别。

（四）民宿房东、民宿业主与民宿经营管理者

房东是指出租或出借房屋的人，即房主人（对"顾客"而言）。在《礼记》之曲礼篇记载："主人就东阶，客就西阶，客若降等，则就主人之阶。主人固辞，然后客复就西阶。"这句话指的是有关主客之间礼仪规则。在《古文观止词典》中，房东是指雇主或接待顾客的人。业主（owner）是指财产或产业的所有人（刘学林和迟锋，1994）。《消费经济学大辞典》中提到，经营者（operator）是指向消费者提供其生产、销售的商品或者提供服务的公民、法人或者其他经济组织（林白鹏和臧旭恒，2000）。

从目前我国民宿的营运状况来看，虽然民宿业主是民宿财产或资产的所有者，但也有不少民宿业主并没有参与民宿经营，也就是说，民宿业主并不一定是民宿的经营者。结合对相关定义和释义的分析，本书得出以下结论。

（1）民宿房东可以是民宿业主（即民宿财产或资产的所有者），也可以是民宿的经营管理者。

（2）民宿经营方式包括主业经营和副业经营，可以是自主经营，也可以是租赁经营。

（3）民宿房东的概念较为宽泛，既包含民宿业主，也包含民宿经营管理者。

综上分析，本书以民宿房东为研究对象，并认为民宿房东（包括自主经营的业主、租赁经营的外来投资人和外来的民宿创业人员等）是真正从事民宿经营管理活动的主体人员，是为民宿顾客提供民宿服务的主体人员。

（五）亲和力与亲密关系、融洽关系、亲近感、好客度及房东主动服务

在心理学中，亲和力是指一种基于情感的对某人或某物的良好态度（Oberecker & Diamantopoulos，2008）。在社会学文献中，亲和力是指一个人吸引另一个人的属性，并使后者寻求与前者建立关系的一种能力（Hartz，Watson & Noyes，2005）。不同领域对亲和力的定义如表 2-1 所示。

表 2-1　亲和力定义汇总

定义	来源
亲和力是指人与事物的亲密和结合的力量	《辞海》
亲和力的原意是指两种或多种物质结合成化合物时相互作用的力；后来，它通常被用作比喻使人们变得亲密、愿意接触的力量	《现代汉语词典》
亲和力是形容一个人能够吸引他人接触的人格魅力	李平和杨松（2013）
亲和力是使人们亲密的力量。亲和力来自个人之间的认同和尊重。它代表的不是人与人之间的物理距离，而是精神上的理解和融合，这是在平等基础上共同利益的转换	《现代汉语新词语词典》
亲和力是一项日常生活中的重要沟通能力，是一种建立在平等待人基础上的互惠互利，也是一种建立在善良和博爱基础上的内心特殊品质	尼尔斯（2014）
亲和力是指个人在沟通过程中与其他人亲近，吸引与建立和谐关系的综合能力	柴蒙（2017）

与其他概念（亲密关系、融洽关系、亲近感、好客度与房东主动服务）不同，亲和力强调的是一种吸引力。而亲密关系（intimacy）是指人与人之间紧密联系的质量和建立这种质量的过程（Jamieson，2011）。融洽关系（rapport）是指两个人在一起和谐相处的感觉（Granitz，Koernig & Harich，2008）。亲近感是指人与人相互信任而接近的感觉。关于好客度，现有文献将好客（hospitality）比喻为欢迎（welcome）（Lynch，2017）。房东主动服务行为（proactive customer service performance）则指房东在职务要求、既定服务规范和标准作业程序之外的主动服务行为，房东通常会预测顾客可能遇到的问题和需求，并主动寻求解决方法（Rank，Carsten & Unger，2007）。

二、理论基础

（一）社会认知理论

在日常生活中，人们对待他人的情绪、态度、行为等大都是建立在自身对他人的认识和判断的基础上，并据此形成对他人的印象和偏好，以便进行社会交往活动。可以说，社会认知中的印象知觉和社会判断是展开所有社会行为与活动的基础。现代研究普遍认为，社会认知包括热情和能力两个维度（Fiske，Xu & Cuddy et al.，2010），即一个维度与热情（如宽容和真诚）及相关的社会性特质有关；而另一个维度与能力（如雄心和竞争）及相关的智力特质有关。这两个维度含义广泛，都可以继续分解成子维度，以更加细致地描述研究对象（Alexander，Brewer & Hermann，1999）。具体来说，热情可以分解为友好（warmth）和道德感（morality），而能力可以分解为技术能力（skill/competence）和自主性（agency）。现代学者认为，热情和能力这两个维度对日常社会知觉中的变异解析度达到了82%。

研究发现，虽然热情和能力同为社会认知的基本维度，但二者的地位或权重并不完全相等。存在一种热情优先效应（warmth primacy effect），这意味着热情维度的知觉判断具有优先性，这已经被大量研究证实（Abele，Wojciszke，2007；Willis & Todorov，2006）。由于热情维度包含了道德感，人们在进行社会判断时，首先需要确定感知对象的意向是不是好的（即是不是善意的），是否不会伤害自己，是否可以信任。在此基础上，判断被感知对象的能力中是否存在合作的价值才是有意义的。

然而，热情和能力的权重并不是固定的。例如，阿贝勒和沃伊西什克（Abele，Wojciszke，2007）的热情与能力的双视角（Dual Perspective）模型指出，人们在感知他人和感知自己时关注的维度是不同的。当视角为观察他人时，如上所述，存在热情优先效应，对热情的关注多于对能力的关注。而当个体进行自我觉察时，对维度的重视程度并没有统一定论。最新的研究表明，个体所关注的维度与他们自身所处的阶层有关。此外，关于热情和能力的关系，现有研究显示了多种结论。一些研究认为这两个维度是正相关的，即呈现出光环效应；也有研究认为两个维度是负相关的，即补偿效应；还有一些研究认为两个维度是正交的，是不相关的（彭琳，2019）。

根据社会认知理论（social cognition theory），顾客对房东进行感知和判断主要包括热情和能力评价两个方面的内容。

（二）刺激－机体－反应理论

1913 年，华生（Waston）在题为"一个行为主义者所认为的心理学"的文章中提出了刺激－反应理论，阐明了他的行为主义观点，并且指出人类的行为通常可以分为刺激（Stimulus，S）和反应（Response，R）两部分，个体行为是刺激触发的结果，而刺激又分为个人自身的内部刺激和外部环境刺激。刺激－反应理论只探讨了外在刺激与反应之间的关系，没有探究接受者的内在意识和心理知觉的作用。到 1970 年代，学者梅赫拉比安和拉塞尔（Mehrabian and Russell）意识到了这个问题，他们将机体（Organism，O）引入该模型中，并于 1974 年提出了刺激－机体－反应理论模型（Stimulus–Organism–Response）。在从刺激到反应的复杂人类行为过程中，机体的内化感知起着中介作用，否定了刺激和反应之间的联系是直接的和机械的。其核心思想是外部环境刺激变量对机体产生影响，从而产生趋近或回避行为。周围环境变化会影响个体的决策。刺激（S）是在周围环境中刺激人们行为的因素，机体（O）是刺激转化为最终行为的内部处理过程，反应（R）是受刺激对象做出的最终趋近或回避行为。因此，刺激－机体－反应理论描述了个体行为产生的完整过程。刺激－机体－反应理论从最初的用于分析环境对人类行为的影响逐渐被应用到旅游领域。例如，有学者基于此理论研究了在目的地网络平台上游客价值共创过程对他们参与意向的影响（Zhang，Gordon and Buhalis et al.，2018）。本书第三章和第四章基于刺激－机体－反应理论，探讨了房东亲和力（刺激）影响顾客的情感（机体），进而影响顾客的行为意向（反应）。

（三）期望－失验理论

奥利弗（Oliver，1980）提出的期望－失验理论（Expectancy Disconfirmation Theory，EDT）模型指出，顾客满意度是决定顾客回购意愿的主要因素。顾客满意度是由购买前的期望和购买后的期望不一致组合决定的。当顾客购买商品和服务时，他们对预期的性能有购买前的期望。一旦产品或服务被购买和使用，他们就会将结果与预期进行比较。当结果与预期匹配时，就会产生确认。当期望和结果之间存在差异时，就会出现失验。当产品／服务表现低于预期时，就会出现负面失验；当产品／服务的表现比预期好时，就会出现正向失验。满意是由顾客期望的确定或积极不确定引起的，不满意是由顾客期望的消极不确定引起的。失验是指绩效超出、等于或低于个体期望的程度，分别导致的正面、零和负面的失验。

奥利弗和斯万（Oliver，Swan，1989a）修订了最初的期望－失验理论，将绩效、情感和公平作为顾客满意和再购买意向的决定因素。以往的研究已经认识到每个绩效维度都需要有相应的独立判断标准。失验形成过程和公平判断是一种有意识的、公开的活动，因此本质上主要是认知。由于认识到公平交换是双方关系的核心，奥利弗和斯万（1989b）扩展了最初的期望－失验理论，纳入了公平概念。他们对公平的解释起源于最早有影响的正义理论，即分配正义规则（Homans，1961）和公平理论（Adams，1965），这些理论关注的是结果分配或分配的公平性。然而，更新后的期望－失验理论模型只讨论了正义的一个方面，即分配（公平）方面。现有的研究论证了产品引起的情绪与满意度之间的密切联系，从而表明了在满意度形成过程中存在着情感和认知之间的相互作用（Oliver，1989；Westbrook，1987）。因此，奥利弗（1993）又提出了一种将认知判断与消费引发的情感反应相结合的扩展的期望－失验理论模型。本书第四章和第五章根据用一手数据和二手数据，采用结构方程模型和层次多元回归分析方法验证了房东亲和力对顾客满意度的影响，进一步扩展了期望－失验理论的应用。

（四）符号互动理论

符号互动理论（Symbolic interaction theory）主要包括三个要点：意义、语言和思想（Blumer，1937）。个体根据互动产生的意义对他人采取行动，然后使用符号来交流他们的经历。自我评价和反映评价是两个符号互动的概念，有助于理解自我解释和社会解释个体身份的过程。自我评价可以被认为是反映评价过程的产物（Matsueda，1992），个体经常利用他人所提供的社会信息和他人对该个体的评价来形成对自己的身份认同（Blumer，1937）。该理论已被广泛应用于心理学和社会学研究中（Walters，2016）。在民宿共享平台上，顾客评论和房东自述分别代表了对房东的反映评价和自我评价。本书第六章基于符号互动理论，比较研究了顾客评论和房东自述中的房东亲和力对评论数量的影响。

（五）基于正义理论

基于正义理论（Justice-based theory）以正义理论为基础理论（Brockner & Wiesenfeld，1996），探讨了强关系对服务补救反应的影响。基于正义理论提出，如果服务提供者提供的服务不符合顾客的期望，顾客会对服务提供者由爱生恨，从而产生惩罚他们的想法（Grégoire & Fisher 2008；Kang，Slaten & Choi，2021）。基于正义理论利用感知的背叛来理解顾客的报复行为（Grégoire & Fisher，2008）。

第二节　亲和力及相关研究

一、不同学科视角下的亲和力研究

国外对亲和力的研究是从化学和生物学领域开始的，并且主要集中在化学和生物学领域，然后逐渐发展到其他领域。近年来，亲和力的研究主题开始广泛应用于社会和生活领域，包括计算机、建筑、组织和人际关系等。

（一）市场营销领域的亲和力研究

在市场营销领域中，"亲和力"一词至少在三种情况下出现：亲和力营销、文化亲和力及消费者亲和力。首先，亲和力营销被定义为个体对凝聚力、社会关系、认同程度及对特定参照群体的特定规范和标准的遵守程度（Macchiette & Roy，1992），描述了亲和群体的利益与个人利益的结合（Woo，Fock & Hui，2006）。

其次，文化亲和力通常等同于文化偏好，已被证明是不同国家背景的贸易伙伴之间感知到的心理距离的主要决定因素（Swift，1999）。贾菲和内本扎尔（Jaffe and Nebenzahl，2006）引入了"消费者亲和力"一词。奥贝雷克和迪亚曼托普洛斯（Oberecker and Diamantopoulos，2008）扩展了消费者亲和力的概念，将消费者亲和力定义为对某个特定国家/地区的喜欢、同情甚至依恋感，这与消费者的直接个人经历和/或规范性接触相关，并对他们所喜爱的国家/地区的产品和服务的决策产生积极影响。奥贝雷克和迪亚曼托普洛斯（2011）将消费者亲和力划分为两个维度，即同情和依恋，并且发现消费者亲和力与购买意向呈正相关关系。

（二）心理学领域的亲和力研究

从心理学的角度来看，亲和力是指人与人之间产生相互关系的动力，是维持人与人之间心理和情感相互契合的催化剂，具体定义为"人与人相处时表现出的亲近行为的动机水平和能力"。梅赫拉比安（1971）首先提出亲和力准则（Immediacy Principles），即人们会被自己喜欢的人、获得好评的人或好吃的食物所吸引，并设法避开不受欢迎或受到不良评价的人或事物。基于梅赫拉比安对亲和力的研究，学者们开展了一系列对亲和力的量表研究。

（三）新闻传播领域的亲和力研究

在新闻传播学中，亲和力是指报道与受众之间的亲密感、亲切感、信任度、互动性、关注度和接受度（辛文，2006）。新闻媒体之所以高度重视亲和力，首先是因为随着媒体的不断发展，传播质量有了明显提高；其次是因为新媒体的飞速发展，对传统新闻媒体的生存和发展产生了巨大影响，因此必须深化改革，努力建立能满足受众需求的媒体（唐夕汐，2015）。赵莉（2014）提出了话语亲和力的四大特征，包括去权威化、语境化、多维动态体现和受众情感投入，并指出话语亲和力有四大基础性功效，即心理效应、情感效应、情绪效应和激励效应。

（四）生态环境领域的亲和力研究

园林绿地、景观的亲和力是环境与使用者、使用者之间的亲和力。园林绿地与景观的亲和力体现在健康生态和以人为本的设计理念中。公众普遍热爱绿色空间，具有亲和力的景观可以更贴近公众的日常生活，给人一种与大自然充分接触的感觉。汪文俊（2010）指出，室外空间亲和力强调了人与自然环境、人与室外环境，以及人与人亲密关系等问题，影响室外空间亲和力的因素包括视觉、听觉、嗅觉、触觉、安全性、可达性、视觉复杂性、微气候和室外空间的认知等。举白（2012）则提出影响室外空间亲和力的因素主要包括安全性、可达性、视觉的复杂性和休息设施等。

二、旅游亲和力

（一）概念

国内外学者普遍认为，旅游业的亲和力是指一个国家或地区的居民对外来游客的吸引力和好客度。刘德谦（2012）系统地阐述了旅游亲和力的概念，他指出旅游亲和力分别存在于游客心中和旅游目的地中，前者是指游客出游之前对目的地的向往，后者则分为广义和狭义两个方面，广义的旅游亲和力是指目的地形象对游客的吸引力，狭义的旅游亲和力是指目的地居民对游客的关爱和帮助。关于旅游亲和力的概念如表 2-2 所示。

表 2-2 旅游亲和力的概念

概念	来源
旅游亲和力是指一个国家或地区的居民对外来游客的好客度，以及是否可以在旅游活动中给予游客更多的帮助和指导；为了提高旅游服务质量，国家和地方政府是否对旅游业的发展给予更多的投资；旅游亲和力的提升也将为国家和地方政府带来更多的旅游收入	刘德谦（2012）
旅游亲和力分别存在于两个主体中：一是存在于游客的心中（即游客对旅行之前的目的地的向往）；二是存在于旅游目的地中，包括目的地的整体形象对游客的吸引力（即广泛的亲和力），以及目的地的居民对游客的关心和帮助	刘德谦（2012）；李平和杨松（2013）
旅游亲和力是指景区对游客的吸引力及景区服务人员对游客的照顾和关心，可以为游客提供一流的服务，使游客在旅游过程中得到帮助	李平和杨松（2013）
旅游亲和力是指在旅游活动过程中，各主体之间可以感知到的一种亲切融洽的氛围	唐夕汐（2015）
旅游亲和力是指顾客基于个人的亲身经历或主观认知而产生的对特定国家/地区的喜爱甚至依恋之情，并认为这种情感会对自己做出购买该国/地区旅游产品和服务的决策产生积极影响	阿塞拉夫和肖汉姆（Asseraf & Shoham，2017）

（二）国外旅游亲和力研究综述

国外关于旅游亲和力的研究不多，主要集中在世界经济论坛发布的《旅游业竞争力报告》中。近年来，学者们开始对目的地品牌的消费者亲和力（Asseraf & Shoham，2017）、地质公园居民的空间亲和力（Stoffelen，Groote & Meijle et al.，2019）、医疗旅游的文化亲和力（Whittaker，Chee & Por，2017）和国家公园亲和力（Arnberger，Eder & Allex et al.，2012）等方面进行了研究。世界经济论坛将旅游亲和力列为具有一定地位的二级指标。与我国地理学派的划分不同，《旅游业竞争力报告》将旅游资源分为四类，即自然资源、文化资源、人力资源和旅游亲和力。该报告强调了旅游亲和力是一种旅游资源，具有一定的合理性和创新性。该报告没有对旅游亲和力进行明确的定义，但将其划分为三个指标：对旅游活动的扩展推广，居民对外国游客的态度及旅行的开明度。

奥贝雷克和迪亚曼托普洛斯（2008）在一系列定性研究中关注了消费者亲和力。他们指出，消费者亲和力指的是消费者对某个特定国家 / 地区的喜爱的情感。这种喜好源于个人对其一个特定国家 / 地区的体验，以及该国家 / 地区的产品。他们的研究探索了消费者亲和力七个方面的内容，将其分为宏观（生活方式、风景、文化、政治和经济）和微观（接触、留在国外和旅行）两个方面。该研究的主要发现如下：（1）生活方式体现在目的地居民的心理、饮食、语言和人格特征上，它被认为是最重要的亲和力来源；（2）文化亲和力反映在目的地的历史、当地居民的价值观和传统习俗中，然而与之矛盾的是，文化的相似性和差异性可以引发亲和力；（3）依托风景产生的亲和力与地理位置、景观和气候有关；（4）理论上，政治和经济被假定为消费者敌意的关键驱动因素，但在实证研究中与消费者亲和力无关；（5）留在国外的时间越长，亲和力越强；（6）短途旅行，如假期旅行，有助于创造消费者亲和力；（7）与国外的朋友或家人的个人接触也是消费者亲和力的重要来源（Asseraf, Shoham, 2017）。

（三）国内旅游亲和力研究综述

刘德谦（2012）将旅游亲和力的研究引入国内，创造性地将旅游亲和力看成旅游服务的构成元素之一，并以杭州为例，从城市、旅游供给、市场促销和公共服务等层面，对旅游亲和力的概念、产生、构成和培育进行研究。纳尔逊·格拉本和葛荣玲（2012）提出，居民的亲和力可以让游客感受到一种被接纳的喜悦，从而增强了他们对旅游目的地的亲和力感知。

国内学者进一步探讨了旅游城市亲和力和旅游景区亲和力等概念。刘天祥（2004）认为，旅游城市亲和力是城市居民区零售终端的核心竞争力，包括商品亲和力、服务亲和力及商号亲和力三大要素。马骏（2007）指出，现代城市的快速发展导致城市亲和力，尤其是亲切的市民风尚极为缺乏。罗艳菊等（2012）认为，城市居民的环境友好行为也是亲和力的一种表现。侯艳兴（2012）认为城市的亲和力包括市民素质、社会风尚和人文环境等要素。胡秋红（2013）以阳江市为例，从市民休闲、基础设施、城市归属感和专业人才等方面总结了培育旅游城市亲和力的具体措施，并认为旅游亲和力的增强可以带动本地经济收入的提高，并提升市民的幸福感。唐夕汐（2015）明确了评价昆明市旅游亲和力的指标，包括旅游目的地的旅游资源、旅游基础设施、旅游服务、旅游开明度、旅游安全、旅游者出行前对目的地的了解、旅游过程中当地居民和从业人员与其他游客的互动等指标。旅游亲和力主要在供求双方的相互作用的关系中产生，完整的旅游目的地的亲和力必须是双向互动的亲和力，旅游者是积极主动的，并掺入了自己的情感。旅游亲和力是一种源于旅游者和当地居民、景区工作人员等接触和交流的情感价值。此外，李平和杨松（2013）概括性地总结出了旅游景区亲和力的评价指标，包括景区品牌、旅游资源、旅游基础设施、旅游景区价格合理度、旅游安全、旅游开明度和居民对外来游客的态度等指标，并以泰山景区为例对景区亲和力建设进行了探讨。

三、亲和力策略

（一）亲和力策略概念与核心属性

20世纪70年代以来，个人实现关系目标所采用的策略成为学者们关注的焦点（Clark, Delia, 1979）。麦克罗斯基和惠勒斯（McCroskey and Wheeless, 1976）认为亲和力描述了人与人之间的喜爱和尊重，并认为与他人建立密切关系是交流的主要功能。贝尔和戴利（Bell and Daly, 1984）根据麦克罗斯基和惠勒斯的思路，将寻求亲和力（affinity seeking）定义为个人试图让他人喜欢自己并对自己产生积极感觉的社交交际过程，并且开发了一种亲和力策略的量表。

贝尔和戴利确定了亲和力策略的四个组成部分，即前因因素、约束因素、战略活动和目标效应。前因因素包括亲和力寻求者的动机、目标和每个人的意识水平。约束因素包括个人约束（性格、社交技能和过去的经历）和环境约束（目的、与他人的关系和环境）。战略活动是对亲和力策略的实际运用，即选择哪些战略，如何对战略进行整合和排序，以及战略制定的质量。目标效应以亲和力策略的接收者为中心，主要解决以下问题：亲和力是否发生变化，关系是否发生变化，以及亲和力策略是否具有互惠性。亲和力寻求者实施亲和力策略会导致目标人的情感和行为反应。有效的情感反应包括目标人对试图产生好感的人的亲和力的情感变化和关系的情感基调。行为反应包括寻求亲近行为所引起的身体和言语行为。亲和力策略也可能引发认知反应。例如，目标人可能会对亲和力寻求者的行为动机做出归因，对亲和力寻求者的评价也会发生变化，对自己的评价也可能会改变。

在一系列的研究中，贝尔和戴利调查了亲和力策略四个组成部分之间的关系。他们发现：人们认为使用亲和力策略的人越多，其他人对他们的评价就越积极；亲和力策略的使用与爱、喜欢、生活满意度和社会效能之间存在强烈的正相关关系；目标的背景和地位对亲和力策略的使用产生了影响。

里士满、戈勒姆和弗里奥（Richmond，Gorham and Furio，1987）基于贝尔和戴利的量表研究了男性和女性之间的寻求亲和力的差异性策略。勒米厄、拉乔伊和特雷纳（Lemieux，Lajoie and Trainor，2013）探究了 Facebook（现已更名为 Meta）的使用与亲和力策略、社交逃避和社交孤独得分之间的关系。

（二）亲和力策略量表回顾

（1）麦克罗斯基和惠勒斯提出，一个人可以通过以下策略与另一个人建立亲密关系。这些策略有提升自身价值、表达合作意向、尊重他人的意愿、满足他人的合理需求（Richmond，1987）。

（2）贝尔和戴利对由成年人和大学生组成的小组进行的开放式头脑风暴的结果进行归纳，总结出 25 个类别，这些类别代表了人们用来让别人喜欢自己的策略（见表 2-3）。该亲和力策略量表已经被多项实验采用，有较大的影响力。

表 2-3　贝尔和戴利亲和力策略类型

策略	内容
利他主义	提供帮助和帮助他人
假定控制	负责、决策和领导责任
假定平等	采取与他人平等的社会地位
自我感觉舒适	表现得轻松自信
承认控制	让对方在这段关系中发挥领导和主导作用
会话规则	严格遵守合作互动的社会规则
充满活力	表现出自己是一个积极、热情的合作伙伴
引起对方的信息披露	通过提出问题，鼓励对方回答并将相关信息公开披露
促进享受	积极地参与对方喜欢的活动
包容他人	在自己的社会活动中包容他人
影响对亲密度的感知	使用设计好的信息让对方觉得关系比以前更亲密
倾听	耐心地倾听对方讲话
非语言的即时性	让对方感兴趣和喜欢的非语言行为
公开	自我信息的披露
乐观	表达快乐和对自己经历的积极看法
个性自主	独立、思想自由
自身的吸引力	自信、打扮得体
展现有趣的自我	描述自己有趣的经历
奖励联系	赠送礼物和执行旨在奖励他人的工作
自我概念确认	确认对方的自我表现，帮助他们更好地实现自我价值
自我包容	旨在加强与对方接触的单方面行动
敏感	用热情和同理心回应他人
相似	强调彼此的品位、兴趣和态度相似
支持性	鼓励和支持他人
诚信	诚实、可靠、真诚

（3）贝尔、特伦布莱和布尔克尔·罗斯福斯（Bell，Tremblay and Buerkel·

Rothfuss，1987）构建了一个亲和力策略的量表，包括亲和力的能力（8个题项）和战略绩效（5个题项）两部分。亲和力能力的例子包括："我很少知道该说什么或做什么才能让他人喜欢我""我很难与他人建立融洽的关系"和"我似乎无法让他人喜欢和欣赏我"。这些例子指的是对自我认知的一般能力，以及必要的人际吸引力。战略绩效包括诸如："我可以通过出色的社交表现来获得他人的认可"和"我可以表现得比实际更讨人喜欢"。这些例子描述了一些非常具体的寻求亲密关系的行为，也就是为了获得他人的好感和认同而扮演角色的能力，甚至可能会丑化自己。

四、研究述评

目前，国内外关于亲和力的研究主要集中在市场营销、心理学、新闻传播和生态环境领域，具体研究内容多集中于教师的亲和力（Dolin，1995；Brooks & Young，2015）、婚姻内的亲和力（Bell & Gonzalez，1987）、家庭亲和力（Ganong，Coleman & Fine et al.，1999）和在线信息的亲和力（Grebe，2009）等方面研究。在旅游亲和力研究方面，现有文献对亲和力的界定不够清晰，宏观层面的研究较多，而对民宿房东亲和力的研究匮乏。对房东亲和力的概念、维度、影响因素及影响作用等的研究还有待进一步深化。总体而言，现有文献关于旅游亲和力的研究主要存在以下三个薄弱环节。

第一，尽管现有的民宿研究强调了民宿房东营造家庭氛围，提供友好服务，与顾客互动，建立亲密关系及提供家庭服务等方面的重要性，但缺少一个直接或密切相关的用来衡量房东亲和力的量表。

第二，旅游亲和力的实证研究才刚刚起步，国外的相关研究主要集中在世界经济论坛发布的《旅游业竞争力报告》中，而国内学者主要从广义和狭义两个方面探究旅游亲和力，缺少对旅游亲和力系统与深入的研究。

第三，目前对亲和力策略的研究集中在教师亲和力策略、家庭亲和力策略、短信亲和力策略等方面。由于民宿接待活动的服务性和综合性等特征，我们无法直接套用现有亲和力策略的研究成果，所以有必要对房东亲和力这个基本问题进行探讨。值得注意的是，心理测量方法在旅游业研究中的应用由来已久，这可以增进对房东和游客行为的了解。

因此，本书以民宿房东为研究对象，通过定性与定量相结合的研究方法，系统探讨民宿房东亲和力的概念、结构维度、测量量表及其作用机理，对于丰富亲和力的文献具有重要的理论意义与实践启示。

第三节　民宿房东经营策略

一、民宿经营的关键成功因素

围绕民宿经营的关键成功因素，学者们基于不同的理论观点和研究方法进行了一系列研究。例如，莫里森、皮尔斯和莫斯卡多等指出，民宿与传统住宿形式的区别在于其独特的和个性的物理环境、自然环境、家庭氛围及业主提供的服务。努津、塔西奥普洛斯和海丹（Nuntsu, Tassiopoulos and Haydam, 2004）认为，民宿经营成功的关键在于企业网络化，获得专项经营资金，降低经营费用，提供非财务支持，持续发展技能和增强服务提供者的专业知识。麦金托什和希格斯（McIntosh and Siggs, 2005）指出，民宿的独特之处在于让顾客对所提供的住宿条件有一种熟悉感，围绕民宿的自然环境能够增值及房东的文化传统能够吸引人。周琼（2014）指出，台湾省民宿成功经营的特点是进行规范的管理和专业的指导，提高民宿品牌质量，形成创意的主题风格，满足市场的多样化需求，使用多种营销策略，提升民宿的营销能力，构建房东战略联盟和创造更高的民宿收入。有学者认为家庭氛围、房间设施、服务、清洁、位置和性价比高是民宿经营成功的重要影响因素（Wang and Hung, 2015）。此外，服务创新也是影响民宿业务增长的主要因素，客户社会资本和服务创新能力是高主动性的房东改善民宿业务绩效的重要手段（Tang，2015）。也有学者认为服务是民宿管理模式的重中之重（Chiang and Shyu，2016）。随着民宿的不断发展与创新，一些学者指出，特色民宿并不是简单的模仿或植入，而是在满足顾客需求的前提下，深入考虑民宿的现代设施与传统建筑特色之间的关系（张海洲、虞虎、徐雨晨，等，2019）。莱奥尼（Leoni，2020）分析了民宿上市公司生存的决定因素。研究结果表明，民宿的特征、所在地、本地竞争程度和房东的管理技能对其生存机会有显著影响。

二、民宿房东市场营销策略

房东的宣传促销活动会让顾客回忆起曾经的经历，并产生再次入住的意向。民宿营销经历了从线下到线上、博客、手机应用程序、在线游戏和其他社交媒体的逐步演变，呈现出方式多样化、个体差异化和整合创新化的特征。其中，口碑营销、网络营销和关系营销是民宿运营过程中形成的特色营销策略。

口碑营销曾被认为是最有效和最成功的策略（Chen，Lin and Kuo，2013）。有研究发现，大多数民宿的顾客都是回头客，他们通常受过良好教育，拥有中低等家庭收入（Chen，Lin and Kuo，2013）。虽然网站和旅游指南被认为是民宿信息的主要来源，但口口相传始终是民宿最有效的广告渠道。

民宿的关系营销策略直接影响民宿的客户关系管理的质量。有学者对我国台湾省的酒店和民宿进行了调研，发现互联网服务和客户关系管理战略是影响关系营销和经营绩效的两大主要因素（Wu and Lu，2012）。

近年来，网络营销成为学者们关注的一个重点。民宿的网络营销是一个提供感知效果的心理控制台，它通过提供一种温暖的感觉、与当地生活的零距离互动，以及人与环境之间的联系，增强了民宿在顾客心中的无形价值（Kung，Hsien & Yan，2011）。一些学者探讨了 Airbnb 的在线广告策略，并指出与传统酒店不同，Airbnb 为顾客提供家的感觉（如归属感）和非典型的住宿场所（如独特性）（Liu and Mattila，2017）。卢茨和纽兰兹（Lutz and Newlands，2018）

的研究发现，Airbnb 房东通常使用营销逻辑将他们的民宿定位于特定的消费者。然而，事实上，消费者细分和目标房东定位之间尚未达到严格的一致性，这可能导致匹配效率降低。一些学者在 7ps 营销组合框架的指导下，对旧金山和纽约 37 092 套 Airbnb 房源中的 1 148 062 条英文评论进行了大数据分析，研究结果揭示了这两种市场模式的相似性，旅行者经常分享他们对产品和服务的体验，而价格和促销却很少被提及（Kwok，Tang & Yu，2020）。

三、民宿房东亲和力策略

本书根据社会认知理论和民宿房东的服务特点，将民宿房东亲和力划分为热情和能力两个维度，并将民宿房东亲和力策略定义为房东试图让顾客喜欢自己和自己的民宿，并对民宿产生积极感觉的社交策略。民宿房东花费了大量的心血，以确保顾客喜欢他们和他们经营的民宿。民宿房东亲和力策略的核心要素包括四个方面：个人魅力、态度友善、组织与分享、服务与帮助。

（一）个人魅力

在现有文献中，展现个人魅力是亲和力策略的一个重要方面（Bell & Daly，1984）。个人魅力可以通过面部匀称、身高、肤色、眼睛颜色等身体特征（Hill，2002），以及良好的性格特征（Fang，Zhang & Li，2020）来衡量。具有良好性格特征的人，如热情、善良、灵活、乐于助人、老练、目标明确、有趣、值得信赖、心胸开阔、包容、礼貌、富有同情心和社交能力等，往往更有吸引力（O'Leary，Choi & Gerard，2012；Fang，Zhang & Li，2020）。房东应该充分发挥个人魅力来提升亲和力（Chen，Chen & Lee，2013），增强游客体验的真实性（Johnson & Neuhofer，2017；Zhu，Cheng & Wang et al.，2019）。

（二）态度友善

为了更好地了解顾客的需求，房东必须与顾客建立友好的关系。友好的房东往往会试图吸引顾客的注意并与他们互动（Tang，2015），这种行为会导致更深层次的社会互动，从而赢得顾客的信任（Zhang，Gordon & Buhalis et al.，2020）。房东可以表现出热情的态度，愿意花时间陪伴顾客，并充分展现同理心（Scerri & Presbury，2020）。房东的友好态度可能会改善游客的体验，让顾客感到自己是房东家庭的一员（Ye，Xiao & Zhang，2018）。因此，已有的文献鼓励房东营造轻松的氛围（Chen，Chen & Lee，2013），并表现出积极、热情和友好的态度来吸引顾客（Cheng & Jin，2019）。友好和热情的房东也可以与顾客建立更强大的网络和高质量的社交关系，反过来吸引更多的回头客，促进口碑营销（Thompson，2005）。

（三）组织与分享

房东组织社交活动和共享知识或物品会影响顾客的真实旅游体验（Shi，Gursoy & Chen，2019）。社交互动被认为是有效实施亲和力策略的重要先决条件（Bell，Tremblay & Buerkel·Rothfuss，1987）。贝尔和戴利认为增强互动是亲和力策略的一个方面。主客互动有利于发展与维持亲和力（Shi，Gursoy & Chen，2019），因此社交互动可以被视为决定顾客感知价值、享受和满意度的关键因素（Lin，Zhang & Hung，2019）。与酒店相比，民宿更能提供适合顾客需求的娱乐活动（Lin，Zhang & Hung，2019）。选择民宿的顾客往往希望结识新朋友，并从房东那里获得旅行推荐（Stors，Kagermeier，2015）。因此，民宿房东不只是向顾客提供住宿服务，还需要向顾客提供一种与他们进行社交互动的环境（So，Oh，& Min，2018）。

（四）服务与帮助

麦克罗斯基和惠勒斯指出，尊重他人的意愿并满足他们的需求是亲和力策略的重要因素。提高服务质量是房东保持民宿竞争优势的关键因素之一（Ding, Choo & Ng et al., 2020）。因此，为了留住顾客，房东需要不断提高服务质量，创新服务形式，以满足顾客的需求，创造与众不同的体验（Ismail & Jiang, 2019）。已有的对服务质量的研究已经较为成熟，帕拉苏拉曼、泽塔姆和贝里（Parasuraman, Zeithaml & Berry, 1985）的研究确定了服务质量的五个维度：有形性、可靠性、响应性、保证性和共情性。之后的研究对酒店的服务质量模型进行了验证。例如，盖蒂和盖蒂（Getty & Getty, 2003）构建了酒店服务质量的五个维度：切实性、可靠性、响应性、可信性和沟通性。此外，学者们也开始关注民宿的服务质量。例如，有学者将民宿的服务质量划分为两个维度：环境质量和互动质量，互动质量包括服务提供者的专业知识和解决问题的能力。研究结果发现，人际互动的质量也是影响服务质量感知的显著因素（Chen, Chen & Lee, 2013）。影响民宿中人际互动质量的主要因素包括员工的知识、服务速度、态度、意愿、友好程度、理解能力、专业知识和解决问题的能力（Chen, Chen & Lee, 2013）。有学者明确了影响服务质量的四个主要因子：服务态度、接送服务、信息服务和餐饮服务/质量（Hu, Wang & Wang, 2012）。蒂查瓦和姆兰加（Tichaawa & Mhlanga, 2015）提出，顾客对服务质量的体验包括六个因素，即保障性（assurance）、共情性（empathy）、有形性（tangibility）、责任性（responsibility）、可靠性（reliability）和整体体验（overall experience）。有学者认为提供机场接机服务，帮助免费安排旅行时间表并提供免费物品是影响服务质量的关键因素（Wang & Hung, 2015）。有学者使用结构化主题模型分析了马来西亚的 242 020 条 Airbnb 评论，并发现了五个与服务质量相关的属性：有形性、充足的服务供给、理解和关怀、保证性和便利性（Ding, Choo & Wg er al., 2020）。这些研究为构建民宿房东亲和力概念模型提供了重要参考。

四、研究述评

近年来，关于民宿经营策略的研究在数量、相关领域、使用方法、范围和研究问题等方面都有了快速的增长。总体而言，现有研究在以下三个方面有待完善。

第一，民宿经营策略的差异性（在全球范围内）主要体现在文化习惯、产品和价格上。对于 Airbnb 的本地研究结论，很难将其推广到其他城市和地区，更不用说整个平台。因此，未来的研究应该更深入地关注社会人口学、区域和文化方面的因素，如文化规范与房东经营策略的关系。

第二，只有少数研究开始关注主客互动，或直接在平台上进行实验。尽管评论研究的技术错综复杂，但这种方法是未来研究的一个重要方向，而 Airbnb 内部的开放数据库为越来越多的城市提供年度和月度面板数据，这为研究评论动态方面开辟了可能性。

第三，主客关系是民宿研究中一个独特的领域。与传统酒店相比，房东与顾客之间的互动能够为顾客带来更多真实的体验，这对于民宿经营非常重要。虽然房东亲和力的产生过程是主客关系的中心，但是对房东亲和力的科学衡量还没有引起学者重视。尽管有研究考察了民宿的服务质量、家庭氛围、运营策略、民宿的亲近感，但这些研究中使用的测量工具无法测量房东亲和力。

鉴于此，本书将遵循科学的研究范式，探究并归纳不同的房东亲和力的共性，从而建立房东亲和力概念模型，构建结构维度，分析运行机理，开发量表和探究其对顾客满意度和评论数量的影响机制，为后续的相关研究奠定坚实的基础。

第四节　民宿顾客满意度、评论数量及相关研究

一、民宿顾客满意度及相关研究

顾客满意度是民宿衡量产品质量和服务质量的主要标准（Zhu，Cheng & Wong，2019）。民宿顾客满意度的研究主要包括对民宿顾客满意度的调查分析、顾客满意度的影响因素分析。其中，影响因素主要包括顾客内部属性（如人口特征、人格特质、生活形态、旅游特征、住宿动机等）和民宿外部属性（如吸引力、服务质量、住宿体验等）两个方面（Liang，2016），学者们也对顾客满意度与顾客忠诚度、意向和决策之间的关系进行了实证研究。

（一）民宿顾客满意度的概念

顾客满意度是一种心理学概念，涉及从一种有吸引力的产品和 / 或服务中获得人们所期望的东西而产生的幸福感与愉悦感（WTO，1985）。顾客满意度也可以定义为基于结果或过程的满意。瓦夫拉（Vavra，1997）将顾客满意的结果定义为顾客体验所产生的最终状态。这种最终状态可能是一种对奖励的认知状态，一种对体验的情感反应，或者是一种对奖励和成本与预期结果的比较。瓦夫拉还提出了基于过程的顾客满意的定义，强调了顾客满意的知觉过程、评价过程和心理过程。在这个定义中，满意度的评估是在服务交付过程中进行的。

学者关于顾客满意度的观点可以分为两种：一种观点认为顾客满意度是一个整体概念，是顾客对产品不同属性的主观理解的总和，因此可以用一个项目来衡量，以总体满意度（overall satisfaction）作为顾客满意度的衡量指标（Fornell，Johnson & Anderson et al.，1996）；另一种观点则认为顾客满意度是由不同属性组成的，因此除了衡量顾客对产品的总体满意度以外，还需要衡量顾客对产品各个属性的满意程度（Klaus，1985）。

已有研究发现，在民宿共享平台上，在线整体评分可以反映在线顾客满意度，属性表现可以反映各属性（如实描述、干净卫生、入住便捷、沟通顺畅、位置便利和高性价比）在平台上的表现（Bi, Liu & Fan et al., 2020）。许多学者通过分析酒店和民宿的属性表现与总评分之间的关系，探索了民宿各属性在顾客心中的重要性（Ju et al., 2018）。此外，学者们还发现，这种关系受语言和文化差异等因素的影响（Liu, 2017; Bi, Liu & Fan et al., 2020）。

（二）民宿顾客满意度的影响要素分析

现有的研究发现，影响民宿顾客满意度的因素主要有服务质量、顾客价值、顾客情绪、顾客体验、主客沟通、房东验证信息、通信、租赁政策、空间、交通可达性、价格与性价比、客房硬件和软件设施、民族特色餐饮、休闲娱乐活动和周边环境信息等。例如，龙肖毅和杨桂华（2008）提出影响民宿满意度的主要因素包括餐饮、客房、交通、庭院环境、娱乐文化、管理与服务、顾客感知价值和总体体验等。有研究验证了 Airbnb 服务质量属性对顾客满意度对称性和非对称性的影响，结果表明 Airbnb 服务质量属性的四个因子，即房东服务质量、网络响应性质量、网络效率质量和设施服务质量对顾客满意度有不同的影响（Ju, Back & Choi et al., 2019）。侯玉霞和吴忠军（2018）从交通可达性、客房硬件和软件设施、民族特色餐饮、服务质量、休闲娱乐活动及周边环境六个方面对民宿的满意度进行了研究。图西亚迪亚（Tussyadiah, 2016）通过对644 名居住在美国的旅行者的在线调查发现，顾客满意度受享受价值、性价比和住宿设施等因素的影响。一些学者基于推拉动机框架，提出了四种推动因素（态度、享受、熟悉、信任）对满意度均有较强的正向影响，而七种拉动因素（新奇、声誉、服务质量、社会效益、可持续性、实用性和性价比）对满意度的影响程度不同（Shin, Fan & Lehto, 2020）。有学者对比了民宿和酒店中顾客的在线评论行为及其对满意度的影响（Xun, 2020）。其研究结果表明，共享程度会影响顾客满意度、交易成本，特别是信息搜索和获取成本，并且对共享经济下的顾客预订决策具有重要的影响。有些学者通过识别文本评论中的主导方面和情绪，来探讨这些方面和情绪对顾客满意度的影响（Luo & Tang，2019），其研究结果表明，沟通、经验、位置、产品/服务和价值、喜悦和惊讶对顾客满意度的影响最为显著。一些学者基于 43 个城市的 127 257 份数据探讨了 Airbnb 在线评分（顾客满意度）的关键决定因素（Zhu，Cheng & Wong，2019）。该研究确定房东验证信息、通信、租赁政策、空间、环境信息、价格、良好的沟通、较大的空间和提供的信息环境等因素对顾客满意度都有正向影响，而托管体验则对顾客满意度有负向影响。

（三）顾客满意度与其他变量的关系

有研究以台湾省金门岛为例，探讨了民宿市场服务质量、顾客满意度与顾客忠诚度之间的关系（Chen，Chen & Lee，2013）。该研究结果表明，物理环境质量和人际互动质量是顾客满意度的影响因素。有研究探讨了美国的 Airbnb 顾客价值、满意度和忠诚度之间的关系（Lee & Kim，2018）。该研究发现，Airbnb 用户的享乐价值对满意度和忠诚度有正向影响，而功利价值只对满意度有影响；产品涉入对享乐价值与顾客满意度之间的关系有调节作用。一些学者基于创新扩散理论，提出 Airbnb 的顾客满意度受设施和主客关系的影响，进而影响顾客忠诚度（Wang & Jeong，2018）。有研究证明，Airbnb 平台顾客参与价值共创正向影响了顾客感知价值（包括功能价值、经济价值、情感价值、社会价值和伦理价值），进而影响顾客对 Airbnb 价值共创过程的满意度（Jiang，Balaji & Jha，2019）。斯塔皮特、德尔和恰帕等（Sthapit，Del & Giacomo et al.，2019）探讨了 Airbnb 平台的 259 个意大利用户产生的消费价值（功能价值、社会价值和情感价值）、价值共创、信息超载、满意度和持续意向等维度之间的关系。调查结果表明，只有功能价值和社会价值是影响顾客满意度的因素，而价值共创和信息超载有助于提升顾客满意度，进而影响顾客的持续消费意向。有研究分析了旧金山 4 602 个 Airbnb 的评论的情感与在线评分之间的关系（Zhu，

Lin & Cheng，2020），研究发现积极（消极）情绪与高（低）评级有关。有些学者基于对 503 个样本的调查，指出主客互动影响了顾客满意度和行为意向（Moon，Miao & Hanks et al.，2019）。陈虎、喻乐和王颖超等（2020）探索了民宿中价值共创行为、价值感知、满意度和行为意图的关系。研究结果表明，主客之间的交互行为和顾客与顾客之间的交互行为都对满意度存在显著的正向影响，感知价值也对满意度有显著的正向影响。

二、线上评论数量及相关研究

由于线上民宿平台并未公开实际的民宿预订数据，所以已有的研究经常使用顾客评论数量作为顾客预订量的一种替代测量方法（Zhang，Yan & Zhang，2018）。评论数量反映了之前消费者对产品的接受程度和受欢迎程度（Ba，Jin，Li & Lu，2020），是提升消费者购买意愿的关键因素（Watson，Ghosh & Trusov，2018；Biswas，Sengupta & Chatterjee，2020；Chen & Bi，2022）。

现有研究发现，民宿共享平台中评论数量的主要影响因素包括五个方面。第一，宏观经济为民宿的发展提供了适宜的环境（Chen & Bi，2022）。第二，平台网站是主客之间的主要接口。民宿主页的设计特征、对民宿和房东的相关描述、标题等都会影响潜在顾客的预订意愿（Biswas，Sengupta & Chatterjee，2020；Liang，Schuckert，Law & Chen，2019）。第三，民宿价格及民宿的特征和所提供的服务，如位置、床位和卧室数量、房间类型、Wi-Fi、免费停车场、厨房、洗衣服务和价格，对顾客的购买决策具有重要影响（Biswas，Sengupta & Chatterjee，2020）。第四，以往顾客的评论和星级评分会影响潜在顾客的预订意愿和整体体验。特别是，顾客评论的语言风格，如情感性、可读性和文本长度在一定程度上影响了潜在顾客的判断决策（Chen & Bi，2022）。第五，房东向顾客提供小额经济奖励、礼品和免费升级民宿房间等，均可以提升评论质量和数量（Burtch，Hong & Bapna et al.，2018）。

三、研究述评

目前现有文献对于民宿顾客满意度和评论数量的研究尚处于起步阶段，以下三个方面还有待进一步完善。

第一，现有的研究发现，影响民宿顾客满意度和评论数量的因素主要有服务质量、顾客价值、顾客情绪、顾客体验、主客沟通、房东验证信息、通信、租赁政策、空间、交通可达性、价格与性价比、客房硬件和软件设施、民族特色餐饮、休闲娱乐活动和周边环境信息等。主客沟通与互动是提升民宿顾客满意度和评论数量的独特影响因素。民宿与酒店相比的独特性，如主客互动、房东亲和力、家的感觉，将是学者们未来研究的一个重点。

第二，尽管已有研究深入探讨了顾客满意度和评论数量的主要影响因素，但嵌入在顾客评论和房东中的语言线索，作为潜在顾客决策行为的重要隐性决定因素，仍有待进一步探索（Biswas，Sengupta & Chatterjee，2020）。

第三，目前对线上民宿房东亲和力在"民宿属性表现与顾客满意度之间""民宿属性表现和评论数量之间"的关系中起调节作用的研究相对较少。顾客对于每个属性表现的重视程度也是未来研究的重点，探究房东亲和力、民宿属性表现与顾客满意度和评论数量的关系有利于帮助房东适时调整亲和力策略，优先考虑改善民宿的特定属性。

因此，本书的第五章和第六章的研究重点是线上房东亲和力对顾客满意度和评论数量的影响作用，以及房东亲和力对"民宿属性表现与总体满意度之间""属性表现与评论数量之间""属性表现、房间数量和评论数量之间"关系的调节作用。

第三章

房东亲和力的概念模型构建 ①

① 本章部分成果已发表在国际当代酒店管理杂志（*International Journal of Contemporary Hospitality Management*）中，题目为"爱彼迎平台民宿房东亲和力策略的构建"（*The construction of the affinity-seeking strategies of Airbnb homestay hosts*）。

目前，学术界对于房东亲和力的概念模型、结构维度与运行机理并没有进行清晰的界定。从第二章的文献梳理中可知，国外关于亲和力策略的研究为本书提供了借鉴，但是在民宿场景下，房东亲和力与一般的人与人之间的亲和力存在很大不同。基于此，本章采用深度访谈法、在线评论分析法和语义网络分析法，从国内外视角，对房东亲和力的概念进行界定，探索各维度之间的相互关系及房东亲和力对顾客情绪和行为产生影响的作用机理，完善房东亲和力的理论体系，为后文的量表开发及对顾客满意度和评论数量的影响机理研究提供理论依据。

第一节　基于深度访谈的我国房东亲和力的概念模型构建

一、研究设计

本节研究采用深度访谈法、扎根理论研究法和在线评论分析法，探究我国房东亲和力的概念、结构维度和运行机理。基于深度访谈的我国房东亲和力的概念模型构建框架如图 3-1 所示。

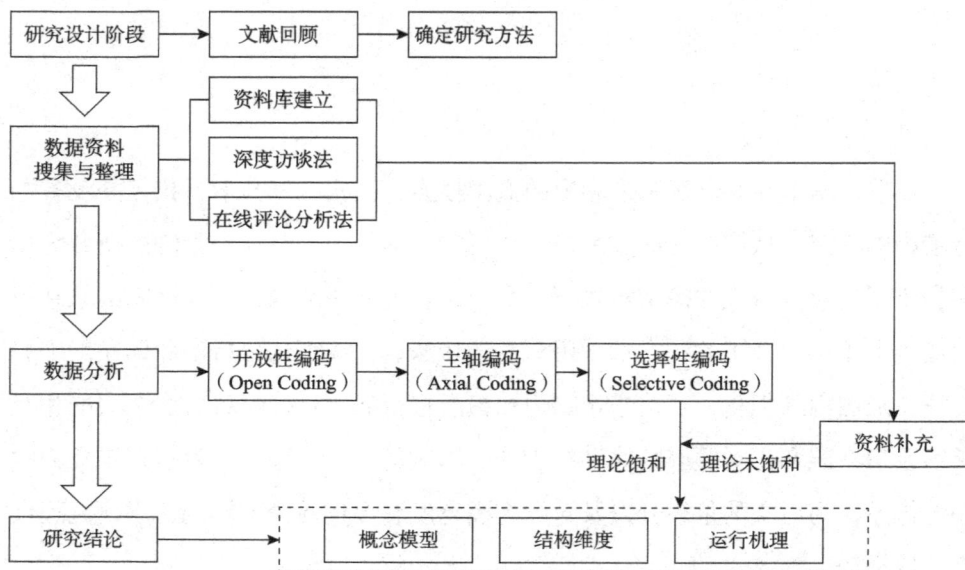

图 3-1　基于深度访谈的我国房东亲和力的概念模型构建框架

二、数据资料搜集与整理

（一）资料库建立

为了保证研究的信度，提升研究的整体质量，本节严格遵循质性研究数据收集的三大原则，即多种渠道收集数据、建立资料库和形成闭合的证据链。本节的资料库包括一手数据和二手数据。其中，一手数据来自研究成员进行的半结构化访谈，二手数据来自 Airbnb 网站中我国北京市和上海市民宿的评论内容。以往研究中关于民宿的资料库建立大多仅采用半结构化访谈的形式，继而使用受访者给出的答案完成扎根分析。本书采访了 22 位房东和 20 位顾客，达到了理论饱和。鉴于受访者可能用简单的词汇描述对房东亲和力的感受，由此获得的分析结果与实际情况会存在偏差。因此，本书在资料库的构建过程中，除了通过深度访谈法获取相关资料作为一手资料以外，也通过民宿平台 Airbnb 获得民宿的在线评论信息，构建二手数据资料库，用于补充一手数据在代表性和可靠性方面的不足。

（二）深度访谈法

1. 抽样方法

本书使用目的性抽样和理论性抽样两种方法来选取访谈对象（Patton，2015）。目的性抽样主要有三个要求：第一，研究者选择的调研现场、受访者或个体行为要具有典型性或代表性；第二，研究者要正确理解研究群体的异质性，旨在保证结论代表整个群体　而不仅仅局限于代表性成员；第三，有意识地检验受访者描述内容的可靠性和真实性。因此，本书选择我国民宿发展较为成熟的云南省大理市和丽江市作为调研地点，主要在大理古城、丽江古城周边对民宿房东和顾客进行深度访谈，这两座城市的民宿在我国民宿中具有一定的典型性和代表性。除了目的性抽样，本书还采用理论性抽样法，在访谈过程中根据编码所得到的类属选择后续访谈所需的研究对象，对其继续进行访谈和进一步编码，直到所有提炼的核心类属都达到理论饱和为止。

2. 房东访谈过程

本书采用半结构化的面对面深度访谈法对大理市和丽江市的民宿房东进行访谈，在访谈之前，首先，研究人员设计好半开放式的访谈提纲。其次，研究人员征询两名旅游管理专业教授的意见，请他们就访谈提纲提出修改意见。最后，确定访谈提纲。研究人员到达云南省大理市和丽江市后，随机选择房东，并告知受访者关于研究者的基本信息和本次调研的目的。根据贝尔和戴利的研究，研究人员向受访者提出以下问题。

您如何让顾客喜欢您和您的民宿？

您会使用什么策略，哪些策略是成功的？

顾客对您的评价如何？

本节研究采用滚雪球法（Biernacki & Waldorf，1981），目的是选择信息丰富的关键信息提供者。经过 22 次访谈之后，现场数据开始出现冗余的情况，已经达到了理论饱和（Creswell，2013）。所有访谈都是半结构化的，访谈持续了 45~70 分钟，并采用数字化录音，然后逐字转录整理。22 名受访者（房东）的基本信息如表 3-1 所示。

表 3-1　22 名受访者（房东）的基本信息

序号	性别	年龄（岁）	民宿规模（客房数／间）	祖籍	访谈地点
H1	男	31	12	河南	大理
H2	男	34	18	四川	大理
H3	女	40	13	四川	大理
H4	男	30	33	云南	大理
H5	男	45	33	山东	大理
H6	女	34	25	云南	大理
H7	男	58	22	辽宁	大理
H8	男	40	19	北京	大理
H9	男	49	33	四川	大理
H10	男	27	19	吉林	大理
H11	女	37	19	四川	大理
H12	女	31	16	云南	大理
H13	男	40	11	云南	大理
H14	男	32	14	湖北	大理
H15	男	42	23	云南	大理
H16	男	56	30	天津	大理
H17	男	30	32	云南	大理
H18	女	62	8	黑龙江	大理
H19	男	31	30	天津	大理
H20	男	27	22	四川	大理
H21	男	33	19	福建	丽江
H22	男	32	16	广东	丽江

3. 顾客访谈过程

综合目的性抽样和理论性抽样，研究者在大理市和丽江市共访谈了 20 名住过民宿的顾客。这些样本涵盖了不同年龄段、不同行业、不同性别的顾客。他们都有住过民宿的经历，都与房东接触过，能够提供关于房东亲和力体验的第一手经验数据。为了增加研究的可信度，根据扎根理论，研究人员向受访者提出如下问题。

您对房东的看法是什么？

您对房东的印象是什么？

您对房东做出了哪些评价？

经过 20 次访谈之后，现场数据开始出现冗余的情况。所有访谈都是半结构化的。访谈持续了 15~30 分钟，并采用数字化录音，然后逐字转录整理。20 名受访者（顾客）的基本信息如表 3-2 所示。

表 3-2　20 名受访者（顾客）的基本信息

序号	性别	年龄（岁）	祖籍	出游方式	访谈地点
T1	男	34	湖南	自由行	大理
T2	男	68	云南	自由行	大理
T3	女	31	安徽	自由行	大理
T4	男	60	广东	自由行	大理
T5	男	55	云南	自由行	大理
T6	男	33	河北	自由行	大理
T7	女	58	江西	自由行	大理
T8	男	27	湖南	自由行	大理
T9	女	26	四川	自由行	大理
T10	女	62	辽宁	自由行	大理
T11	女	25	河北	自由行	丽江
T12	男	22	山东	自由行	丽江
T13	男	29	山东	自由行	丽江
T14	男	30	河南	自由行	丽江

（续表）

序号	性别	年龄（岁）	祖籍	出游方式	访谈地点
T15	女	32	新疆	自由行	丽江
T16	男	27	辽宁	自由行	丽江
T17	女	29	浙江	自由行	丽江
T18	女	24	黑龙江	自由行	丽江
T19	男	29	四川	自由行	丽江
T20	女	31	广东	自由行	丽江

数据被导入数据集，采用 NVivo 11 软件进行分析。此外，关键节点在 NVivo 中标注，以保持参与者在最终结果中表达的真实性。将新出现的节点与现有文献进行比较，以增强内部有效性（Altinay & Paraskevas，2008）。主题分析过程形成了不同主题的社会实践要素，这些主题将在调查结果中介绍。总的来说，样本量的广度和深度都符合探索性研究的建议（McCracken，1988），并为理论发展奠定了扎实的基础（Eisenhardt & Graebner，2007）。

（三）在线评论分析法

本节所采用的评论数据均来自 Airbnb 平台，选取了我国北京市和上海市一年的民宿评论数据（2019 年 8 月至 2020 年 7 月）。这两座城市之所以被选中，是因为它们拥有大量可用的数据，房东和顾客具有多样性，并且这两座城市在 Airbnb 上的房间数量多。我们总共获得了 490 620 条中文评论，并对它们进行了分析，以生成关于顾客对房东亲和力感知的有用信息。每条评论包括评论 ID、民宿 ID、在线评论内容、评论时间、评论得分、评论回复等信息。为了不影响后续研究工作的开展，我们需要对所抓取的数据进行清洗和筛选。因此，本节首先设定了过滤规则：评论长度——评论文本内容不少于 20 个字符数；评论主题——评论文本中提到"房东"两个字。研究者认为，较长的文字评论内容能够较为详细地描述对房东的看法，为接下来进行扎根理论分析奠定研究基础。经过筛选，共得到 10 000 条高质量的评价信息，本书将该部分信息逐一编码，纳入扎根理论分析的资料库中。

三、数据分析

本节采用扎根理论研究法的三层编码技术对数据进行分析，即采用开放式编码、主轴编码和选择性编码对一手数据和二手数据进行总结，同时对每一层编码过程所产生的模型进行资料验证。开放性编码是对数据进行分解、验证、比较、概念化和范畴化的过程。主轴编码是围绕某一范畴的轴线进行分析，并建立主范畴与副范畴之间的关系的过程。选择性编码的目的是找出核心主题，即再次系统地分析已形成的概念范畴，选择一个核心范畴，这也是整合、完善和构建理论的过程。本节严格遵循扎根理论的编码要求，基于三级编码过程，最终构建具有较强解释力和应用价值的房东亲和力的概念模型、结构维度模型和运行机理。

（一）开放式编码

本节首先对开放式编码语料库的深入访谈资料和在线评论进行分析。开放式编码是指对资料数据逐步进行概念化和范畴化，即根据一定的原则逐级缩编，将资料数据重新进行整合，以概念和范畴反映正确的信息内容及数据。本节采用手工编码，遵循"定义现象—发展概念—发掘范畴"的编码流程。首先，贴标签，就是对原始资料中的词语、短语和句子进行标注，用 ai 标记；其次，定义现象，就是对所标注的内容进行初步整合，提出概念；再次，概念化，即对初步形成的概念进一步归类，提炼概念，用 Ai 表示；最后，范畴化，即对得到的概念进行抽象形成，用 AAi 表示。在开放式编码中，本书尽量确保使用术语和定义的原始性与一贯性，尽可能使用原生代码，即研究者自己表达的独特词语，这有利于更加细致地探索房东亲和力的概念、维度及运行机理。

1. 贴标签与定义现象

本书对原始资料进行逐句分析和贴标签，并通过不断比较所贴的标签来定义现象，具体如表 3-3 所示。同时借助 NVivo11 软件中的节点分类功能来建立节点，即贴标签。具体是一边浏览，一边进行编码形成节点，共建立了个 109 节点，即形成了 109 个标签。

表 3-3　原始资料标签化与定义现象示例

原始资料（贴标签）	定义现象（ai）
……我没有刻意去营造一种家的氛围，一般顾客来的话我会邀请他们一起吃晚饭（a1）。我会组织顾客或者他们自己去玩，带着他们组个旅行团去玩（a2），然后晚上一起吃饭，展示本地的特色。我也会组织他们坐在一起吃饭，然后鼓励他们一起玩（a3）。在大理，一个人出来玩、一个人吃饭都不舒服。到了晚上，有的时候我会和顾客一起做饭（a4）、一起去酒吧（a5）	a1 邀请顾客一起吃饭，a2 与顾客交朋友或一起去旅游，a3 鼓励顾客之间的互动，a4 和顾客一起做饭，a5 和顾客去酒吧休闲
……我觉得对待顾客要真诚，顾客通过你的眼神和表达，都能感受到你是否真诚（a6）。我们尽量满足顾客的需求，如洗衣服、补衣服之类的（a7）。有一次顾客生病了，他一个人在外地不了解就医流程，我就带他去看病，看完病，我再和他一起回来（a8）	a6 真诚可靠，a7 满足顾客的需求，a8 顾客生病则送他们去医院
顾客到这里就像到自己家里一样，自己可以烧水喝茶（a9），如果不爱吃当地的饭，顾客可以去菜市场买菜，用我们的厨房做饭（a10），我们的白酒也是免费提供的（a11），我们的洗衣机顾客可以随便用（a9）。顾客在这里可以自由聊天、交朋友（a12）。我们主要让顾客感到自在舒服，对顾客没有什么要求（a13）。我们只接待朋友，不接待上帝（a14）	a9 允许顾客随意使用房东的物品，a10 允许顾客使用厨房做饭，a11 免费请顾客喝酒，a12 为顾客提供社交环境，a13 没有向顾客提要求，a14 将顾客当作朋友或家人一样对待
我这人爱交朋友，我跟好多顾客处成了朋友，前段时间我和顾客一起去广东玩了一个月（a2），现在我们商量着一起开家餐厅。我对待顾客特别实在（a6），比如说骑摩托车环洱海，老板说付 60 元，给我 20 元回扣，我说我不要，直接让顾客付 40 元，我不占小便宜（a15）。免费提供矿泉水，我一批发就是 20 箱，顾客随便喝（a16）。前段时间有两位乌鲁木齐的顾客（母女俩）在我这吵架了，母亲出走了，我开着车陪着她女儿找了三天，并在微信朋友圈发寻人启事，最后报警才找到（a17）	a15 不要回扣且不赚差价，a16 免费向顾客提供饮水，a17 顾客走失了帮忙寻找
我们提供管家式的服务（a18），顾客下订单后我们就添加微信，这样会很方便，他们若有问题可以随时联系我（a19）。顾客住宿我们提供免费接送站服务（a20），顾客要去大理古城我们也提供免费接送服务（a21）。我们在网站上放的图片都是真实的，所以顾客来了以后很少有不满意的（a22）	a18 提供管家式服务，a19 主动添加顾客的微信，a20 提供免费接送站服务，a21 免费接送顾客到旅游景点，a22 提供真实信息

（续表）

原始资料（贴标签）	定义现象（ai）
我们用心与顾客交流（a27），让顾客对我们产生信任感（a28），不刻意与顾客交流（a29）。前段时间，有位顾客感冒发烧了，我就给他熬姜汤、做饭、买感冒药（a30）。还有两位女孩，吃不惯这里的饭，问我借厨房，但她们又说自己不会做饭，我就做饭给她们吃（a31）。还有位男孩，失恋了，来到我这里一天不出房间，哭得可伤心了，我就敲门问他怎么了（a32），还给他做了面条。我一年365天都在民宿里（a33）。我会对顾客的行程提出建议，将优缺点都告诉顾客，让他自己去选择（a34）。我宁愿吃亏，不会占顾客的便宜（a35）。遇到难缠的顾客我就多替他们着想，他们也就不会为难我了（a36）	a27 用心与顾客交流，a28 让顾客产生一种信任感，a29 不刻意与顾客沟通，a30 顾客生病了照顾病人，a31 给顾客做饭，a32 温暖且有同理心，a33 经常出现在民宿，给顾客安全感，a34 对顾客的行程提出建议，a35 宁可吃亏，也不占便宜，a36 包容顾客的缺点和错误

注：此表由笔者整理，由于整张表的篇幅过大，所以此表只展示其中一部分。

2. 概念化与范畴化

开放式编码部分示例如表3-4所示。

表3-4　开放式编码部分示例

定义现象	概念化	范畴化
a17 顾客走失了帮忙寻找，a30 顾客生病了给予照顾，a61 帮顾客包扎伤口，a66 给顾客买药，a8 顾客生病了送他们去医院	A1 帮助顾客解决生活中遇到的问题	AA1 关心与帮助
a100 主动安慰心情不好的顾客，a101 顾客吵架了进行劝和	A2 顾客遇到问题就鼓励和安慰顾客	
a15 不要回扣且不赚差价，a22 提供真实信息，a28 让顾客对我们产生信任感，a29 不刻意与顾客交流，a76 人实在，a108 真诚对待顾客	A5 真诚可靠	AA2 个人魅力
a61 有自信，a77 说话慢且特别温柔，a87 性格随和	A6 性格好，让人觉得舒服	
a72 让顾客感受到不同的生活方式，a80 文化和生活方式让顾客认可	A7 文化和生活方式让顾客认同	
a56 提醒顾客注意防骗，a57 提醒顾客天气情况	A8 提醒顾客注意事项	AA3 服务细致
a109 主动问顾客的旅游行程，a110 主动问顾客游玩的时长	A9 主动问顾客旅游的信息或行程安排	
a58 向顾客推荐合适的旅游产品或其他产品，a62 帮顾客规划旅游行程，a85 向顾客介绍游玩攻略和线路	A10 对顾客的行程提出建议	

（续表）

定义现象	概念化	范畴化
a18 提供管家式服务，a19 主动添加顾客的微信，a20 提供免费接送站服务，a21 免费接送顾客到旅游景点，a23 注重细节，a26 提供租车服务，a31 给顾客做饭，a36 能够解决与顾客的冲突，a49 服务细致，a50 根据顾客的个人需要提供相应服务，a60 帮忙解决顾客与其他利益相关者之间的问题，a62 尊重顾客的个人意愿，a65 提供个性化服务，a67 及时回复信息，a70 亲自帮顾客搬行李，a7 满足顾客的需求，a90 妥善安排顾客的吃住行，a97 下雨天开车接送顾客，a98 给顾客送遗留物品，a99 如果顾客遇到问题就帮忙出主意	A11 帮助顾客解决旅行中遇到的问题	AA3 服务细致
a33 经常出现在民宿以带给顾客安全感，a97 保护顾客的隐私	A12 给顾客安全感	
a1 邀请顾客一起吃饭，a2 与顾客交朋友并一起去旅游，a47 带顾客参与自己的日常活动或休闲活动，a48 带顾客一起去买菜，a4 和顾客一起做饭，a53 陪同顾客出去旅游并充当导游的角色，a5 和顾客去酒吧休闲，a88 邀请顾客一起采摘水果	A13 与顾客一起旅游、就餐或开展日常活动	AA4 组织和策划活动
a12 为顾客提供社交环境，a3 鼓励顾客之间的互动，a51 满足顾客的沟通和社交欲望	A14 介绍顾客和周围的朋友相互认识	
a68 教顾客泡茶，a109 分享自己的旅游经历	A15 向顾客分享自己的生活经历	
a11 免费请顾客喝酒，a16 免费向顾客提供饮水，a54 请顾客喝茶	A16 免费向顾客提供茶水	AA5 组织与分享
a69 免费升级房间，a95 赠送小礼物	A17 给予礼物或奖励	
a10 允许顾客使用厨房自己做饭，a9 使用房东的物品	A18 允许顾客随意使用房东的物品	
a24 见到顾客主动打招呼，a27 用心与顾客交流，a52 耐心倾听顾客的讲话	A19 用心与顾客交流	
a64 服务态度好，a78 热情，a79 友善	A20 热情、友善	
a106 主动介绍自己为什么开民宿，a107 主动介绍自己的生活状态	A21 主动披露自己的个人信息	AA6 态度友善
a13 不向顾客提要求，a14 把顾客当作朋友或家人一样对待，a55 让顾客感到自在舒服，a89 营造了家一样的温馨的环境，a92 有宠物	A22 把顾客当作朋友，营造家的氛围	
a102 顾客难过会关切，a73 让顾客觉得温暖	A3 温暖，有同理心	
a35 宁愿吃亏也不愿占顾客的便宜，a36 包容顾客的缺点和错误，a103 遇到事情懂得忍让	A4 有包容心	

（二）主轴编码

主轴编码是编码的第二个阶段。主轴编码聚焦于将各个独立的范畴联系起来，以进一步发现与建立不同范畴的潜在联结作用，通过分析发现范畴在概念层面上确实存在内在联系，这时要根据其相互关联和逻辑顺序，再次进行重新归类，进而提取主范畴。我们采用主轴编码方法对开放性编码结果进行比较和归类，发现该主范畴共包括四个副范畴，分别是态度友善、个人魅力、服务与帮助及组织与分享。

1.态度友善

本节将"a24 见到顾客主动打招呼""a27 用心与顾客交流""a52 耐心倾听顾客的讲话"等三个初级范畴联接为副范畴"S1 与顾客随意地聊天"。这三个初级范畴体现了房东与顾客友好、随意地交流，给顾客带来放松、有归属感的体验。本节将"a64 服务态度好""a78 热情"和"a79 友善"联结为副范畴"S2 热情、友善"。热情、友善的房东更能够获得顾客的信赖（Zhang，Gordon & Buhalis et al.，2020）。本节将"a106 主动介绍自己为什么开民宿"和"a107 主动介绍自己的生活状态"联接为副范畴"S3 主动披露自己的个人信息"。房东主动披露自身的个人信息，可以增强顾客对房东的信任。本节将"a13 没有向顾客提要求""a14 把顾客当作朋友或家人一样对待""a55 让顾客感到自在舒服""a71 让顾客感到放松""a74 形成热闹的氛围""a81 提供了家的感觉""a89 营造了温馨的环境"和"a92 有宠物"联接为副范畴"S4 把顾客当作朋友，营造家的氛围"。把顾客当作朋友或家人，营造家的氛围会让顾客感到舒适、安全、熟悉、放松，创造归属感和良好的体验（So et al.，2020；Su，Zhang & Cai，2020）。基于这些良好的体验，顾客更有可能获得消费快感和价值判断（Chen，2015）。现有文献表明，当顾客联想到像家这样的地方时，他们开始对这个地方产生强烈的忠诚或依恋（Rosenbaum，2006）。本节将"a102 顾客难过会跟着着急""a73 让顾客觉得温暖""a35 宁愿吃亏也不愿占顾客的便宜""a36 包容顾客的缺点和错误"和"a103 遇到事情懂得忍让"联接为副范畴"S5 温暖，有同理心、包容心"。房东的同理心和包容心会让顾客感到温暖、有人情味。通过对五个副范畴之间关系的反复分析，本节将这五个副范畴整合，得到一个主范畴"友善"。态度友善主轴编码如表 3-5 所示。

表 3-5　态度友善主轴编码

主范畴	副范畴	代表性语句编码参考点
C1 友善	S1 与顾客随意地聊天	a24 见到顾客主动打招呼，a27 用心与顾客交流，a52 耐心倾听顾客讲话
	S2 热情、友善	a64 服务态度好，a78 热情，a79 友善
	S3 主动披露自己的个人信息	a106 主动介绍自己为什么开民宿，a107 主动介绍自己的生活状态
	S4 把顾客当作朋友，营造家的氛围	a13 没有向顾客提要求，a14 把顾客当作朋友或家人一样对待，a55 让顾客感到自在舒服，a71 让顾客感到放松，a81 提供家的感觉，a89 营造温馨的环境，a92 有宠物
	S5 有同理心、包容心	a102 顾客难过会关切，a73 让顾客觉得温暖，a35 宁愿吃亏也不占顾客便宜，a36 包容顾客的缺点和错误，a103 遇到事情懂得忍让

2. 个人魅力

本节将"a15 不要回扣且不赚差价""a22 提供真实信息""a28 让顾客对我们产生信任感""a29 不刻意与顾客交流""a76 人实在""a108 真诚地对待顾客"联接为副范畴"S6 真诚可靠"。真诚是亲和力策略的一个重要因素（Bell & Daly，1984）。在民宿中，房东获得顾客的信任尤其重要，因为房东会向完全陌生的人敞开家门。积极主动的房东会努力创造与顾客互动的机会，通过礼貌和带领顾客参观当地景点、提供真实信息等赢得顾客的信任（Tang，2015）。本节将"a61 有自信""a77 说话慢且特别温柔"和"a87 性格随和"联接为副范畴"S7 性格好，让人觉得舒服"。房东良好的性格有利于吸引顾客并获得好评。本节将"a72 让顾客感受不同的生活方式""a80 文化和生活方式让顾客认可"和"a82 提供的文化主张让顾客认同"联结为副范畴"S8 提供的文化和生活方式让顾客认同"。房东的文化精神也吸引了顾客（Jin，Ling & Fern，2016），特别是与顾客的精神文化产生共鸣的地方。通过对三个副范畴之间关系的归纳分析，本节将这三个副范畴整合，得到一个主范畴"个人魅力"。个人魅力主轴编码如表 3-6 所示。

表 3-6 个人魅力主轴编码

主范畴	副范畴	代表性语句编码参考点
C2 个人魅力	S6 真诚可靠	a15 不要回扣且不赚差价，a22 提供真实信息，a28 让顾客对我们产生信任感，a29 不刻意与顾客交流，a76 人实在，a108 真诚对待顾客
	S7 性格好，让人觉得舒服	a61 有自信，a77 说话慢且特别温柔，a87 性格随和
	S8 文化和生活方式让顾客认同	a72 让顾客感受不同的生活方式，a80 文化和生活方式让顾客认可，a82 提供的文化主张让顾客认同

3. 服务与帮助

本节将"a56 提醒顾客注意防骗"和"a57 提醒顾客天气情况"联接为副范畴"S9 提醒顾客注意事项"。房东要经常提醒顾客需注意的事项。本节将"a109 主动问顾客的旅游行程安排"和"a110 主动问顾客游玩的时长"联接为副范畴"S10 主动问顾客旅游的信息或行程安排"。房东通过主动询问顾客的行程，了解顾客的安排，从而增进主客之间的互动。本节将"a58 向顾客推荐合适的旅游产品或其他产品""a62 帮顾客规划旅游行程"和"a85 向顾客介绍游玩攻略和线路"联接为副范畴"S11 对顾客的行程提出建议"。房东要经常为顾客的行程提供合理化建议，从而增强顾客的满意度。本节将"a18 提供管家式服务""a19 主动添加顾客的微信""a20 提供免费接送站服务""a21 免费接送顾客到旅游景点""a23 注重细节""a26 提供租车服务""a31 给顾客做饭""a36 能够解决与顾客的冲突""a49 服务细致""a50 根据顾客的个人需要提供服务"联接为副范畴"S12 帮助顾客解决旅行中遇到的问题"。房东要经常帮助顾客解决在旅行中遇到的问题。本节将"a17 顾客走失了帮忙寻找""a30 顾客生病了照顾他们""a61 帮顾客包扎伤口""a66 给顾客买药""a8 顾客生病则送他们去医院"联接为副范畴"S13 帮助顾客解决生活中遇到的问题"。房东不仅要关注顾客在旅途中遇到的问题,当顾客生病的时候,也要给予关怀和照顾。本节将"a100 主动安慰心情不好的顾客"和"a101 顾客吵架了进行劝和"联接为副范畴"S14 顾客遇到问题就鼓励和安慰顾客"。房东在顾客难过的时候要给予他们鼓励和安慰,所以房东不仅仅是向顾客提供服务,更多的是提供一种人文关怀,从而产生了亲和力。经过对四个副范畴之间关系的归纳分析,本节将这四个副范畴整合,得到一个主范畴"服务与帮助"。服务与帮助主轴编码如表 3-7 所示。

表 3-7　服务与帮助主轴编码

主范畴	副范畴	代表性语句编码参考点
C3 服务与帮助	S9 提醒顾客要注意的事项	a56 提醒顾客注意防骗,a57 提醒顾客天气情况
	S10 主动问顾客旅游的信息或行程安排	a109 主动问顾客的旅游行程安排,a110 主动问顾客游玩时长
	S11 对顾客的行程提出建议	a58 向顾客推荐合适的旅游产品或其他产品,a62 帮顾客规划旅游行程,a85 向顾客介绍游玩攻略和线路
	S12 帮助顾客解决旅游中遇到的问题	a18 提供管家式服务,a19 主动添加顾客的微信,a20 提供免费接送站服务,a21 免费接送顾客到旅游景点,a23 注重细节,a26 提供租车服务,a31 给顾客做饭,a36 能够解决与顾客的冲突,a49 服务细致,a50 根据顾客的个人需要提供服务
	S13 帮助顾客解决生活中遇到的问题	a17 顾客走失了帮忙寻找,a30 顾客生病了照顾他们,a61 帮顾客包扎伤口,a66 给顾客买药,a8 顾客生病了送他们去医院
	S14 顾客遇到问题就鼓励和安慰他们	a100 主动安慰心情不好的顾客,a101 顾客吵架了进行劝和

4. 组织与分享

本节将"a104 房东邀请顾客参与日常生活""a105 房东邀请顾客一起旅游"和"a1 房东邀请顾客一起吃饭"联接为副范畴"S15 与顾客一起旅游、就餐或参与日常生活"。房东会经常邀请顾客参与他们的日常生活,自豪地向顾客介绍旅游景点。本节将"a12 为顾客提供社交环境""a3 鼓励顾客之间的互动"和

"a51 满足顾客的沟通和社交欲望"联接为副范畴"S16 介绍顾客和周围的朋友相互认识"。有些房东积极与顾客进行社交活动，并积极促进顾客与顾客之间、顾客与房东朋友之间的互动。本节将"a109 分享自己的旅游经历"和"a68 教顾客泡茶"联接为副范畴"S17 向顾客分享生活经历"。房东通过分享自己的旅游经历和生活经历增进与顾客之间的沟通，寻找共同话题。本节将"a11 免费请顾客喝酒""a16 免费向顾客提供饮水""a54 请顾客喝茶聊天"和"a91 顾客随意吃房东冰箱里的食物"联接为副范畴"S18 免费向顾客提供餐饮"。房东通过免费提供茶、水果、啤酒、水和零食等，努力让顾客喜欢他们，并使顾客拥有难忘的住宿体验。经过对四个副范畴之间关系的归纳分析，本节将这四个副范畴整合，得到一个主范畴"组织与分享"。组织与分享主轴编码如表 3-8 所示。

表 3-8 组织与分享主轴编码

主范畴	副范畴	代表性语句编码参考点
C4 组织与分享	S15 与顾客一起旅游、就餐或参与日常生活	a104 房东邀请顾客参与日常生活，a105 房东邀请顾客一起旅游，a1 房东邀请顾客一起吃饭
	S16 介绍顾客和周围的朋友相互认识	a12 为顾客提供社交环境，a3 鼓励顾客之间的互动，a51 满足顾客的沟通和社交欲望
	S17 向顾客分享生活经历	a109 分享自己的旅游经历，a68 教顾客泡茶
	S18 免费向顾客提供餐饮	a11 免费请顾客喝酒，a16 免费向顾客提供饮水，a54 请顾客喝茶聊天，a91 顾客随意吃房东冰箱里的食物

（三）选择性编码

归纳出主范畴后，要进一步处理范畴与范畴之间的联系，而选择性编码是对主轴编码的主范畴内容进行的再一次整合和提炼，即建立主范畴与副范畴的逻辑关系，并根据相关理论对范畴之间的相互关系不断进行概念化，最终达到理论饱和要求，从而构建系统的理论框架。本节对四个主范畴（态度友善、个人魅力、服务与帮助及组织与分享）进行了深入分析，在对编码资料和相关文献进行比较的基础上，对主范畴、副范畴进行阐释，提炼出核心范畴，在此基础上提出理论命题。根据社会认知理论，热情和能力是社会认知的两个维度（Fiske，Cuddy & Glick，2007）。受人喜爱的程度和友善等特质与热情相关（Leach，Ellemers & Barreto 2007），而技能、创造力和效率等特质与能力相关。因此，本节从四个主范畴中进一步提炼出了核心范畴。顾客对房东的个人魅力的感知反映了房东受顾客喜爱的程度。态度友善反映了房东的友好品质。因此，个人魅力和态度友善构成了房东亲和力的热情维度。组织与分享展示了房东的沟通、组织和计划能力，而服务与帮助反映了房东关心、帮助和服务顾客的能力。因此，组织与分享、服务与帮助两个因子构成了能力维度。简而言之，从社会认知的角度来看，房东亲和力包括热情和能力两个维度（见图3-2），其中热情维度包括房东的个人魅力和态度友善两个因子。能力维度包括组织与分享及服务与帮助两个因子。因此，本节的"故事线"可以概括为，房东为了让顾客喜欢自己和自己的民宿而采取一系列策略，以展现自身的亲和力，主要包括热情（个人魅力和态度友善）和能力（组织与分享和服务与帮助）两个维度。

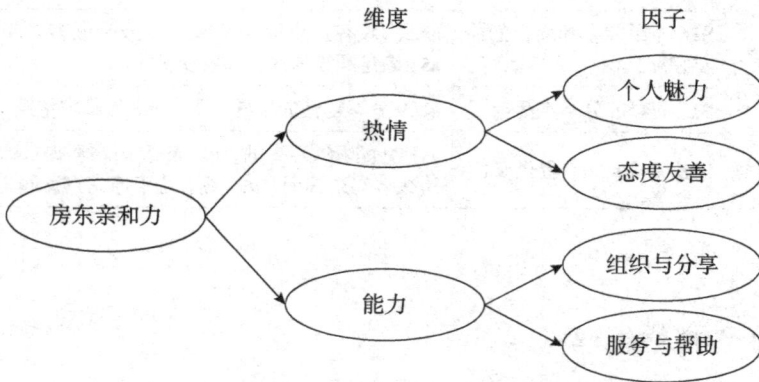

图 3-2　房东亲和力的结构维度

（四）理论饱和度检验

理论饱和度是指对资料进行分析之后，所萃取的范畴在属性、维度和形式方面都获得了充分的发展。具体来说，就是从新加入的资料中不能萃取新的概念和范畴，或者进一步发展已经萃取的范畴。对预留的 1/4 的访谈资料和 2 500 条在线评论进行理论饱和度检验的结果表明，以上资料没有提炼出新的范畴和概念，未发现新的关系，以及范畴之间、主范畴之间也没有发现新的关系，不能对现有范畴和主范畴进行补充。因此，我们可以认为本节所构建的房东亲和力维度模型在理论上已经达到饱和。

（五）概念模型和运行机理

1. 房东亲和力概念模型

根据前文对民宿、亲和力、亲和力策略等文献的回顾，结合深度访谈和在线评论分析，综合运用归纳与演绎方法，我们将房东亲和力定义为，房东在为顾客提供民宿常规的功能服务或属性服务基础上，在其力所能及与合理的成本、时间支出范围内，为顾客提供热情与富有价值的交流、指导、帮助与服务的综合能力，通常会获得提高顾客满意度、口碑宣传与忠诚度等商业回报。我们将房东亲和力策略定义为，房东试图让顾客喜欢自己和自己的民宿，并对民宿产生积极感觉的社交策略。

房东为了让顾客喜欢自己和自己的民宿，采取一系列亲和力策略，这些亲和力策略会让房东有亲和力，进而让顾客产生情感反应和行为反应。有效的情感反应包括顾客对房东亲和力的变化和关系的情感基调。行为反应包括顾客的身体和言语行为。这两个反应存在递进关系，房东采用亲和力策略首先引起顾客的情感反应，进而影响顾客的行为反应。顾客的反应也会影响房东实施亲和力策略。如果实施的亲和力策略效果不显著，顾客反应不积极，房东会调整亲和力策略。房东亲和力的概念模型如图 3-3 所示。

主体 ——————→ 中介 ——————→ 客体/对象

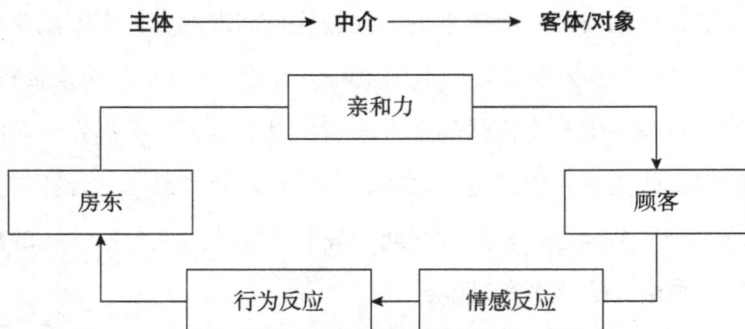

图 3-3　房东亲和力的概念模型

2. 房东亲和力的运行机理

房东亲和力的运行机理如图 3-4 所示。

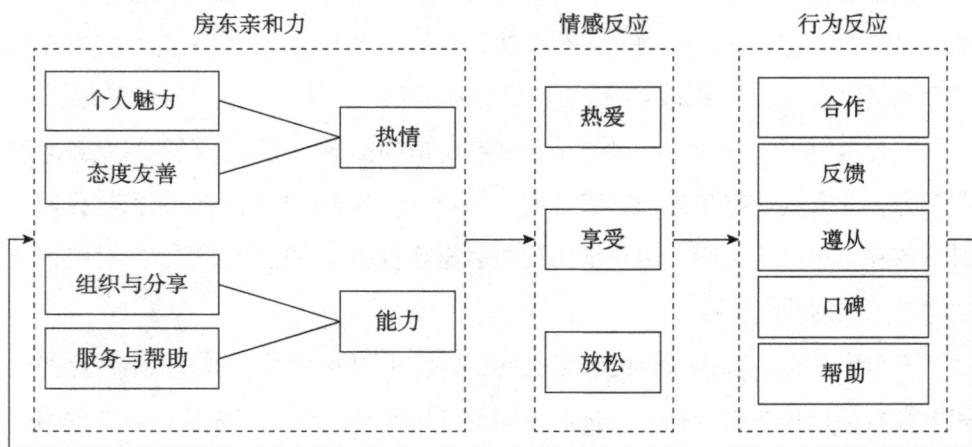

图 3-4　房东亲和力的运行机理

　　个体使用亲和力策略可以从对方的回应中获得积极的情感输入和反馈（Mehrabian，1971）。房东亲和力也能激发顾客的情感反应。本节通过深度访谈和在线评论分析，确定了顾客强烈情感反应的关键词：热爱、享受和放松。房东提供温暖的环境和高质量的服务，会让顾客感到轻松和舒适。例如，一位顾客写道："这家民宿很温馨，并且总是充满笑声。"另一位顾客写道："这次旅行让我最满意的是民宿（既舒适又放松）。这家民宿让我有回家的感觉。"

　　除了情感反应，房东亲和力也会刺激顾客的行为反应。本节通过深度访谈和在线评论分析，确定了顾客行为反应的关键词：合作、反馈、遵从、口碑和帮助。

　　（1）合作。房东可以帮助顾客解决生活中遇到的问题。例如，一位房东说："有一位顾客发烧了，我给他买感冒药，给他做饭吃。顾客离开后，他主动给我写了好评，并教我如何在网上推广民宿。"

　　（2）反馈。顾客可以反馈服务建议给房东。一位顾客写道："房东很热情，我非常喜欢这个民宿。但是这个民宿在百度地图上没有定位，点外卖没办法送到，所以我建议房东在百度地图上明确民宿的位置。"

　　（3）遵从。顾客参与服务过程的成功取决于顾客遵守民宿规则和程序的程度（Bolton & Saxenaiyer，2009）。例如，一位顾客写道："这个房东待我们像朋友一样，非常好。他要求我们在凌晨后不要制造出噪声，为了不影响他人休息，我们会配合他，遵从他的要求。"

　　（4）口碑。顾客可以通过传播口碑或向他人推荐民宿来展示他们对民宿的好感度（Verleye，Gemmel & Rangarajan，2014）。例如，一位顾客写道："房东很好、很热情。房东会亲切地问我们去哪里游玩，并提醒我们要注意安全，感觉就像回家一样。想去丽江的朋友可以放心住在这家民宿！真的很温暖。强烈推荐！如果我下次去丽江，我一定会再次选择这家民宿。"这位顾客的评论包含了更强烈的情感，表明了顾客对房东强烈的个人依恋或归属，并明确表达了他们想要再次入住的意愿（Zhu，Cheng & Wang，2019）。

　　（5）帮助。根据顾客参与行为文献，房东可以通过表达同理心、给顾客适当的建议来帮助顾客（Bove，Pervan & Beatty et al.，2009）。例如，一位顾客写道："我强烈建议你听从房东的建议。如果你想去美丽的洱海，房东推荐的电瓶车是可靠的，你不会被坑，它有足够的电量（C37）。"

　　房东实施亲和力策略，首先会让顾客产生情感反应，即热爱、享受和放松，进而会让顾客产生行为反应，如参与行为。现有文献表明，如果房东向顾客传达善意和友好，顾客将产生情感反应，并产生积极的参与行为（Zhang，

Jahromi & Kizildag，2018）。根据关于消费者参与行为的文献（Verleye，Gemmel & Rangarajan，2014），本节的实证证据表明，这种关系可以影响顾客五个方面的行为：合作、反馈、遵从、口碑和帮助。

第二节　基于语义网络分析的美国房东亲和力的概念模型构建

本节在上一节对我国房东亲和力的概念、结构维度和运行机理探讨的基础上，进一步对美国的纽约、芝加哥和洛杉矶三大城市 150 161 条 Airbnb 顾客的在线评论进行语义网络分析，通过五个步骤对美国房东亲和力及顾客的情感和行为反应的维度进行识别，以确保数据选择过程的可信度和可靠性。

一、研究设计

（一）步骤一：数据选取

本节从美国顾客的视角探索美国房东的亲和力概念模型。为了最大限度地减少社会期望偏差，本节利用顾客的在线评论来探索房东亲和力策略。顾客通常会匿名写很长的评论和体验细节（Kladou & Mavragani，2015）。因此，在线评论可以避免社会称许性反应偏差，即个体倾向于以有利的方式呈现自己，而不考虑他们对问题或话题的真实感受（Podsakoff，Mackenzie & Lee，2003）。社会称许性又称为社会期望性或者社会赞许性，即被试对于测验项目做出符合社会期望回答的反应趋势。社会称许性反应偏差产生的一个主要原因是从同一评分者或来源获取数据，因此控制社会称许性反应偏差的一种方法是收集不同来源的数据（Podsakoff，Mackenzie & Lee，2003）。这有助于消除连贯动机、内隐理论、社会期望趋势、人格倾向、短暂情绪状态及评价者的默认或容忍态度的影响。本节从顾客的视角研究房东亲和力比从房东的视角更加客观。许多研究从顾客的视角探讨了服务提供者的行为和特征。例如，有的学者通过访谈顾客以探索他们对员工外表吸引力的感知（Fang，Zhang & Li，2020），有的学者则利用在线评论的文本挖掘和对顾客的深度访谈来识别房东的服务修复策略（Chen & Tussyadiah，2021）。已有许多研究使用在线评论探讨了服务提供者的行为和特征。例如，有学者从语义学的视角，分析了美国三大城市 42 085 条关于"家的感觉"的评论，探索了房东创造这种感觉的过程（Zhu，Cheng & Wang，2019）。

本节从 Airbnb 内部网站下载了纽约、洛杉矶和芝加哥从 2019 年 9 月至 2020 年 10 月的评论数据。之所以选择这三个城市，是因为这些城市在 Airbnb 平台上有大量的房源（纽约：36 724 套房源，洛杉矶：32 011 套房源，芝加哥：6 366 套房源）（Airbnb，2021 年），而且它们在不同社区中高度集中（Zhu，Cheng & Wang，2019）。本节共收集了 2 320 897 条英文评论。为了进一步获取与房东亲和力相关的评论，本节使用 Python 搜索关键词 host 以及与亲和力相关的关键词，如 like，pleasant，sympathy，captivated，attached，love，inspired，最终共收集了 150 161 条相关评论（见图 3-5）。

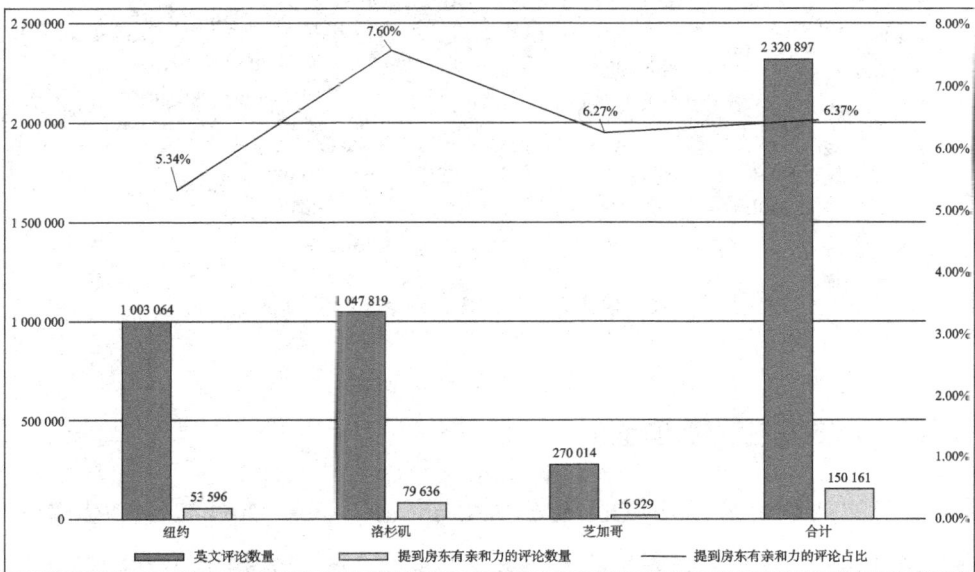

图 3-5 评论数量和评论占比

（二）步骤二：语义网络分析

房东亲和力相关语义网络的生成过程涉及以下三个步骤：（1）对文本进行预处理，剔除所有不相干的单词和标点符号；（2）使用 WORDij 3.0 软件计算单词的出现频率及与这些单词相关的单词的出现频率；（3）使用 Gephi SNA 软件进行网络语义分析（见图 3-6）。本节使用 Gephi 中的一系列网络布局算法，将网络数据转化为可读性强、有洞察力的网络可视化数据。这个语义网络包含 1 578 个单词。出现频率越高的单词，字体越大，如 home, host, place, like, stay。

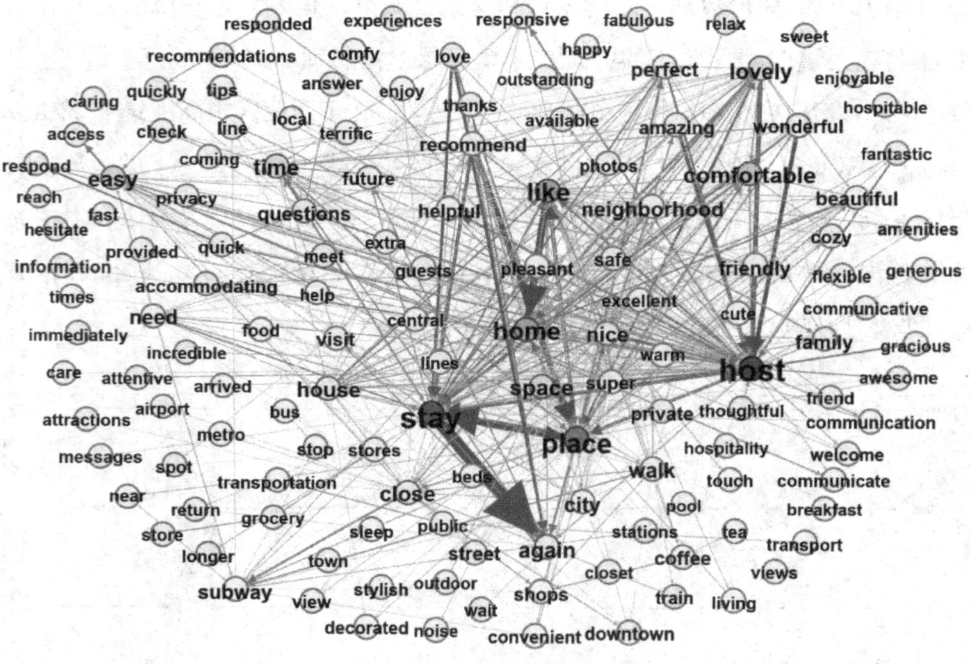

图 3-6　房东亲和力的语义网络分析示例

（三）步骤三：明确维度

在已有研究对亲和力（Oberecker & Diamantopoulos，2011）、亲和力策略（Bell & Daly，1984）、服务质量（Chen，Chen & Lee，2013）以及在线评论中

产生的有意义的词汇的基础上，我们选取了与房东亲和力、顾客情感和行为反应相关的代表性词汇。经过两轮的严格筛选，剔除无关词汇后，识别出与房东亲和力相关的词汇有 27 个，与顾客情感和行为反应相关的词汇有 10 个（见表3-9）。我们进一步讨论了存在的差异，直到达成共识。在与房东亲和力相关的27 个词汇中，每个单词对应 555 条在线评论，共对应近 15 000 条评论，占总评论的 9.96%。

表 3-9　与房东亲和力相关的 37 个关键词汇

维度	因子	词汇	词频	来源
房东亲和力	态度友善	Warm	10 832	Bell and Daly（1984）
		Welcome	10 394	在线评论
		Hospitable	2 427	在线评论
		Friendly	20 952	在线评论
		Active	337	Bell and Daly（1984）
		Respectful	1 541	Bell and Daly（1984）
	个人魅力	Reliable	546	Bell and Daly（1984）
		Interesting	2 707	Bell and Daly（1984）
		Generous	2 813	在线评论
	服务与帮助	Professional	1 417	在线评论
		Unexpected	600	在线评论
		Respond	9 599	Bell and Daly（1984）
		Helpful	19 432	Bell and Daly（1984）
		Information	3 428	在线评论
		Needs	4 993	McCroskey and Wheeless（1976）
		Concern	2 087	Bell and Daly（1984）
		Care	6 060	Bell and Daly（1984）
		Available	9 579	在线评论
		Thoughtful	7 496	在线评论
		Flexible	2 307	在线评论

（续表）

维度	因子	词汇	词频	来源
房东亲和力	组织与分享	Friends	6 362	在线评论
		Communication	9 519	Bell and Daly（1984）
		Listen	603	Bell and Daly（1984）
		Interact	1 236	Bell and Daly（1984）
		Gift	603	Bell and Daly（1984）
		Invite	702	Bell and Daly（1984）
		Share	5 054	Bell and Daly（1984）
顾客情感反应	同情	Pleasant	13 550	Oberecker and Diamantopoulos（2011）
		Relaxing	3 451	在线评论
		Comfortable	42 356	在线评论
		Enjoy	19 076	Zhu et al.（2019）
		Fun	6 692	在线评论
	依恋	Love	93 833	Oberecker and Diamantopoulos（2011），Zhu et al.（2019）
		homey/homely	2 013	Zhu et al.（2019）
顾客行为反应	再次入住、推荐、赞赏	Come back again	1 467	Zhu et al.（2019）
		Recommend	47 025	Zhu et al.（2019）
		Appreciate	6 277	Zhu et al.（2019）

（四）步骤四：情感分析

在这一步骤中，我们采用 Python 中的词典情感分析方法来确定这近 15 000 条评论中顾客的积极态度和消极态度，并计算出在积极和消极语境下房东亲和力概念、顾客的情感和行为反应所占的比率。该方法利用词典中的单词和短语（如形容词），并标注这些单词的语义方向（积极或消极），以计算文本的情感（Taboada，Brooke & Tofiloski et al.，2011）。通过情感分析，我们可以提取评论中包含的丰富的情感信息。

（五）步骤五：主题分析

遵循迈尔斯和胡贝尔曼（Miles and Huberman，1994）的研究思路，我们采用主题分析的方法及演绎和归纳相结合的方法来识别房东亲和力、顾客的情感和行为反应的主题，以及它们之间的关系。步骤三中提及的近 15 000 条评论由我们的三名研究人员使用 NVivo 11 软件反复阅读和手工编码。这一过程包括三个主要阶段。第一，研究人员通过多次详细阅读在线评论并识别初始代码进行开放式编码。为了保证数据的有效性，每个研究者先独立开展第一轮开放编码，然后我们对所有研究人员的编码方案进行三角化验证。第二，通过整合、减少和分解编码进行主轴编码。对每个主题下的数据进行细化，以确定子范畴（Goulding，1999），并明确范畴的范围。第三，进行选择性编码，将初始范畴整合提炼为最终扎根理论方法的分析框架，该框架反映了热情和能力的基本特征及相互关系（见图 3-7）。经过选择性编码，我们将出现的房东亲和力与现有文献中已有的房东亲和力进行了比较。为了保证研究的可靠性，有学者比较了各自的编码，并找出出现的所有差异，以在编码开发的每个阶段达成共识（Guest，MacQueen & Namey，2012）。

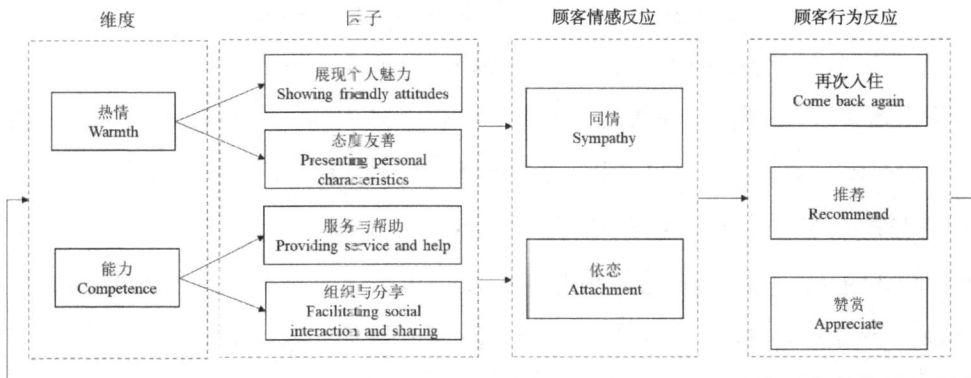

图 3-7　美国房东亲和力的概念模型

二、数据分析

1．语义网络分析结果

在图 3-6 中，右侧的 friendly，warm，hospitality 等词汇反映了房东的热情维度，而左侧的 need，immediately，quickly 等词汇反映了房东的能力维度。研究结果证实，房东主要通过热情和能力两个维度来发展和维持亲和力。正如梅赫拉比安（1971）所指出的，基于这两个维度的亲和力策略会进一步影响顾客的情感和行为。图 3-6 中顶部的词汇代表顾客的情感反应，如 love，enjoy，happy；底部的词汇代表顾客的行为反应，如 stay，wait，again。

2．情感分析结果

情感分析结果显示，Airbnb 平台的顾客对房东亲和力的各个方面都给出了积极的正面评价（见图 3-8 和图 3-9）。例如，与 helpful 一词相关的正面评价约占 14.47%，而与之相关的负面评价只占 0.05%。这表明，负面评价的结果不影响本研究的整体结论。

本节还对研究结果进行了标准化处理，确定了各个指标权重。在正面评价中（见图 3-8），态度友善（包括词汇如 welcome，warm ，friendly，family）和服务与帮助（包括词汇如 care ，available，responds quickly）两个因子的正面得分较高，分别占总正面评论的 34.21% 和 31.36%。这表明两个因子在创造积极的顾客体验过程中起到了关键作用。相反，在负面评价中（见图 3-9），提供差的服务与帮助（包括词汇如 wrong，unprofessional，responds slowly 和 unavailable/busy）和提供差的组织与分享（包括词汇如 bad communication 和 social activities）这两个因子的负面得分较高，分别占总负面评论的 50.93% 和 28.57%。研究结果表明，Airbnb 的房东应该通过积极提供专业化的服务与帮助，组织社交活动，分享物品和生活方式等来减少负面评价。

维度

热情 Warmth（权重：51.65%）

能力 Competence（权重：48.35%）

房东亲和力

因子

态度友善 Showing friendly attitudes（权重：34.21%）

展现个人魅力 Presenting personal characteristics（权重：17.44%）

服务与帮助 Providing service and help（权重：31.36%）

组织与分享 Facilitating social interaction and sharing（权重：16.99%）

主要编码/关键词

Host makes guests feel welcome（词频：10.34%，权重：8.16%）

Host is warm and friendly（词频：24.81%，权重：19.58%）

Host treats guests like family（词频：8.19%，权重：6.46%）

Host is an interesting person（词频：5.04%，权重：3.98%）

Host is generous（词频：4.39%，权重：3.47%）

Host is reliable（词频：1.97%，权重：1.55%）

Host is thoughtful（词频：7.96%，权重：6.28%）

Host is flexible（词频：2.73%，权重：2.15%）

Host provides travel information to guests（词频：3.73%，权重：2.94%）

Host is professional（词频：2.59%，权重：2.04%）

Host responds quickly（词频：4.90%，权重：3.87%）

Host is always available（词频：5.83%，权重：4.60%）

Host provides unexpected services（词频：2.15%，权重：1.70%）

Host helps guests to solve the problems they encounter（词频：14.47%，权重：11.42%）

Host cares for the feelings of guests（词频：6.06%，权重：4.78%）

Host chats with guests casually and consistently（词频：2.59%，权重：2.04%）

Host actively interact with guests（词频：3.23%，权重：2.55%）

Hosts introduce guests to their friends and other guests（词频：6.16%，权重：4.86%）

Hosts treat gifts to guests（词频：2.75%，权重：2.17%）

Host invites guests to dinner or an event（词频：2.45%，权重：1.93%）

Host shares life experiences with guests（词频：4.35%，权重：3.43%）

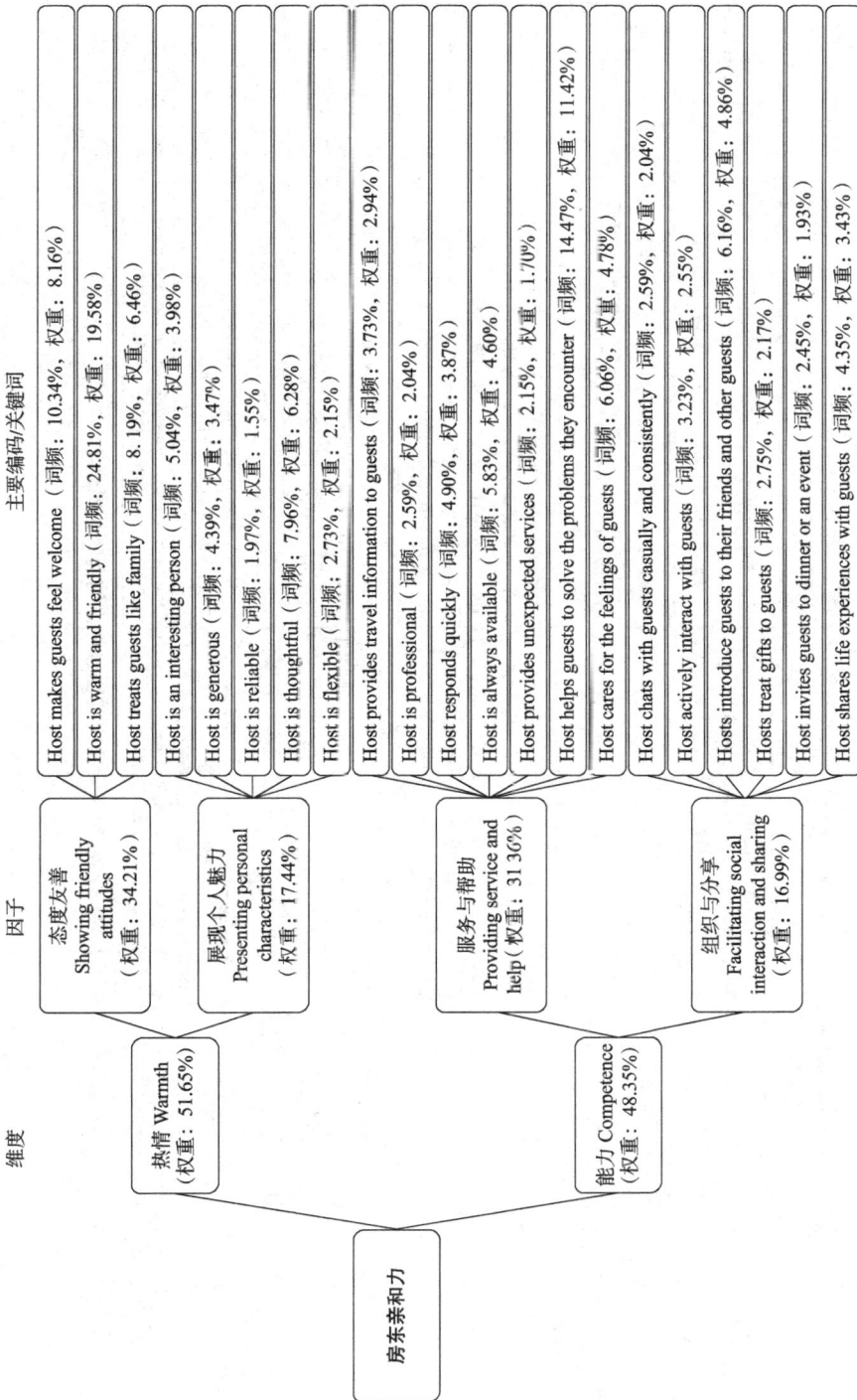

图 3-8　涉及房东亲和力在线评论的积极情感分析

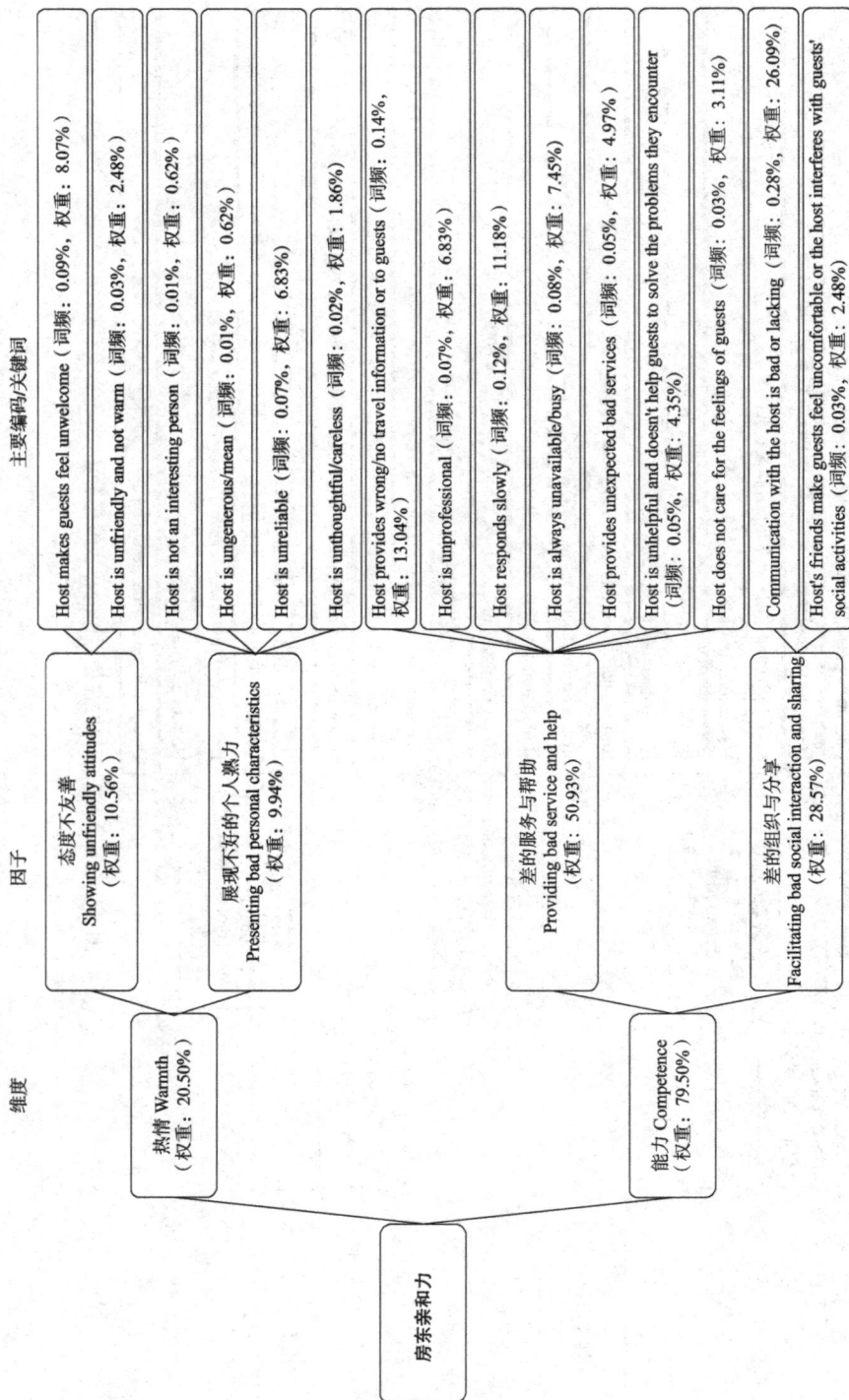

图 3-9　涉及房东亲和力的在线评论的消极情感分析

3. 房东亲和力主题分析

（1）热情维度。房东亲和力的热情维度由态度友善和个人魅力两方面构成。可爱和善良两大特质与热情维度相关（Leach，Ellemers & Barreto，2007）。态度友善反映出房东的善良，房东的性格特征体现了其在顾客的印象中的可爱程度和个人魅力。

① 态度友善。开放、热情、友好的房东会让顾客更信任自己（Zhang，Yan & Zhang，2020）。在正面评价中，欢迎、热情、友好被反复提及，这是对民宿的核心描述。许多顾客认为，房东热情、友好的态度是民宿区别于酒店的最重要因素。家的感觉经常被顾客提到，陪伴的温暖感让顾客感觉自己是房东家庭的一员（Ye，Xiao & Zhang，2018）。在负面评价中，顾客抱怨最多的是不受欢迎的对待；顾客还提到了不友好和不尊重等词汇。

② 个人魅力：最常被提及的性格特征是体贴、有趣、慷慨、灵活和可靠。在正面评价中，体贴是顾客感知到最多的房东的特征。在主客互动中，房东体贴地对待顾客会让他们感受到亲和力。展现有趣的个性和分享有趣的经历也可以增加房东亲和力（Bell & Daly，1984）。房东可以给顾客讲笑话，表现得很幽默，让顾客更喜欢他们。房东要慷慨大方，向顾客分享家中的物品，会让顾客觉得他们住在一个"家外之家"（So & On，2020）。房东可以鼓励顾客使用他们的厨房或洗衣房等，并免费提供茶、水果、零食等，给顾客留下难忘的经历。房东的灵活性是另一个非常重要的个人特征（Cederholm & Hultman，2010）。灵活性是指房东愿意灵活地满足顾客的要求，特别是在入住和退房时间方面（Cheng & Jin，2019）。可靠性也是房东重要的个人特征，制定清晰而合理的规则可以让顾客认为房东是可靠的。

负面评价显示，关于房东的性格特征，顾客多使用不可靠、无趣和小气等来评价房东。例如，一位顾客提到，有三名旅客有过类似的经历，他们的房东在办理入住手续时非常不可靠，这给他们带来了很大的压力。也有顾客提到"无趣"一词，有顾客表示他们在无趣的房东那里度过了无聊的时光。也有一些顾客会说房东"小气"或"不慷慨"。

（2）能力维度。创造力、效率等特质与房东的能力维度相关（Leach，Ellemers & Barreto，2007）。能力维度包括两个因子：服务与帮助，反映了房东对顾客的照顾、服务、关心和帮助的能力；组织与分享，体现了房东的沟通和社交能力。

① 服务与帮助。提供良好的服务对于留住顾客至关重要（Tang，2015）。根据以往关于服务质量的研究和对 Airbnb 在线评论的分析，本节确定了服务质量的七个维度：信息服务、房东的专业知识、响应能力、可用性、意外服务、解决问题的技能和关怀性。本节在分析近 15 000 条评论时发现，有 2 171 位顾客提到他们的房东是乐于助人的，即房东总是帮助顾客解决在旅行中遇到的问题。有些房东非常重视顾客的感受，确保他们住得愉快。房东的可用性向顾客传达了他们的可靠性，有利于提高顾客满意度。房东需要不断地满足顾客多样化的需求，使他们度过一段有趣的时光（Chen，2015）。同时房东需要合理地安排顾客的住宿，快速地回答顾客的问题。房东的专业性，如提前识别顾客的需求，也可以让顾客满意（Wu & Gao，2019）。房东通过向顾客提供大量的信息支持来帮助顾客，如推荐和建议（Bao & Volkovynska，2016）。此外，房东创造一些意想不到的惊喜也会让顾客感到温暖，这可以提升顾客体验的价值（Cederholm and Hultman，2010）。

在负面评价中，房东的非专业性被顾客认为是一个重要问题。一些顾客评论提道，"与房东有过不好的经历，可是房东似乎一点也不在乎"。另一个重要的问题是，房东对顾客的要求反应缓慢，甚至反应迟钝，这可能会导致主客关系的恶化。许多顾客提到很难获得额外的信息，或者获得了错误的信息。为了提供服务而出现的意外、不受欢迎的干扰也会让顾客感到不满。

② 组织与分享。房东与顾客通过沟通可以建立信任关系，减少不确定性，让顾客产生宾至如归的感觉（Guttentag，2015）。房东与顾客边喝茶边聊天，可以让顾客感受到温暖（Wang & Hung，2015）。除此之外，房东还需要为顾客与顾客之间、顾客与房东之间的互动提供一个良好的社交环境（So et al.，2018）。房东可以将顾客介绍给自己的朋友和其他顾客，以融入他们的日常生活中（Lin，

Zhang & Hung，2019），并引导顾客参与当地的节日庆祝活动。

负面评价表明，沟通不畅是顾客关心的重点问题。常见的抱怨包括"房东沟通技巧很差"和"沟通不畅"。另一个重要的问题是让顾客感到不舒服的互动：房东和顾客之间过多的社交互动或房东过多的个人社交接触，都可能会打扰顾客。例如，一位顾客写道："房东的几个朋友让我感到非常不舒服。"

4. 顾客的情感反应主题分析

借鉴奥贝雷克和迪亚曼托普洛斯（2011）的研究，我们明确了房东亲和力引起的顾客情感反应的两个维度，即同情和依恋。如图 3-10 和图 3-11 所示，"依恋"在正面评论和负面评论中的得分均高于"同情"，这表明房东亲和力使顾客更有依恋感和家的感觉。

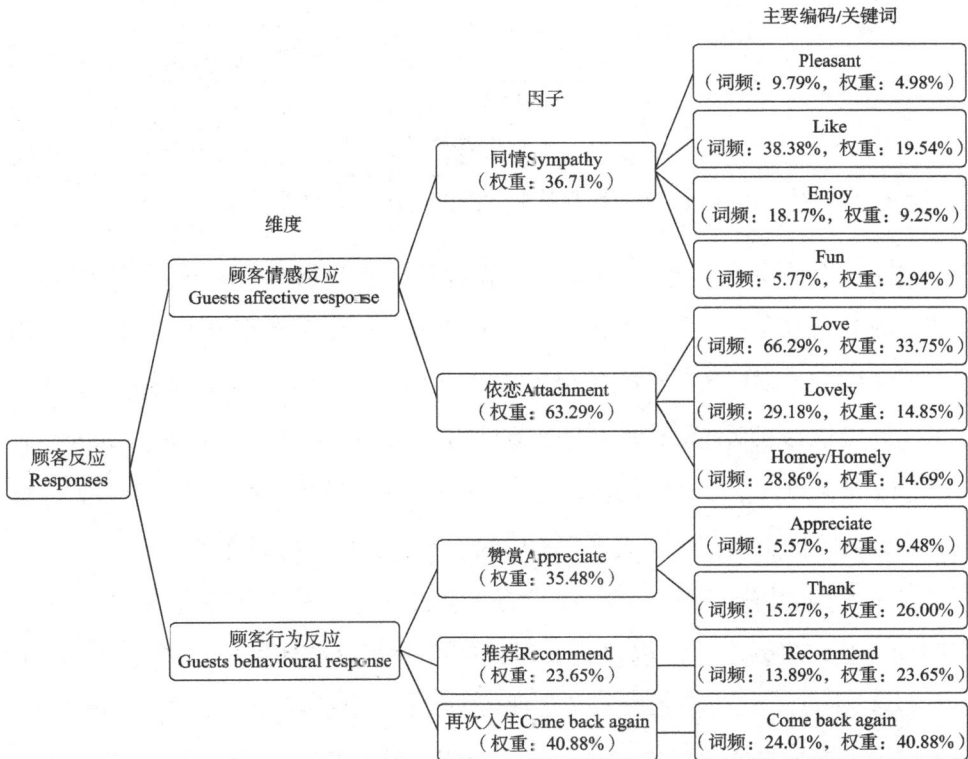

图 3-10 涉及顾客反应的在线评论的积极情感分析

主要编码/关键词

因子

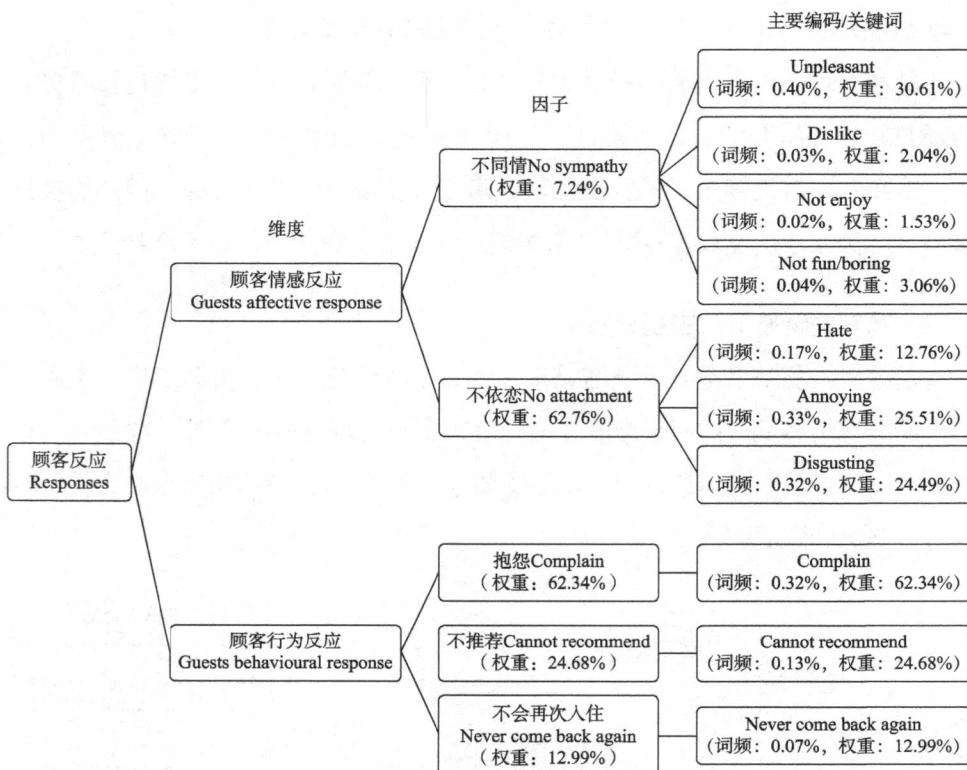

Unpleasant
（词频：0.40%，权重：30.61%）

Dislike
（词频：0.03%，权重：2.04%）

Not enjoy
（词频：0.02%，权重：1.53%）

Not fun/boring
（词频：0.04%，权重：3.06%）

Hate
（词频：0.17%，权重：12.76%）

Annoying
（词频：0.33%，权重：25.51%）

Disgusting
（词频：0.32%，权重：24.49%）

Complain
（词频：0.32%，权重：62.34%）

Cannot recommend
（词频：0.13%，权重：24.68%）

Never come back again
（词频：0.07%，权重：12.99%）

不同情No sympathy
（权重：7.24%）

不依恋No attachment
（权重：62.76%）

抱怨Complain
（权重：62.34%）

不推荐Cannot recommend
（权重：24.68%）

不会再次入住
Never come back again
（权重：12.99%）

维度

顾客情感反应
Guests affective response

顾客行为反应
Guests behavioural response

顾客反应
Responses

图 3-11　涉及顾客反应的在线评论的消极情感分析

（1）顾客的情感反应 1：同情。本节确定了与"同情"相关的主要关键词：愉快、喜欢、享受和乐趣。Airbnb 平台希望顾客尽可能享受愉快的旅程。娱乐已经成为 Airbnb 体验中寻找乐趣的重要元素（Zhu，Cheng & Wang，2019）。主客之间愉快的互动能够让顾客感知到民宿特殊的情感价值（Jamal，Othman & Muhammad，2011）。通过对负面评价的分析，我们发现，糟糕的房东亲和力策略会引起顾客的负面情绪，表现为不愉快、不喜欢和无聊等感受。

（2）顾客的情感反应 2：依恋 。有学者曾经确定了几个与"依恋"相关的关键词：爱、可爱和家。顾客通常对民宿有依恋感和像家一样的感觉（Zhu，Cheng & Wang，2019）。通过对负面评价的分析，我们发现，如果房东的态度、个人魅力或者服务水平没有达到顾客的期望，那么顾客就无法对民宿形成依恋感。讨厌、烦人或恶心是 Airbnb 平台顾客对房东最常见的负面情感反应。

5. 顾客的行为反应主题分析

Airbnb 平台上的大多数评论都是正面的。房东的友好态度会让顾客产生对房东的互惠行为。互惠的社会规范包括奖励那些善良的人，惩罚那些对他们不好的人（Baute-Díaz，Gutiérrez-Taño & Díaz-Armas，2020）。推荐、再次入住、赞赏三个表达正面体验的词汇分别占所有正面评论的 35.48%、23.65%、40.88%（见图 3-10），而抱怨、不推荐、不会再次入住三个表达负面体验的词汇占所有负面评论的 62.34%（见图 3-11）。研究结果表明，当顾客感知到房东亲和力时，他们更有可能再次光顾，如果他们感知不到房东亲和力，更有可能抱怨、不推荐及不再入住。

（1）顾客的行为反应 1：赞赏。35.48% 的顾客在正面评论中对房东的服务表示赞赏。只有 0.32% 的顾客在负面评论中抱怨，这表明如果房东的态度或服务质量差，顾客不会欣赏他们（见图 3-11）。

（2）顾客行为反应 2：推荐。推荐有助于民宿建立良好的口碑，提高服务质量评价，扩大客源规模。它是衡量顾客忠诚度的一个重要指标。本研究中有 23.65% 的顾客在正面评论中提到会推荐入住的民宿。相反，在近 15 000 条评论中，只有 50 位顾客在评论中表示不会向他人推荐这家民宿。

（3）顾客行为反应 3：再次入住。研究结果表明，表示愿意再次入住民宿的顾客倾向于给出强烈推荐，有 40.88% 的顾客在正面评论中表示愿意再次入住该民宿。相比之下，只有 2.99% 的顾客在负面评论中表示他们不会再入住该民宿了。

6. 稳健性检验：影响顾客行为意向的其他因素

由于民宿价格、位置、房间类型等其他因素的影响，顾客的行为决策（如赞赏、推荐、再次入住）可能不仅仅取决于他们对房东亲和力的感知。因此，我们从如下三个方面验证了不同因素对顾客行为意向的影响。

（1）位置。如图 3-12 所示，在感知到房东亲和力的顾客中，纽约民宿的顾客在评论中表达赞赏和推荐意向的比例最高（分别为 21.37% 和 31.67%），而洛杉矶民宿的顾客表达再次入住的行为意向的比例最高（5.54%）。研究结果表明，地理位置对顾客决策有一定的影响。

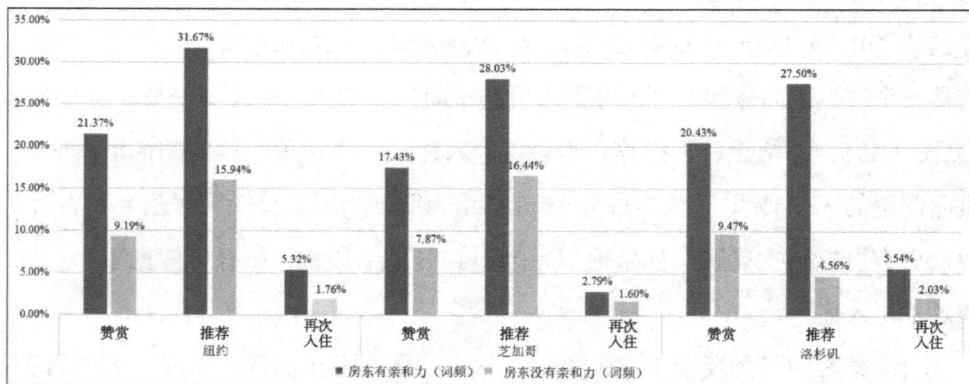

图 3-12　民宿位置对顾客行为意向的影响

（2）房间类型。在民宿整租和私人房间出租两种类型的民宿中，当顾客感知到房东亲和力时，顾客会更倾向于表达欣赏、推荐和再次入住的意愿（见图 3-13 至图 3-15）。相比之下，在酒店民宿和共享房间两种出租方式的民宿中，房东亲和力的存在与否并不会显著影响顾客决策。此外，纽约、芝加哥和洛杉矶三座城市的检验结果不存在显著性差异。这些结果表明，在民宿整租和私人房间出租两种类型的民宿中，房东亲和力策略对顾客行为意向的影响更大。

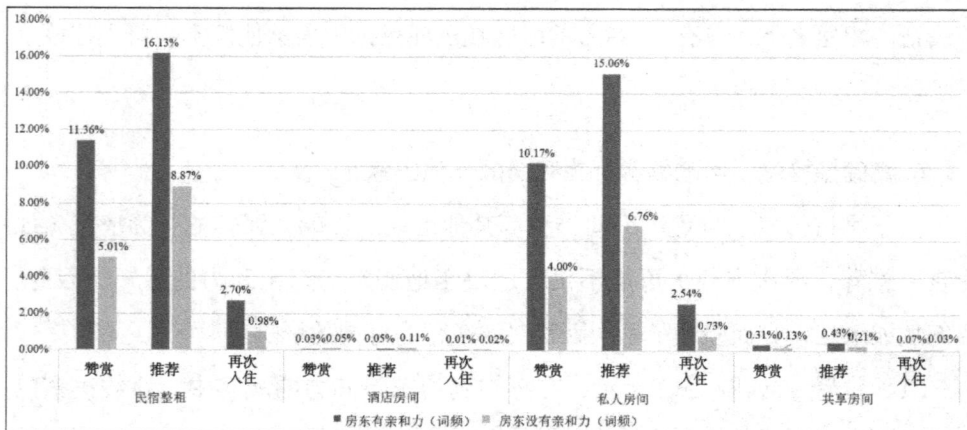

图 3-13　民宿房间类型对顾客行为意向的影响（纽约）

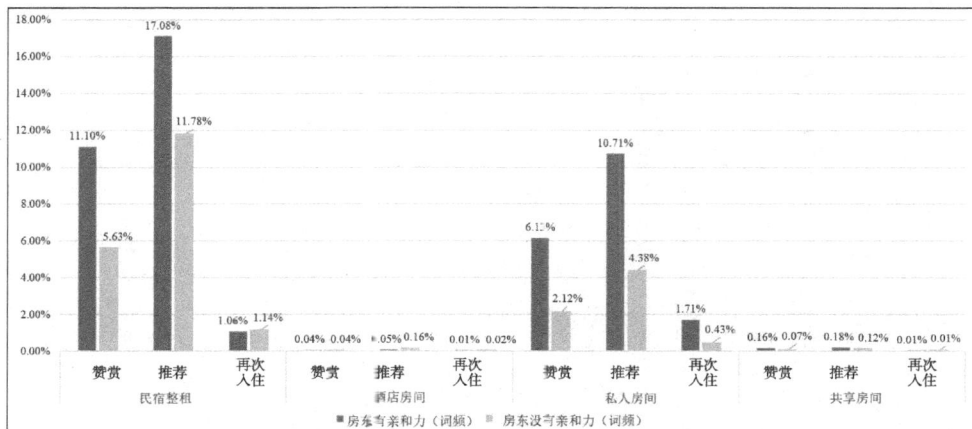

图 3-14　民宿房间类型对顾客行为意向的影响（芝加哥）

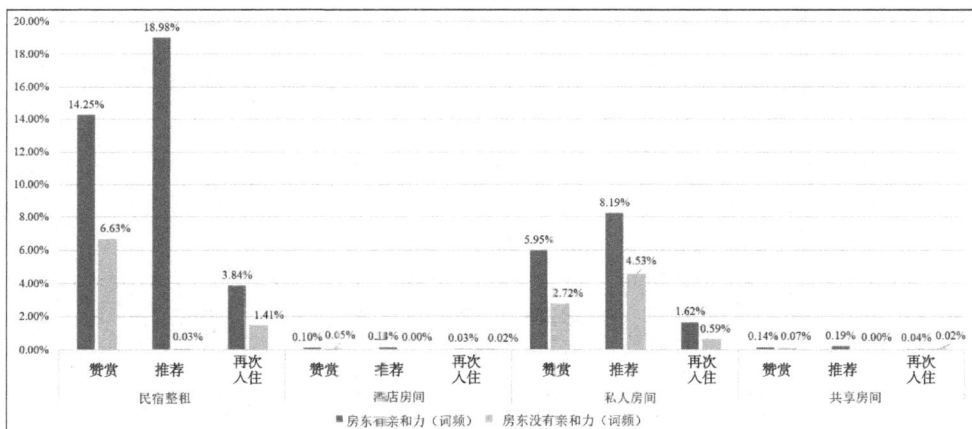

图 3-15　民宿房间类型对顾客行为意向的影响（洛杉矶）

（3）价格。如图 3-16 至图 3-18 所示，在美国的三座城市中，如果民宿价格小于 100 美元或在 100~300 美元，当顾客感知到房东亲和力时，他们更有可能表示赞赏、推荐并再次入住；如果民宿的价格在 300 美元以上，那么房东亲和力对顾客决策没有显著的影响。这表明，在价格低于 300 美元的民宿中，房东亲和力策略更有效。

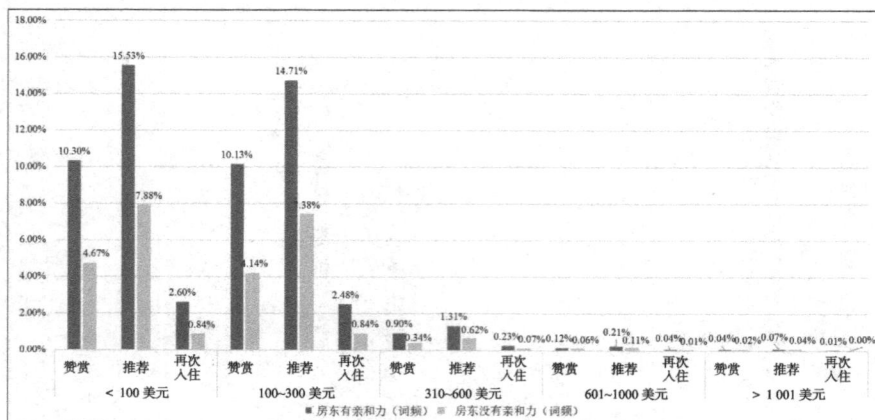

图 3-16　民宿价格对顾客行为意向的影响（纽约）

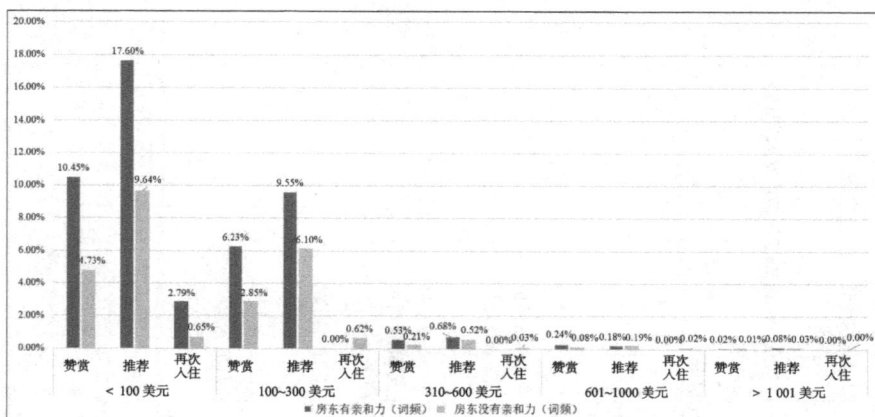

图 3-17　民宿价格对顾客行为意向的影响（芝加哥）

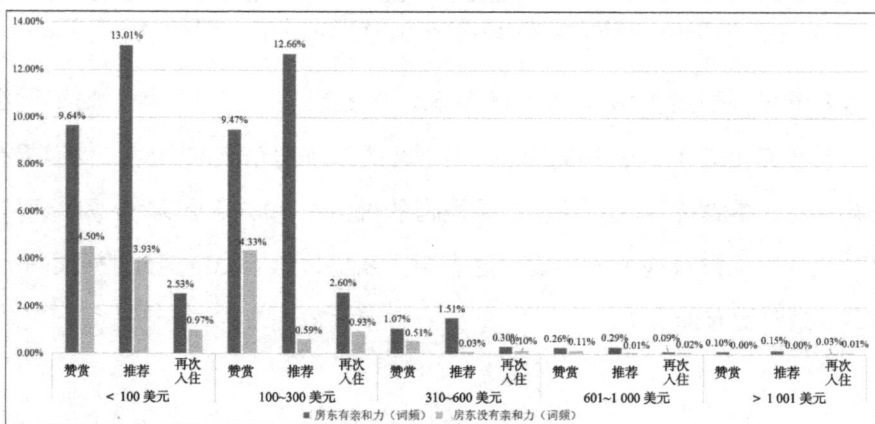

图 3-18　民宿价格对顾客行为意向的影响（洛杉矶）

第三节 本章小结

本章基于社会认知理论，详细剖析了国内外房东亲和力各维度之间的相互关系，提出了房东亲和力运行机理模型，进一步完善了房东亲和力的理论框架，最终得出三个主要结论。第一，本章确定了民宿房东亲和力的两个维度（热情和能力）和四个因子（个人魅力、态度友善、组织与分享及服务与帮助），并且通过识别这些显著的维度和因子，扩展了以往关于亲和力的研究，并论证了社会认知理论在旅游接待业中的适用性。第二，本章通过对比我国和美国房东的行为特征，发现在不同文化背景下，房东亲和力的概念模型基本一致，表明研究结果具有一定的普适性。第三，本章更全面地展示了房东亲和力的构建过程，并且揭示了房东亲和力的具体维度所引起的顾客的情绪和行为反应。

根据社会认知理论（Fiske，Cuddy & Glick，2007），当顾客入住民宿后，他们会自发地对房东的行为进行评价或形成对房东的印象，热情和能力是对房东进行评估的基本维度，几乎完全诠释了顾客对房东的看法。本章第二节研究发现，Airbnb 平台上的评论大多是正面的，因为顾客通常先提及房东的热情，然后提及房东的能力。两个维度的相互融合创造了每个房东独特的行为特征（Fiske，Cuddy & Glick，2007）。从正面评论相关词汇出现的频率来看，热情和能力这两个维度几乎同等重要，分别占评论的 51.65% 和 48.35%。然而，负面评论结果则显示，顾客对房东亲和力的负面感受集中在能力维度上，占 79.5%，而热情仅占 20.5%。这表明，房东较差的服务和无效沟通显著影响了顾客对房东亲和力的感知。

热情而有能力的房东会持续引起 Airbnb 平台上顾客的积极情感和行为反应。现有文献表明，如果顾客感知到房东是善良、友好的，那么他们会感知到情感价值，从而产生积极的参与行为（Zhang，Jahromi & Kizildag，2018）。本章研究结果表明，房东亲和力会让顾客产生情感和行为反应。如果顾客的需求得到满足，他们就会对房东产生积极的好感，从而产生积极的行为反应。如果顾客对房东的反应不积极，那么房东可能会调整他们的策略和 / 或使用其他策略。

值得注意的是，一些顾客在评论中提到，他们在入住期间没有能够与房东见面。一些 Airbnb 平台的房东只提供标准化服务，与顾客没有太多亲近的接触。当房东与顾客同住和房东不在场时，顾客在 Airbnb 民宿中的体验可能会有所不同（Mody，Hanks & Dogru，2019）。本章的研究结果表明，顾客对房东亲和力的感知可能会受房东态度、性格特征、服务质量和社交互动的影响，这与约翰逊和诺伊霍夫（Johnson & Neuhofer，2017）提出的研究结果一致——房东是民宿独特的人力资源。当顾客感知到房东亲和力时，他们比没有感知到房东亲和力的顾客更有可能表达赞赏、推荐和再次入住的意愿。然而，房东亲和力策略并不一定是影响顾客行为意向的前提条件，因为地理位置、价格、房间类型等也会影响其决策。这个话题值得进一步探讨。

第四章

房东亲和力的量表开发 ①

---

① 本章部分成果已发表在酒店与旅游管理杂志（*Journal of Hospitality and Tourism Management*）中，题目为"民宿房东亲和力策略：量表开发与验证"（*Affinity-seeking strategies of homestay hosts: Scale development and validation*）。

　　尽管产生亲和力的过程是民宿房东参与社会交流的核心，但现有的相关研究仍处于起步阶段，目前缺乏一种有效的量表来衡量民宿房东亲和力。量表开发是通过量化过程，对研究对象的内涵、结构和维度进行深入和全面的理解。现有的心理学领域的亲和力量表研究虽然较为成熟，但主要聚焦于普通的人际交往中的亲和力，这些研究并不适合研究民宿房东亲和力，无法体现民宿房东的服务特性及民宿体验活动的综合性。因此，与其直接使用现有的亲和力量表，还不如开发一个更适合于民宿房东的量表。

　　在建立房东亲和力概念界定和初始维度的基础上，本章将对房东亲和力量表的初始测项库进行"纯化"与验证。首先，通过定量研究的方法，制定衡量民宿房东亲和力维度的量表；其次，考察民宿房东亲和力与顾客情感价值、顾客的合作意向之间的关系；最后，考察民宿房东亲和力与顾客满意度的关系。

　　本章基于社会认知理论，通过开发量表确定了该房东亲和力的两个维度（热情和能力）和四个因子（个人魅力、态度友善、组织与分享及服务与帮助）。在此基础上，我们通过发放两次问卷来收集相关数据，完成了探索性因子分析和验证性因子分析。调查结果显示，民宿房东亲和力正向影响顾客的情感价值及与房东的合作意向，房东亲和力正向影响顾客满意度，情感价值在房东亲和力与顾客和房东合作意向之间起到中介作用。

第一节　房东亲和力量表编制

一、量表开发步骤

本节借鉴了邱吉尔的量表开发程序和其他近期的量表开发方法（Boley，Nickerson & Bosak，2014），具体开发步骤如下。（1）指定构念：明确描述哪些内容属于或不属于房东亲和力的定义。（2）生成题项：根据文献综述、深入访谈和在线评论的资料进行编码分析，获得房东亲和力的维度及其测试题项。（3）净化项目题项和内容效度分析：本章通过专家打分，精炼题项，并通过预调研测试题项，以提高量表的内容效度。（4）收集第一轮数据：本章通过见数（Credamo）平台在线收集了 398 份问卷。（5）维度探索：采用探索性因子分析确定房东亲和力的维度，删除共同度小和交叉载荷的题项。（6）收集第二轮数据：笔者在云南省丽江市和大理市共收集有效问卷 388 份。（7）量表测试和信度检验：通过验证性因子分析来验证量表的有效性。（8）评估效度：检验量表的组合信度、聚合效度、区分效度和法则效度。

房东亲和力量表开发步骤及方法如表 4-1 所示。

表 4-1　房东亲和力量表开发步骤及方法

程序	方法
1. 指定构念	• 文献检索
2. 生成题项	• 文献检索 • 42 次深度访谈、在线评论分析
3. 净化项目题项和内容效度分析	• 小组专家审查（内容效度） • 预调研
4. 收集第一轮数据	• 在线问卷调研（n=398）
5. 维度探索	• 阿尔法系数 • 探索性因子分析
6. 收集第二轮数据	• 线下问卷调研（n=388）

（续表）

程序	方法
7. 量表测试和信度检验	• 阿尔法系数 • 验证性因子分析 • 组合信度
8. 效度评估	• 聚合效度 • 区分效度 • 法则效度

二、构念说明

邱吉尔指出，量表开发的第一个步骤是明确构念，即该构念包含哪些内容，不包含哪些内容。本书第三章通过对房东和顾客的深度访谈和在线评论，结合现有文献，将房东亲和力定义为，房东在沟通过程中与顾客亲近、吸引与建立和谐关系的综合能力。房东亲和力包含个人魅力、态度友善、组织与分享及服务与帮助四个因子。

三、测量题项编制

基于亲和力策略研究的文献综述，我们生成了一个包含 29 个项目的初始项目池。研究小组对这些项目进行筛选，以排除那些在民宿背景下不明确、多余和不合适的项目。在这 29 个项目中，有 3 个项目因为与保留的陈述意思相似而被删除，4 个项目因为与民宿语境不相关而被删除，2 个项目因为表达不清楚而被排除，最后保留了 20 个项目。

本章使用 NVivo 11 进行编码，探索转录资料中有意义的内容，发现 13 个题项同时存在于文献、深度访谈和在线评论中，15 个题项只存在于深度访谈和在线评论内容中，8 个题项只存在于文献中，总共形成 36 个题项，具体如表 4-2 所示。

表 4-2 房东亲和力的初始题项和来源

维度	初始题项	来源
态度友善	AS1：房东对我很热情	内容分析与访谈，Wang and Hung（2015）
	AS2：房东对我态度友善	内容分析与访谈
	AS3：房东说话温柔、自然	内容分析与访谈
	AS4：房东有包容心	Bell and Daly（1984）
	AS5：房东让我感觉很温暖，有同理心	内容分析与访谈，Bell and Daly（1984），Wang and Hung（2015）
	AS6：房东把我当作朋友来看待，没有把我当作外人	内容分析与访谈，Bell and Daly（1984）
	AS7：房东没有对我提出很多的要求	内容分析与访谈
	AS8：房东会跟我随意地聊天	内容分析与访谈，Bell and Daly（1984）
	AS9：房东会耐心地倾听我讲话	内容分析与访谈，Bell and Daly（1984）
	AS10：房东会主动透露自己的信息	内容分析与访谈，Bell and Daly（1984），McCroskey and Wheeless（1976）
	AS11：房东会分享自己的生活经历或旅游经历	内容分析与访谈
	AS12：房东与我的沟通很自然，不是刻意的讨好	内容分析与访谈
服务与帮助	AS13：房东会主动地问我的行程	内容分析与访谈，Bell and Daly（1984）
	AS14：房东会向我推荐合适的旅游产品	内容分析与访谈
	AS15：房东对我的行程安排提出建议	内容分析与访谈
	AS16：房东会提醒我们外出旅游的注意事项	内容分析与访谈
	AS17：当我遇到问题时房东会鼓励和支持我	内容分析与访谈，Bell and Daly（1984）
	AS18：房东主动帮我解决旅行中遇到的问题	内容分析与访谈，Bell and Daly（1984）
	AS19：房东会经常出现在民宿	内容分析与访谈
	AS20：房东主动添加我为微信好友	内容分析与访谈
	AS21：房东保护了我的隐私	内容分析与访谈

（续表）

维度	初始题项	来源
组织与分享	AS22：房东请我喝茶或吃东西	内容分析与访谈，Bell and Daly（1984），Wang and Hung（2015）
	AS23：房东组织和策划旅游与娱乐活动	内容分析与访谈，Bell and Daly（1984）
	AS24：房东邀请我一起去旅游或就餐	内容分析与访谈
	AS25：房东把其他顾客或周围的朋友介绍给我认识	内容分析与访谈
个人魅力	AS26：我和房东的品位、兴趣有相似之处	Bell and Daly（1984），McCroskey and Wheeless（1976）
	AS27：我很喜欢房东的生活方式	内容分析与访谈
	AS28：房东表现得轻松自信，给人一种舒服的感觉	Bell and Daly（1984）
	AS29：房东的举止自然得体	Bell and Daly（1984）
	AS30：房东的性格很好，他积极乐观、充满活力	内容分析与访谈，Bell and Daly（1984），McCroskey and Wheeless（1976）
	AS31：房东是一个独立、思想自由的人	Bell and Daly（1984）
	AS32：房东的穿着得体	Bell and Daly（1984），McCroskey and Wheeless（1976）
	AS33：房东是个非常有趣的人	Bell and Daly（1984）
	AS34：与房东沟通后，我的自我感觉更好了	Bell and Daly（1984）
	AS35：房东很真诚、可靠，值得信任	内容分析与访谈，Bell and Daly（1984）
	AS36：房东没有向我提供虚假信息	内容分析与访谈

四、测量题项筛选与内容效度检验

内容效度是指测量题项与维度的适当性和一致性。我们分三个阶段对量表中的题项进行内容效度检验（Chi，Chi & Ouyang，2019）。首先，我们进行了初步审查，以消除重复项目和统一描述，从而确定了36个题项。其次，我们邀请了四名旅游消费者行为研究领域的专家对 36 个测量题项的科学性、可读性、实用性和语言措辞等进行更深入细致的分析，以确保表面效度（Pan，Lu & Zhang，2021）。我们向每位专家介绍了民宿、房东及亲和力的定义，并要求他们在李克特五点量表上对每个题项的可理解性打分。根据四位专家的反馈，分数较低（低于中位数 3）的条目被删除。最终，保留 32 个测量题项，删除了 4 个测量题项（AS14，AS27，AS35，AS36），同时修改了语言表述不明确的测量题项，避免题项意思模糊和晦涩难懂。最后，在进行大规模的调查之前，为避免测量问卷的语言表达含糊或专业术语难以理解等问题，我们进行了小样本的预调研，收集了顾客的建议，并对项目的措辞进行相应的修改。我们总共发放了 50 份问卷（调查对象为在我国的丽江和大理古城有过民宿居住经历的顾客）。我们根据受访者意见进一步修改问卷的语言措辞、问卷形式及部分题项表达，尽量确保受访者能清晰、准确地理解问卷题项，并独立完成问卷的填写。另外，我们还通过计算克隆巴赫系数（Cronbach's α）和项目与总相关系数，以检验项目和整体量表的效度和信度（Churchill，1979）。我们最终确立了 32 个有效的初始题项，以用于研究中。

第二节　量表开发的探索性因子分析

一、问卷设计

根据文献综述，以及深度访谈和在线评论的内容，我们设计了调查问卷。本问卷使用李克特五点量表（1 代表完全不同意，2 代表不同意，3 代表一般，4 代表同意，5 代表完全同意）来了解受访者对房东亲和力的看法。

该问卷包括四部分内容，第一部分是填写问卷的说明，即告知受访者问卷仅用于学术研究且为匿名填写，以减少受访者的抵抗心理，促使被访者以更加真实、负责任的态度完成问卷。第二部分是三个对受访者的筛选问题，以选择符合条件的受访者进行这项研究："您有没有住过民宿""您住过几次民宿"和"您在民宿时是否与房东有互动"。如果三个答案之一不成立，则调查终止。第三部分是受访者回答关于房东亲和力的 32 个题项，均以李克特五点量表的形式呈现。第四部分是受访者的个人基本信息，如年龄、性别、教育程度和职业等。

社会称许性反应偏误通常存在于问卷调查中，因为个体倾向于以一种有利的方式表现自己，而忽略他们对该话题的真实感受（Podsakoff, Mackenzie and Lee et al.，2003）。为了使社会称许性反应偏误最小化，首先，我们通过向顾客发放问卷来探究顾客对房东亲和力的感知，而不是直接让房东填写问卷。其次，在整个调查过程中，所有受访者都匿名填写问卷。在问卷的导言中，受访者被告知这些问题仅是为了研究而设计的，没有正确或错误的答案。最后，我们试图使用更具体和间接的问题来避免社会称许性反应偏误（Fisher，1993）。

二、研究样本与数据收集

（一）数据收集

在正式的第一轮问卷发放阶段，本章主要通过问卷星和 Credamo 进行在线问卷的发放与收集。在线问卷发放的具体流程如下：（1）使用问卷星网页，主要通过熟人联系住过民宿的人进行填写；（2）使用 Credamo 在线数据收集网页，请住过民宿并与房东互动过的人填写，每人给予 3 元奖励。通过以上问卷发放与收集途径，共收到 450 份问卷，398 份为有效问卷。在因子分析中，研究样本的数量应为量表题项数量的 5 倍，这是因为在社会科学和行为科学领域，研究样本的数量应至少为 300 份（吴明隆，2010）。

（二）研究样本基本信息

表 4-3 展示了受访者的人口统计特征。从性别分布来看，女性顾客多于男性，其中，男性占 49%，女性占 51%。从年龄来看，26~30 岁和 31~40 岁的顾客占比最高，分别为 37.9% 和 32.4%。年龄在 18 岁以下、18~25 岁、41~50 岁、51~60 岁和 60 岁以上的顾客占比相对较少，分别为 0.3%、18.6%、7.3%、2.5% 和 1.0%。从住过民宿的次数来看，住过 5 次以上的顾客最多，占 28.4%，其次为住过 2 次和 3 次的，分别占 25.4% 和 28.1%，仅住过 1 次的顾客占 11.6%，住过 4 次的顾客占 6.5%。从职业来看，学生、销售人员和技术开发人员占比最大，分别为 14.6%、10.3% 和 10.1%。

表 4-3　研究样本分析（n=398）

人口统计变量（特征）		有效百分比（%）	人口统计变量（职业）	有效百分比（%）
性别	男	49	学生	14.6
	女	51	工人	6
年龄	<18 岁	0.3	销售人员	10.3
			市场/公关人员	6.5
	18~25 岁	18.6	服务人员	2.8
	26~30 岁	37.9	管理员	4.5
	31~40 岁	32.4	人力资源	5.3
	41~50 岁	7.3	财务/审计师	3
	51~60 岁	2.5	文员	5.8
	> 60 岁	1.0	技术开发人员	10.1
住民宿次数	1 次	11.6	管理人员	8.8
	2 次	25.4	教师	7.5
	3 次	28.1	顾问	0.5
	4 次	6.5	专业人士	8
	> 5 次	28.4	其他	6.3

三、数据初始分析

（一）数据正态性检验

偏度（Skewness）是描述变量取值分布形态对称性的统计量。峰度（Kurtosis）是描述变量取值分布形态陡缓程度的统计量。通常情况下，如果偏度绝对值小于 3，峰度绝对值小于 10，则表明样本基本服从正态分布。各题项的偏度和峰度的统计值均未超过判定标准，相关数据近似服从正态分布。

（二）项目分析

本章先根据临界值分数将题项项目得分划分为高低两组，并运用独立样本 t 检验两组在题项项目上的差异。如果题项项目的临界值未达到显著水平，说明应该删除该项目，因为它无法反映不同组的被访者的差异性。最终本章的 32 个题项项目均通过检验。

（三）项目－总体相关分析

相关分析即量表题项项目与总体之间的相关性，如果个别题项项目与总体的相关性越高，则表明个别题项项目与整体量表的同质性越高。反之，则表示题项项目与整体量表的同质性不高，应当将其删除。题项项目与总的相关系数标准为 0.4，如果题项项目与总体的相关系数小于 0.4，则表明该题项没有达到显著水平，应当删除。本章 32 个题项项目－总体相关系数均高于 0.4，表明各题项项目与整体量表同质性较高，通过检验。

四、探索性因子分析的实施和结果

本章运用 SPPS 25 软件对 32 个题项项目进行首次探索性因子分析，巴特利特球形检验的近似卡方值为 7 069.33，自由度为 496，检验统计量（Kaiser-Meyer-Olkin，KMO）值为 0.959，达到了非常好的标准。首次探索性因子分析得到特征值大于 1 的因子共 4 个，累计解释方差为 57.24%。

本章在首次因子分析的基础上将共同度小于 0.5 的项目，因子载荷低于 0.4 的项目，以及在 2 个或者 2 个以上因子上的载荷均高于 0.4 的项目删除。经过主成分分析法和正交旋转模式的探索性因子分析（Exploratory Factor Analysis，EFA）后，删除一些不符合标准的项目，得到最终结果。探索性因子分析过程如表 4-4 所示。

表 4-4　探索性因子分析过程

步骤	删除的项目		
	共同度 < .05	交叉载荷	载荷 < .04
EFA1	AS8，AS9，AS19，AS20，AS21	AS8，AS33	
EFA2	AS7，AS10		
EFA2		AS11	

经过三轮探索性因子分析，总共保留 23 个题项，每个因子有 6~7 个题项。23 个题项组成的探索性因子分析结果表明，KMO 值为 0.950，达到非常好的水平，巴特利特球形检验的近似卡方值为 5 006.55，自由度为 253，显著性为 p =.000，如表 4-5 所示，这表明项目之间具有较高的相关性，非常适合进行因子分析。

表 4-5　KMO 和巴特利特球形检验

KMO 取样适切性量数		0.950
巴特利特球形检验	近似卡方值	5 006.55
	自由度	253
	显著性	.000

变量共同度是指各项目中所含的原始信息能够被提取出的公因子所表示出的程度。从表 4-6 可知，各项目共同度介于 0.538~0.801，均高于 0.5，大部分项目

的绝大部分信息都可以被因子解释,即提取的公因子对各项目的解释能力较强。

表 4-6 各项目共同度

编号	项目	初始	提取
AS1	房东对我很热情	1.000	.663
AS2	房东对我态度友善	1.000	.600
AS3	房东说话温柔、自然	1.000	.632
AS4	房东有包容心	1.000	.606
AS5	房东有同理心,让我感觉很温暖	1.000	.603
AS6	房东把我当作朋友来看待,没有把我当作外人	1.000	.634
AS12	房东与我的沟通很自然,不是刻意的讨好	1.000	.610
AS13	房东主动问我的行程	1.000	.561
AS15	房东对我的行程安排提出建议	1.000	.709
AS16	房东会提醒我们外出旅游的注意事项	1.000	.608
AS17	当我遇到问题时房东会鼓励和支持我	1.000	.570
AS18	房东主动帮我解决在旅行中遇到的问题	1.000	.649
AS22	房东请我喝茶或吃东西	1.000	.556
AS23	房东组织和策划旅游与娱乐活动	1.000	.771
AS24	房东邀请我一起去旅游或就餐	1.000	.801
AS25	房东把其他顾客或周围的朋友介绍给我认识	1.000	.719
AS26	我和房东的品位、兴趣有相似之处	1.000	.538
AS28	房东表现得轻松自信,让人感觉舒服	1.000	.628
AS29	房东的举止自然得体	1.000	.652
AS30	房东的性格很好,他积极乐观、充满活力	1.000	.638
AS31	房东是一个独立、思想开放的人	1.000	.552
AS32	房东的穿着得体	1.000	.622
AS34	与房东沟通后,我的自我感觉更好了	1.000	.569

碎石图是将每个主成分的特征值按从大到小的顺序排列并绘制成一条坡线,这有利于直观地了解哪些是主要因子,从而决定因子的数目。如图 4-1 所示,横坐标为题项数目,纵坐标为特征值。前四个因子的散点位于陡坡上,特征值均大于 1,从第四个因子开始,坡度线变得平坦,因此提取前四个因子是合适的。

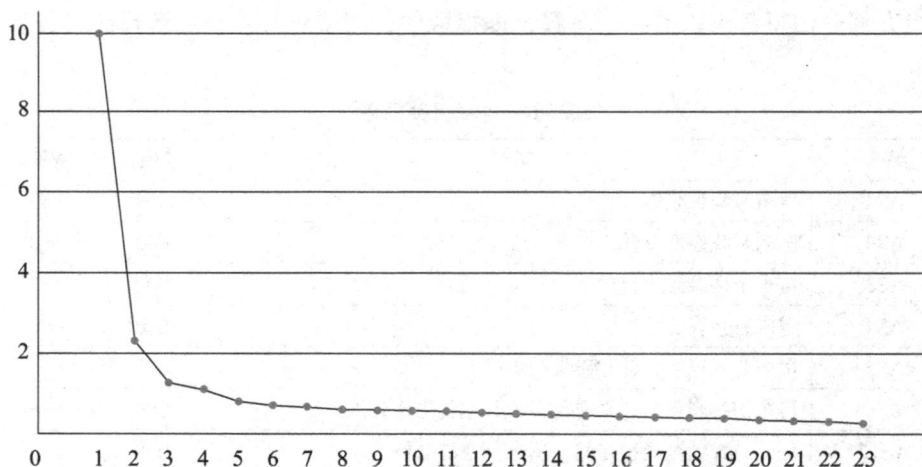

图 4-1　因子分析碎石示意图

对 23 个题项进行探索性因子分析后共提取出 4 个特征值大于 1 的因子，4 个因子的累计解释变异量为 63.01%。本章按照因子解释方差的大小对这四个因子进行排序，因子 1 "个人魅力" 的特征值为 9.94，解释了量表 43.2% 的变异量，说明个人魅力是让顾客感到房东有亲和力的因素，也是房东亲和力最重要的构念；因子 2 "态度友善" 的特征值为 2.28，解释了量表 9.90% 的变异量；因子 3 "组织与分享" 的特征值为 1.22，解释了量表 5.29% 的变异量；因子 4 "服务与帮助" 的特征值为 1.06%，解释了量表 4.60% 的变异量，即四个因子对量表总的变异量都产生了较强的解释力（见表 4-7）。

表 4-7　探索性因子分析结果

因子	编号	题项	因子 1	因子 2	因子 3	因子 4
个人魅力	AS29	房东的举止自然得体	.730			
	AS32	房东的穿着得体	.713			
	AS12	房东与我的沟通很自然，不是刻意的讨好	.712			
	AS30	房东的性格很好，他积极乐观、充满活力	.696			
	AS28	房东表现得轻松自信，让人感觉舒服	.635			
	AS31	房东是一个独立、思想自由的人	.628			
	AS34	与房东沟通后，我的自我感觉更好了	.498			

（续表）

因子	编号	题项	因子 1	因子 2	因子 3	因子 4
态度友善	AS1	房东对我很热情		.779		
	AS3	房东说话温柔、自然		.759		
	AS4	房东有包容心		.734		
	AS2	房东对我态度友善		.689		
	AS5	房东有同理心，让我感觉很温暖		.676		
	AS6	房东把我当作朋友来看待，没有把我当作外人		.646		
组织与分享	AS24	房东邀请我一起去旅游或就餐			.855	
	AS23	房东组织和策划旅游与娱乐活动			.807	
	AS25	房东把其他顾客或周围的朋友介绍给我认识			.787	
	AS22	房东请我喝茶或吃东西			.650	
	AS26	我和房东的品位、兴趣有相似之处			.528	
服务与帮助	AS15	房东对我的行程安排提出建议				.735
	AS13	房东主动问我的行程				.717
	AS18	房东主动帮我解决在旅行中遇到的问题				.691
	AS16	房东提醒我们外出旅游的注意事项				.663
	AS17	当我遇到问题时，房东会鼓励和支持我				.545

五、信度检验

本章首先对第一轮收集的问卷数据进行量表项目的测试分析和探索性因子检验，最终建立了一个包括 23 个题项的正式量表，并且确定了房东亲和力四因子模型，然后进一步对四个分量表和总量表进行信度检验，以确保内部的一致性和稳定性。分量表信度检验指标主要包括删除题项后的标度平均值、修正后的题项与总计相关性，以及删除题项后的 Cronbach's α 三项。如果题项删除后量表整体信度系数比原来高很多，则需要重新考虑是否删除这个题项。在房东亲和力四因子分量表中，各个项目的量表总体相关系数均大于 0.4，Cronbach's α 均大于 0.7 的可接受水平，说明量表具有良好的信度。最后，本章对总量表进行信度检验，题项删除后的 Cronbach's α 均低于总量表信度系数，总量表的信度为 0.937，达到了非常好的标准。房东亲和力整体量表信度分析如表 4-8 所示。

表 4-8　房东亲和力整体量表信度分析

题项	删除题项后的标度平均值	修正后的题项与总计相关性	删除题项后的Cronbach's α
房东主动问我的行程	86.000	.488	.937
房东对我的行程安排提出建议	85.889	.649	.934
房东主动帮我解决在旅行中遇到的问题	85.786	.646	.934
房东提醒我们外出旅游的注意事项	85.631	.632	.934
当我遇到问题时，房东会鼓励和支持我	85.837	.672	.934
房东对我很热情	85.470	.535	.936
房东对我态度友善	85.354	.540	.936
房东说话温柔、自然	85.540	.501	.936
房东有包容心	85.601	.510	.936
房东有同理心，让我感觉很温暖	85.563	.609	.935
房东把我当作朋友来看待，没有把我当作外人	85.789	.675	.934
房东请我喝茶或吃东西	85.995	.599	.935
房东组织和策划旅游与娱乐活动	86.178	.663	.934
房东邀请我一起去旅游或就餐	86.357	.609	.935
房东把其他顾客或周围的朋友介绍给我认识	86.269	.621	.935
房东表现得轻松自信，让人感觉舒服	85.709	.696	.934
房东的举止自然得体	85.683	.632	.935
房东的性格很好，他积极乐观、充满活力	85.588	.637	.934
房东是一个独立、思想开放的人	85.724	.628	.935
房东的穿着得体	85.583	.616	.935
与房东沟通后，我的自我感觉更好了	85.688	.702	.934
我和房东的品位、兴趣有相似之处	85.992	.664	.934
房东与我的沟通很自然，不是刻意的讨好	85.588	.586	.935

六、量表维度的识别和描述

基于房东亲和力的定义，本章采用八步法编制了一个可靠有效的房东亲和力测量量表，最终生成了房东亲和力的四个因子：个人魅力、态度友善、组织与分享及服务与帮助，这四个因子涵盖的题项如表 4-9 所示。

表 4-9　房东亲和力的四个因子及题项

因子	编号	题项
个人魅力	AS29	房东的举止自然得体
	AS32	房东的穿着得体
	AS12	房东与我的沟通很自然，不是刻意的讨好
	AS30	房东的性格很好，他积极乐观、充满活力
	AS28	房东表现得轻松自信，让人感觉舒服
	AS31	房东是一个独立、思想开放的人
	AS34	与房东沟通后，我的自我感觉更好了
态度友善	AS1	房东对我很热情
	AS3	房东说话温柔、自然
	AS4	房东有包容心
	AS2	房东对我态度友善
	AS5	房东有同理心，让我感觉很温暖
	AS6	房东把我当作朋友来看待，没有把我当作外人
组织与分享	AS24	房东邀请我一起去旅游或就餐
	AS23	房东组织和策划旅游与娱乐活动
	AS25	房东把其他顾客或周围的朋友介绍给我认识
	AS22	房东请我喝茶或吃东西
	AS26	我和房东的品位、兴趣有相似之处
服务与帮助	AS15	房东对我的行程安排提出建议
	AS13	房东主动问我的行程
	AS18	房东主动帮我解决在旅行中遇到的问题
	AS16	房东提醒我们外出旅游的注意事项
	AS17	当我遇到问题时，房东会鼓励和支持我

第三节　验证性因子分析

在开发量表的过程中，我们可以通过探索性因子分析获得房东亲和力的维度及各个维度对应的测量题项，再运用验证性因子分析进一步验证量表的拟合度，形成最终的测量量表。与探索性因子分析相比，验证性因子分析是一种更精确且带有假设检验的统计方法。本节根据探索性因子分析得到 23 个题项，重新收集了新的数据并进行验证性因子分析，以此为样本进行房东亲和力量表的验证。反应性测量（Reflective Measurement）模型构建的前提是潜在构念引起测量变量发生变化（Bollen，1989）。因此，本节利用 AMOS 24.0 软件构建房东亲和力反应性测量模型。

一、数据收集与样本情况

为了评估量表的有效性，本节通过调查问卷进行了验证性因子分析。调查问卷包括以下六部分内容。第一部分是问卷的填写说明，即告知受访者该问卷仅为学术研究之用。第二部分是三个对受访者的筛选问题。第三部分是受访者回答关于房东亲和力的 23 个题项，均以李克特五点量表的形式呈现。第四部分是关于情感价值的五个题项（Zhang，Jahromi & Kizildag，2018；Sweeney & Soutar，2001）。第五部分是关于顾客合作意向的三个题项（Verleye，Gemmel & Rangarajan，2014）和顾客满意度的一个题项（Clemes，Gan & Ren，2011）。第六部分是受访者的个人基本信息，如年龄、性别、教育程度和职业等。我们一共发放了 450 份问卷，收回了 388 份有效问卷。

表 4-10 展示了受访者的人口统计特征。从性别分布来看，男性顾客高于女性，其中，男性占 51.5%，女性占 48.5%。从年龄来看，18~25 岁占比最高，约占 46.4%，其次为 26~30 岁，约占 28.6%。年龄在 18 岁以下、31~40 岁、41~50 岁、51~60 岁和 60 岁以上的顾客占比相对较少，分别为 3.1%、16.5%、3.4%、1.5% 和 0.6%。从住过民宿的次数来看，住过 5 次以上的顾客最多，占 33.5%，

其次为住过 2 次和 3 次的顾客，分别占 25 ％ 和 20.6%，住过 1 次的顾客占 12.1%，住过 4 次的顾客占 8.9%。从职业来看，学生和销售人员占比最大，分别为 27.6% 和 12.6%。

表 4-10　研究样本分析（n=388）

人口统计变量 （特征）		有效百分比（%）	人口统计变量 （职业）	有效百分比（%）
性别	男	51.5	学生	27.6
	女	48.5	工人	3.6
年龄	<18 岁	3.1	销售人员	12.6
	18~25 岁	46.4	市场 / 公关人员	7
	26~30 岁	28.6	服务人员	2.5
	31~40 岁	16.5	管理员	3.6
	41~50 岁	3.4	人力资源	2.1
	51~60 岁	1.5	财务 / 审计师	2.3
	> 60 岁	0.6	文员	2.6
			技术开发人员	4.6
住民宿次数	1 次	12.1	管理人员	6.4
	2 次	25	教师	4.6
	3 次	20.6	顾问	1.3
	4 次	8.9	专业人士	4.9
	> 5 次	33.5	其他	14.2

二、数据基本统计分析

（一）数据正态性检验

通常情况下，如果偏度绝对值小于 3，峰度绝对值小于 10，则表明样本基本服从正态分布。各题项的偏度和峰度绝对值均未超过判定标准，则相关数据基本近似服从正态分布。

（二）数据可靠性检验

在描述性统计分析后，我们对题项项目的信度进行了分析，题项项目相关系数均高于 0.4，表明题项项目与总体紧密相关。

三、验证性因子模型拟合情况

（一）房东亲和力一阶验证性因子分析

本章第二节通过探索性因子分析确定了房东亲和力四因子模型。基于第二轮调研问卷数据，本节设计了一阶验证因子拟合模型，利用结构方程模型对房东亲和力模型进行拟合性检验。房东亲和力一阶验证性因子分析模型如图 4-2 所示，个人魅力因子包含七个题项，即 AS29 房东的举止自然得体；AS32 房东的穿着得体，AS12 房东与我的沟通很自然，不是刻意的讨好；AS30 房东的性格很好，他积极乐观、充满活力；AS28 房东表现得轻松自信，让人感觉舒服；AS31 房东是一个独立、思想自由的人；AS34 与房东沟通后，我自我感觉更好。态度友善因子包括六个题项，即 AS1 房东对我很热情；AS3 房东说话温柔、自然；AS4 房东有包容心；AS2 房东对我态度友善；AS5 房东有同理心，让我感觉很温暖；AS6 房东把我当作朋友来看待，没有把我当作外人。组织与分享因子包括五个题项，即 AS24 房东邀请我一起去旅游或就餐，AS23 房东组织和策划旅游与娱乐活动，AS25 房东把其他顾客或周围的朋友介绍给我认识，AS22 房东请我喝茶或吃东西，AS26 我和房东的品位、兴趣有相似之处。服务与帮助包括五个题项，AS15 房东对我的行程安排提出建议，AS13 房东主动问我的行程，AS18 房东主动帮我解决在旅行中遇到的问题，AS16 房东提醒我们外出旅游的注意事项，AS17 当我遇到问题时，房东会鼓励和支持我。

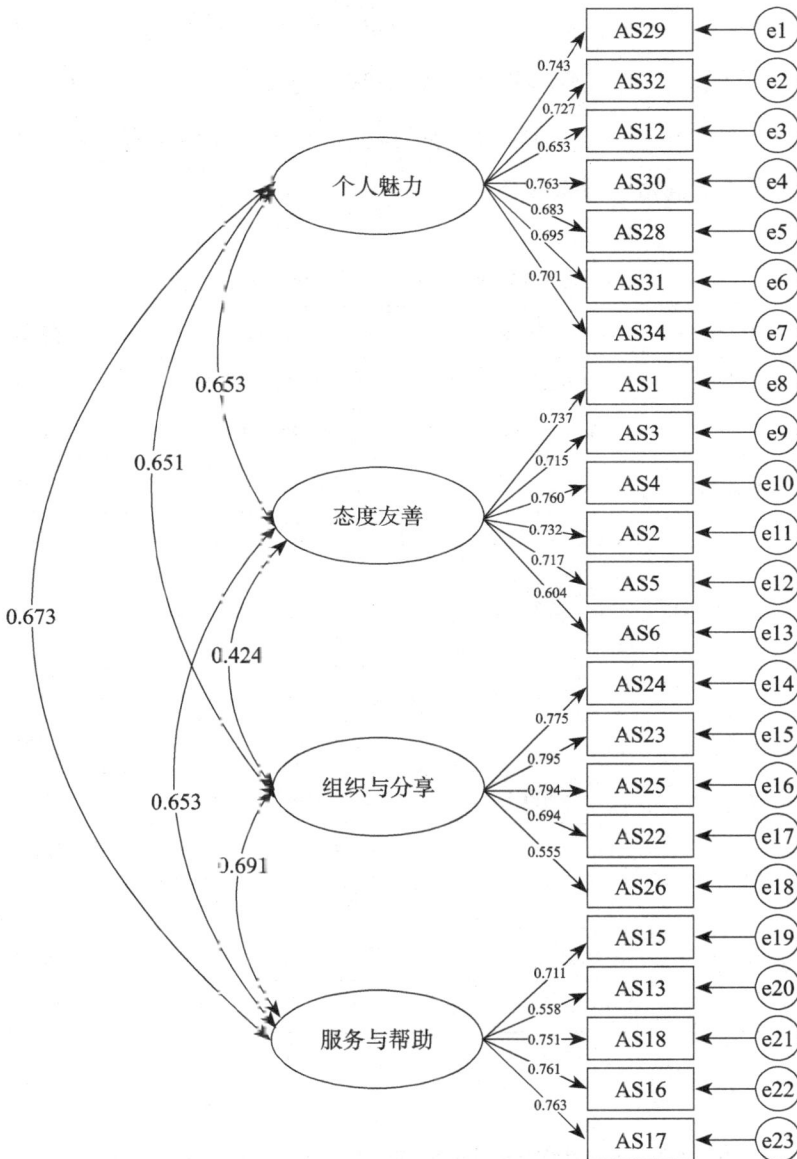

图 4-2 房东亲和力一阶验证性因子分析模型

本节利用 AMOS 24.0 软件对四因子模型进行验证性分析。该模型有效样本为 388，模型的拟合结果如表 4-11 所示。其中，CMIN/DF 值为 2.55，在理想范围之内；RMSEA 为 0.063，处于 0.05~0.08，表示拟合不错。SRMR 为 0.052，接近 0.05 的标准，表示模型拟合较好，其他指标 IFI（0.920）、TLI（0.909）、CFI（0.920）、GFI（0.887）基本符合可接受的标准。总体来看，收集到的数据与理论模型之间的拟合效果较好。

表 4-11　一阶验证性因子分析结果

类型	指标	建议值	数值
绝对拟合指数	CMIN/DF	2 < CMIN/DF < 5	2.55
	RMR（SRMR）	< 0.05，越小越好	0.052
	GFI	> 0.9（0~1）	0.887
	AGFI	> 0.9（0~1）	0.861
	RMSEA	< 0.08（0~1）	0.063
相对拟合指数	NFI	> 0.9（0~1）	0.875
	RFI	> 0.9（0~1）	0.859
	IFI	> 0.9（0~1）	0.920
	TLI（NNFI）	> 0.9（0~1）	0.909
	CFI	> 0.9（0~1）	0.920
简约拟合指数	AIC	越小越好	674.356
	CAIC	越小越好	932.33
	PGFI	> 0.5	0.720

（二）房东亲和力二阶验证性因子分析

本节进一步采用 AMOS 24.0 软件进行二阶验证性因子分析（CFA）。拟合优度指数（GFI）=0.882，增量拟合指数（IFI）=0.914，比较拟合指数

（CFI）=0.903，Tacker-Lewis 指数（TLI）=0.903。卡方统计差异有统计学意义：CMIN=600.38，DF=226，p=0.000（CMIN/DF=2.657）；比较拟合指数（PCFI=0.816）和拟合指数（PNFI=0.776）均不低于 0.50（临界值），近似均方根误差（RMSEA）为 0.065，小于判定值 0.08。虽然拟合优度指数（GFI=0.882）小于 0.90，但非常接近 0.90（临界值）。总之，这些拟合指数的结论表明该模型能充分拟合数据（见表 4-12）。

表 4-12 二阶验证性因子分析结果

类型	指标	建议值	数值
绝对拟合指数	CMIN/DF	2 < CMIN/DF < 5	2.657
	RMR（SRMR）	< 0.05，越小越好	0.056
	GFI	> 0.9（0~1）	0.882
	AGFI	> 0.9（0~1）	0.856
	RMSEA	< 0.08（0~1）	0.065
相对拟合指数	NFI	> 0.9（0~1）	0.914
	RFI	> 0.9（0~1）	0.853
	IFI	> 0.9（0~1）	0.914
	TLI	> 0.9（0~1）	0.903
	CFI	> 0.9（0~1）	0.903
简约拟合指数	AIC	越小越好	700.38
	CAIC	越小越好	948.43
	PGFI	> 0.5	0.722
	PCFI		0.816
	PNFI	> 0.5	0.776

房东亲和力二阶验证性因子分析模型如图 4-3 所示。

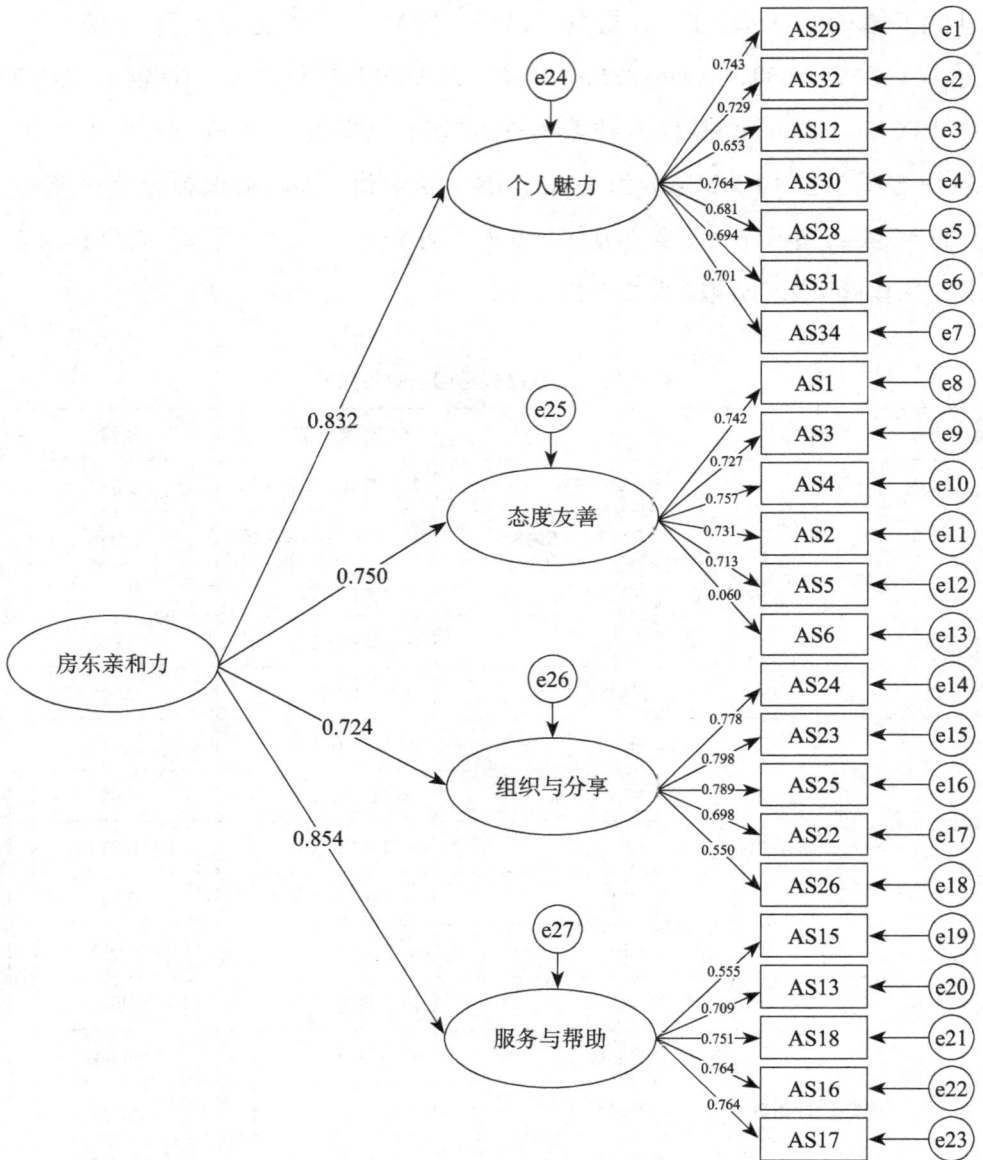

图 4-3　房东亲和力二阶验证性因子分析模型

（三）聚合效度检验

本节对量表的信度和效度进行了验证，具体分析结果如表 4-13 所示。各因子的平均提取方差（Average Variance Extracted，AVE）均在 0.504~0.528，高于判定值 0.50，说明各潜变量构念的解释变异量大于测量误差对构念的解释变异量，即量表具有良好的收敛效度。组合效度均高于 0.80，也说明所开发的量表具有良好的收敛效度。

表 4-13　验证性因子分析结果（n=388）

因子和题项	因子载荷 （一阶验证性因子分析）	因子载荷 （二阶验证性因子分析）	Cronbach's α	组合 效度	AVE
个人魅力					
AS29	0.743	0.743			
AS32	0.727	0.729			
AS12	0.653	0.653			
AS30	0.763	0.764	0.887	0.876	0.504
AS28	0.683	0.681			
AS31	0.695	0.694			
AS34	0.701	0.701			
态度友善					
AS1	0.737	0.742			
AS3	0.715	0.717			
AS4	0.760	0.757			
AS2	0.732	0.731	0.868	0.859	0.507
AS5	0.717	0.713			
AS6	0.604	0.606			
组织与分享					
AS24	0.775	0.778			
AS23	0.795	0.798			
AS25	0.794	0.789	0.875	0.846	0.528
AS22	0.694	0.698			
AS26	0.555	0.550			
服务与帮助					
AS15	0.711	0.709	0.838	0.837	0.510

因子和题项	因子载荷 （一阶验证性因子分析）	因子载荷 （二阶验证性因子分析）	Cronbach's α	组合 效度	AVE
AS13	0.558	0.555			
AS18	0.751	0.751	0.838	0.837	0.510
AS16	0.761	0.764			
AS17	0.763	0.764			

（四）区分效度检验

区分效度检验比较的是每个潜在构念与所有其他潜在构念之间是否有显著差异或是否有低度相关。四个因子 AVE 都超过了所有共同方差组合（见表 4-14），因此也证实了该量表的区别效度。

表 4-14　量表区别效度检验

因子	AVE	1	2	3	4
个人魅力	0.504	0.710			
态度友善	0.507	0.653	0.712		
组织与分享	0.528	0.651	0.424	0.727	
服务与帮助	0.510	0.673	0.653	0.691	0.714

（五）共同方法偏差检验

共同方法偏差指的是因为同样的数据来源或评分者、同样的测量环境、项目语境及项目本身特征所造成的预测变量与效标变量之间人为的共变。本节采用两种方法来减少共同方法偏差。首先，采用 Harman's 单因素检验，本节建立一个通用的方法因子作为一个单因子模型来解释所有测量项目的方差，并将其与原来的四维度量表进行比较。单因素模型拟合较差（CMIN=1 621.080, df=231，CMIN/df=7.018，RMSEA=0.125，CFI=0.678，IFI=0.680，TLI=0.648）。单因素模型拟合度显著低于原模型（ΔCMIN=1020.7，Δdf=5，p<.001）。其次，为了进一步了解共同方法偏差对量表的影响程度，本节在原始模型上加了一个共同方法因子，即在所有的题项和维度的基础上增加了一个共同方法因子。结果表明，与原模型相比，ΔRMSEA=0.075，ΔCFI=0.018，ΔTLI=0.020，拟合度指标变化不大。因此，本节研究中不存在共同方法偏差问题（Podsakoff，Mackenzie & Lee et al.，2003）。

（六）法则效度检验

为了评估房东亲和力的法则效度，我们运用以往研究中确定的三个与理论相关的构念（即情感价值、合作意向与顾客满意度），根据佩恩、斯托巴卡和弗罗（Payne，Storbacka & Frow，2008）开发的框架，明确了关系体验由认知、情感和行为组成。从信息处理的角度来看，关系体验的这三个要素比传统的认知、情感和行为具有更广泛的意义。情感不只强调态度和喜好。行为也超出了购买意向和购买行为的范畴。因此，本节用情感价值代替情感，而将顾客行为扩展为合作的意向。此外，本节也验证了房东亲和力与顾客满意度之间的关系。

关于房东亲和力，根据社会认知理论，本节将其划分为热情和能力两个维度。其中，热情维度包括房东的"个人魅力"和"态度友善"两个因子。能力维度包括"组织与分享"及"服务与帮助"两个因子。

情感价值是指在消费产品和获得服务的过程中，顾客得到的情感或情绪状态的效用（Erhardt，Martinrios & Chan，2019）。当顾客满足于舒适的住宿条件时会感知到情感价值（Lei，Wang & Law，2019）。顾客与房东之间的接触和互动会培养情感价值（Zhang，Jahromi & Kizildag，2018）。因此，顾客的情感价值是在民宿中生活或与房东互动后的感受或情感状态。为了在互动中促进情感价值，房东必须学习并使用相关技能，学会理解顾客的体验需求并根据这些需求采取行动，而不是严格遵循标准化脚本（Barnes，Mattsson & Sorensen et al.，

2020）。基于以上讨论，我们提出以下假设。

假设 H1：房东亲和力正向影响顾客情感价值。

情感是影响人类行为的重要因素，态度理论在人类行为研究中得到了广泛的应用。态度的三个主要组成部分是认知、情感和联想。研究证明，认知成分和情感成分显著影响联想成分（行为和意向）及真实行为。一些研究表明，顾客感知到的情感价值对顾客的价值共创的意向（Wei，Bai & Li et al.，2020）和参与意向（Zhang，Gordon & Buhalis et al.，2017）具有正向影响。

假设 H2：顾客情感价值正向影响合作意向。

在顾客参与服务的过程中，顾客可以合作的方式促进服务交流，帮助服务提供者。有研究表明，顾客可以向服务提供者提供信息和帮助（Verleye，Gemmel & Rangarajan，2014），从而减少服务提供者的工作量（Gaugler，2005）。梅赫拉比安提出，个体实施亲和力策略会导致对方积极的情感输入和行动反馈。个体的亲和力可能引起对方情感和行为反应。已有的文献也表明，如果房东向顾客传达了他们的善意和友好，顾客就会感知到情感价值，有可能表达与房东成为朋友的意向并做出友善的行为（Zhang，Jahromi & Kizildag，2018）。因此，顾客感知的情感价值可能会对房东亲和力和顾客的合作意向之间的关系起到中介作用。

在本假设中，合作代表了顾客与房东互动中的一种行为。我们并没有测量实际的行为，因为潜在的顾客在现场可能不会表现出实际的行为。相反，参与合作意向是可以被测量的。根据理性行为理论（Fishbein & Ajzen，1975），参与合作意向是对实际行为的预测。因此，顾客的合作意向会导致实际的行为。

假设 H3：顾客情感价值对房东亲和力及顾客的合作意向之间的关系起中介作用。

我们认为房东亲和力可能会对顾客满意度产生积极的影响，其中有两个潜在的原因。第一个可能的原因是，房东采取一系列亲和力策略，为顾客创造了一种放松的体验和感知价值，从而提高了顾客满意度。态度友善的房东让顾客感到舒适、安全、熟悉和放松（So，Kim & Oh et al.，2020；Su，Zhang & Cai，

2020）。基于这些良好的体验，顾客更有可能获得消费快感和价值判断（Chen，2015），这可能进一步对顾客满意度产生积极的影响。第二个可能的原因是，房东采取一系列亲和力策略可以增强顾客的情感依恋，进而提高顾客满意度。现有文献表明，当顾客认为房东热情好客、服务周到时，他们会对这家民宿产生强烈的忠诚度和依恋感（Rosenbaum，2006），这也与享乐价值密切相关（Lee & Kim，2018）。一些研究表明，热情周到的房东会直接或间接影响 Airbnb 顾客推荐（So，Oh & Min，2018）或再次入住（Zhu，Cheng & Wang，2019）的行为意向。因此，房东亲和力可以增强顾客对房东和民宿的情感依恋，进而提高顾客满意度。

假设 H4：房东亲和力正向影响顾客满意度。

为了检验这些假设，我们建立了一个结构方程模型，明确了房东亲和力与这些变量之间的假设关系（见图 4-4）。

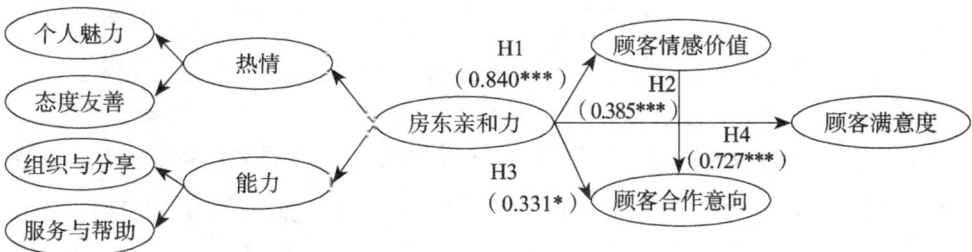

图 4-4　房东亲和力正向影响顾客满意度模型

在分析假设结果之前，要先对模型的整体拟合情况与数据的适配程度进行分析。结果表明，整体指标均达到基本参考值，其中，CMIN=1 103.88，df=455，p=0.000，CMIN/df=2.43，IFI=0.897，TLI=0.887，CFI=0.869，RMSEA=0.061，GFI（0.851）虽然小于 0.90，但非常接近 0.90（临界值）。这些拟合指数表明整体结构模型与数据的适配度良好（见表 4-15）。

表 4-15　整体结构模型拟合度指标值

类型	指标	建议值	数值
绝对拟合指数	CMIN/DF	2 < CMIN/DF < 5	2.426
	RMR（SRMR）	< 0.05，越小越好	0.059
	GFI	> 0.9（0~1）	0.851
	AGFI	> 0.9（0~1）	0.827
	RMSEA	< 0.08（0~1）	0.607
相对拟合指数	NFI	> 0.9（0~1）	0.837
	RFI	> 0.9（0~1）	0.822
	IFI	> 0.9（0~1）	0.897
	TLI（NNFI）	> 0.9（0~1）	0.887
	CFI	> 0.9（0~1）	0.896
简约拟合指数	AIC	越小越好	1 249.88
	CAIC	越小越好	1 612.03
	PGFI	> 0.5	0.734
	PCFI	> 0.5	0.822
	PNFI	> 0.5	0.768

通过 Amos 的参数估计，对整体模型中各潜变量的路径关系系数及其显著性检验结果如表 4-16 所示。房东亲和力与顾客情感价值之间存在显著正相关关系（p<0.01），顾客情感价值对顾客合作意向的正向影响显著（p<0.01），房东亲和力对顾客满意度的正向影响显著（p<0.01），即假设 H1、H2 和 H3 得到验证。

表 4-16　整体模型路径关系检验结果

假设	标准化系数	标准误差	组合信度	P 值	检验结果
H1：房东亲和力→情感价值	0.840	0.119	8.550	***	支持
H2：情感价值→合作意向	0.386	0.127	2.865	***	支持
H3：房东亲和力→满意度	0.727	0.143	9.266	***	支持

借助 AMOS 24.0 软件，我们采用拔靴（Bootstrap）法检验顾客满意度的中介效应。由于该方法无需考虑数据是否为正态分布，且统计效果较 Sobel 检

验等方法更好，因此海耶斯（Hayes，2009）建议采用 Bootstrap 法检验中介效应。样本量设置为 10 000，置信水平设置为 95%，取样方法选择偏差校正百分位数法（Taylor，MacKinnon & Tein，2008）。如果间接效应的置信区间不包含 0，表示中介效应存在；如果直接效应的置信区间不包含 0，表示部分中介效应存在，包含 0 则表示完全中介效应存在。表 4-17 所示的结果显示，房东亲和力对顾客的合作意向没有显著直接效应：Z=1.655，乖离率修正（Bias-corrected percentile）达 95%，置信区间为 –0.085~0.700，但间接效应显著为正（间接效应 =0.324，乖离率修正达 95%，置信区间为 0.022~0.681。因此，假设 H3 得到了支持，情感价值显著影响房东亲和力与顾客合作意向之间的关系。研究结果进一步证实了顾客的情感反应和行为反应存在递进关系，房东采用亲和力策略首先引起顾客的情感反应，进而影响顾客的行为反应。

表 4-17 假设模型的标准化直接效应、间接效应和总体效应

路径	标准化效应	点估计	系数		Bootstrap 法		
				乖离率修正 95% 置信区间		双侧检验
			标准误差	Z 值	下限	上限	
房东亲和力→合作意向	标准化总效应	0.655	0.061	10.738	0.528	0.767	0.000（***）
	标准化间接效应	0.324	0.167	1.94	0.022	0.681	0.041（*）
	标准化直接效应	0.331	0.200	1.655	-0.085	0.700	0.109

注：*p＜0.05，***p＜0.001。

第四节 本章小结

本章通过发放两次问卷来收集数据，开发了一套可靠有效的民宿房东亲和力量表，明确了房东亲和力的两个维度（热情和能力）和四个因子（个人魅力、态度友善、组织与分享及服务与帮助）。作为一个开创性的和全面性的测量工具，这个量表有效地测量了民宿房东亲和力。

贝尔和戴利在研究中发现了七类亲和力策略，这些研究的对象是参加基础交际课程的本科生。本章所开发的量表扩展了以往关于亲和力的研究，更适合在旅游和接待环境中应用。四因子量表填补了以往研究的空白，并为未来研究民宿房东亲和力的影响因素和影响机制奠定了基础。其中，第三个因子"组织与分享"强调房东通过加强房东与顾客之间、顾客与顾客之间的社会互动来增强亲和力。第四个因子"服务与帮助"突出了旅游业和酒店业的服务特点。这两个因子扩展了贝尔和戴利对一般亲和力的研究，并强调了民宿的运作特征。

已有文献表明，如果房东对顾客表现出友好热情的态度，顾客则会感知到更高的情感价值，也更有可能表达与房东成为朋友的意向（Zhang, Jahromi & Kizildag, 2018）。然而，关于这方面的实证研究却很少。本章的研究结果显示，民宿房东亲和力对顾客感知的情感价值有正向影响，顾客感知到的情感价值进而正向影响其与房东合作的意向。情感价值在房东亲和力与顾客和房东合作意向之间起完全中介作用。已有研究表明，房东采取一系列亲和力策略，为顾客创造了一种放松的体验和感知价值，从而可能提高顾客满意度。此外，房东亲和力可以增强顾客的情感依恋，进而也可能提高顾客满意度。同时，本章初步验证了房东亲和力与顾客满意度之间的关系，并表明民宿房东亲和力对顾客满意度有正向影响。

第五章

顾客评论中的房东亲和力对顾客满意度的影响研究 ①

① 本章部分成果已发表在旅游管理（*Tourism Management*）期刊中，题目为"民宿共享平台中线上房东亲和力及其对在线评论数量的影响"（*Hosts' online affinities and their impacts on the number of online reviews on peer-to-peer platforms*）。

　　基于第三章和第四章中界定的房东亲和力的维度，本章进一步基于二手数据采用文本挖掘的方法构建房东亲和力词库，并探讨房东亲和力对顾客满意度的影响。

　　本书第四章的问卷调查的结果表明，房东亲和力对顾客满意度具有显著的正向影响，然而该研究结论在大数据中是否适用尚未可知，因此本章的第一个研究目标是根据 Airbnb 平台数据，进一步验证房东亲和力与顾客满意度关系的稳健性。此外，已有研究提出，热情好客的房东会使顾客有归属感。在酒店里，人们可能会抱怨床不舒服，但在民宿中，他们可能不会（Domenico & Lynch，2007）。例如，民宿的舒适程度可能不高，但由于顾客感到房东有亲和力，可以增加顾客的满意度，弥补了舒适度低的缺点，从而降低了顾客对民宿舒适度的要求。然而，在民宿中，房东亲和力是否可以降低顾客对属性表现的要求还没有得到验证。因此，本章的第二个研究目标是探讨房东亲和力在属性表现和顾客满意度之间关系的调节作用。

　　综上所述，本章试图完成上述两个研究目标。本章从 Airbnb 平台获取了来自 21 个国际旅游城市的 224 128 条评论数据，并进行了层次多元回归分析。就理论贡献而言，本章研究的创新点在于验证了房东亲和力与顾客满意度之间的关系，以及房东亲和力在属性表现和顾客满意度之间关系的调节作用。本章的研究结论对于民宿房东和在线平台管理者有重要的指导意义。民宿房东可以采取一系列亲和力策略，提升属性表现，从而提高顾客满意度。

第一节 理论基础及研究假设

一、研究假设

（一）房东亲和力对顾客满意度的影响

我们认为房东亲和力可能会对顾客满意度产生积极的影响，其中两个潜在的原因在本书第四章第三节法则效度检验中已详细阐述，在此不再赘述。基于本书在第四章的讨论，我们提出以下假设。

假设 H1：房东亲和力对顾客满意度有正向影响。

假设 H1a："个人魅力"因子对顾客满意度有正向影响。

假设 H1b："态度友善"因子对顾客满意度有正向影响。

假设 H1c："组织与分享"因子对顾客满意度有正向影响。

假设 H1d："服务与帮助"因子对顾客满意度有正向影响。

（二）房东亲和力的调节作用研究

根据期望–失验理论，顾客满意度是顾客期望与感知绩效之间的差异。顾客满意度是住宿行业经营成功的关键因素（Chen，2015）。为了更好地评价顾客满意度，大多数研究建议采用多属性方法，即通过多个属性的表现来衡量顾客满意度（Bi，Liu & Fan et al.，2020）。基于多属性方法，许多研究探索了属性表现与顾客满意度之间的关系（Liu，Teichert & Rossi et al.，2017）。现有研究发现，不管是酒店还是民宿，它们的每个属性表现都与整体评分有正向相关的关系，属性表现对顾客满意度的影响代表了每个属性在顾客心目中的地位和重要性（Chen & Bi,2022）。除了提升属性表现外，民宿房东还应采用一系列亲和力策略，以增强他们的竞争优势。

到目前为止，现有研究主要关注的是属性表现与顾客满意度的关系，缺乏探讨房东亲和力、属性表现与顾客满意度之间关系的研究。因此，本节提出，房东亲和力对属性表现与顾客满意度之间的关系可能起到调节作用。房东亲和力可能会降低顾客对住宿质量的要求。换句话说，对于感到房东有亲和力的顾客来说，属性表现对顾客满意度的积极影响可能会减弱。主要有两个潜在的原因。一是，有亲和力的房东会让顾客有归属感，从而降低对民宿的要求。二是，有亲和力的房东为顾客提供了真实的体验和额外的价值（Chen，2015），这可能会使顾客降低他们对民宿的要求。因此，我们又提出如下假设。

假设 H2：房东亲和力对民宿属性表现（如实描述、干净卫生、入住便捷、沟通顺畅、位置便利和高性价比）和顾客满意度之间的关系具有显著的负向调节作用。

假设 H2a：房东"个人魅力"对民宿属性表现（如实描述、干净卫生、入住便捷、沟通顺畅、位置便利和高性价比）和顾客满意度之间的关系具有显著的负向调节作用。

假设 H2b：房东"态度友善"对民宿属性表现（如实描述、干净卫生、入住便捷、沟通顺畅、位置便利和高性价比）和顾客满意度之间的关系具有显著的负向调节作用。

假设 H2c：房东"组织与分享"对民宿属性表现（如实描述、干净卫生、入住便捷、沟通顺畅、位置便利和高性价比）和顾客满意度之间的关系具有显著的负向调节作用。

假设 H2d：房东"服务与帮助"对民宿属性表现（如实描述、干净卫生、入住便捷、沟通顺畅、位置便利和高性价比）和顾客满意度之间的关系具有显著的负向调节作用。

二、理论模型构建

基于以上对相关领域的文献回顾和基础理论的梳理，我们又提出房东亲和力对顾客满意度影响的概念模型，如图 5-1 所示。

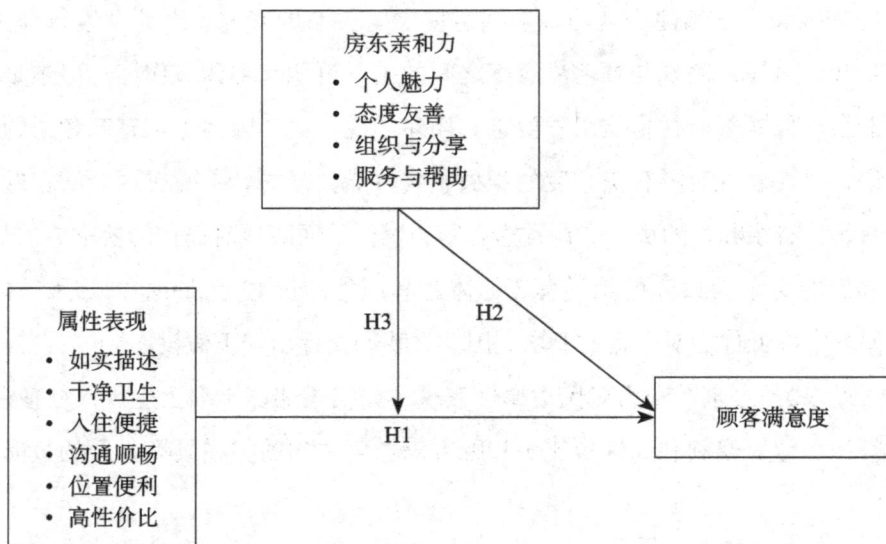

图 5-1　房东亲和力对顾客满意度影响的概念模型

第二节　研究设计

一、数据的收集和处理

（一）数据收集

我们从全球最大的民宿共享网站之一 Airbnb 平台收集相关数据。Airbnb 是一家联系顾客和房东的服务型网站。截至 2019 年 9 月 15 日，已有超过 700 万套房源，覆盖全球超过 191 个国家的 10 万座城市。通过在 Airbnb 平台上分享房源和房屋空间，全球房东共获得超过 800 亿美元收入。由于 Airbnb 平台免费向研究者提供民宿数据和顾客评论，为我们收集相关数据提供了便利条件。我们选取澳大利亚悉尼、中国北京、中国香港、中国上海、法国巴黎、泰国曼谷、美国华盛顿、美国旧金山、美国纽约、美国芝加哥、墨西哥、土耳其伊斯坦布尔、西班牙马德里、南非开普敦、新西兰、意大利佛罗伦萨、意大利罗马、意大利米兰、英国伦敦、智利圣地亚哥和荷兰阿姆斯特丹 21 个城市作为研究对象的原因如下。首先，这些城市多为各国首都或国际旅游目的地城市，大量的度假需求会促进民宿的发展和扩张。其次，这些城市作为国际大都市，吸引的游客遍布全球，可以确保顾客和房东的文化多样性，从而降低文化背景对民宿选择的影响。本节数据选取的方法与以往的研究（Falk & Hagsten，2015）相似。

（二）数据处理

本节主要研究 Airbnb 顾客评论中提到的房东亲和力对顾客满意度的影响以及如何调节民宿各属性表现与顾客满意度的关系。我们从 Airbnb 平台下载了 2019 年 12 月至 2020 年 12 月上述 21 个城市的数据，最终共收集了 99 万条数据作为分析目标，同时根据搜索过程中得到的每个房源的 ID，对相应 ID 的顾客评论进行下载和处理。由于本节重点关注的是顾客的评论文本，因此我们通过以下步骤对评论文本进行预处理：（1）删除空白文本字段的列表，（2）删除重复的文本描述，（3）对非英语文本进行检测和删除，（4）删除单词数（不包括标点符号）少于 5 个单词的评论文本。最终，我们筛选出 240 031 条评论，具体的评论数据如表 5-1 所示。

表 5-1　数据获取

序号	城市	国家	区域	最终评论（条）
1	悉尼	澳大利亚	大洋洲	16 433
2	北京	中国	亚洲	2 059
3	上海	中国	亚洲	3 416
4	香港	中国	亚洲	3 797
5	巴黎	法国	欧洲	30 998
6	曼谷	泰国	亚洲	9 716

（续表）

序号	城市	国家	区域	最终评论（条）
7	华盛顿	美国	北美洲	4 639
8	旧金山	美国	北美洲	5 074
9	纽约	美国	北美洲	20 755
10	芝加哥	美国	北美洲	4 373
11	墨西哥	墨西哥	北美洲	10 862
12	伊斯坦布尔	土耳其	欧洲	10 033
13	马德里	西班牙	欧洲	9 546
14	开普敦	南非	非洲	9 867
15	新西兰	新西兰	大洋洲	5 472
16	佛罗伦萨	意大利	欧洲	7 287
17	罗马	意大利	欧洲	14 969
18	米兰	意大利	欧洲	9 857
19	伦敦	英国	欧洲	40 145
20	圣地亚哥	智利	南美洲	4 830
21	阿姆斯特丹	荷兰	欧洲	15 903
合计				240 031

随后，我们将数据集分为两个部分：（1）较小的数据集，用于创建提取房东亲和力的词库，共有 15 903 条评论，样本量大小是根据文本挖掘训练数据集的最小数量为 15 000 条的建议确定的（Bilro，Loureiro & Guerreiro，2018），数据集为随机选取的；（2）较大的数据集，包括剩余的 224 128 条数据，用于提取房东亲和力并进行回归分析。

二、创建房东亲和力词库

本节基于第三章和第四章的研究结论将房东亲和力分为四个因子，建立了一个分类器（即房东亲和力词库）。识别分类器的方法有归纳法和演绎法。归纳法是研究人员利用专业知识对相关的词汇进行分类。鉴于所开发的分类器是特定于所分析的语料库的，采用归纳法可能会得到可靠的结果。最终我们获得了包含 200 多个分类词汇或词组的房东亲和力词库，代表个人魅力、态度友善、组织与分享和服务与帮助四个因子，具体如表 5-2 所示。

表 5-2　房东亲和力词库

因子	词库
个人魅力	manner, manners, gestures, gesture, gentle, decent, personality, optimistic, energetic, humor, humorous, open-minded, generous, generously, generosity, flexibility, flexible, concerned, considerate, attentive, thoughtful, thoughtfulness, intelligent, intelligently, sincerity, sincere, genuine, genuinely, reliable, dependable, trustworthy, gentleman, charming, knowledgeable, adorable, lovely host, lovely hosts
态度友善	warm, heartwarming, welcoming, welcome, welcomed, warm-hearted, enthusiasm, hospitality, hospitable, inclusive, tolerable, compatible, patient, patiently, patience, friendly, friendliest, amicable, polite, courteous, kind, kindness, kindly, kindest, gracious, respectful, friendliness, empathy, compassionate, compassion, like friends, like family, politely, easy host, easy hosts, nice host, nice hosts
组织与分享	invite, invited, organize, organized, organised, organise, well planned, well-planed, introduced us to, introduced me to introduce you to, tour of the neighborhood, tour of the neighborhood, showed the neighborhood, tastes, taste, tastefully, lifestyle, lifestyles, communicate, communicates, communications, communication, communicating, communicated, communicator, communicative, chat, chats, chating, chatted, talk, interacting, interaction, interact, interactions, interacted, easy contact, socialization, socializing, socialized, socialisation, socialising, socialised
服务与帮助	advice, advices, informing, information, knowledge, knowledgeable, informative, suggestions, suggesting, suggests, suggested, plan our itinerary, make an itinerary for us, recommendations, recommended, answer, answering, answer, answered, answering, responded, responsive, reply, replied, quickly, response, responses, responds, responding, professional, efficient, efficiently, availability, available, help, helped, helpful, accommodating, assist, assisted, assistance, solve, solution, solved, solves, caring, cared for, cared about, cares, carefully, free, gift, gifts, remind, reminder, reminded, reminding, encourage, encouraged, encourages, encouraging, supportive, support, supported, unexpected, surprised, surprises, surprising, surprisingly, surprise, serviced, services, questions, immediately, tips, offer, offering, offers, offered, informative, arranged, provide, provided, providing, helping

三、将评论重新组合成文本结构

识别出含有房东亲和力的评论后，我们将这些评论重新组合成文本结构。图 5-2 展示了文本结构是如何创建的。假设一个评论（评论 1）包含 5 个句子：S1、S2、S3、S4 和 S5。例如，这家民宿让我太舒心了！弗兰和她的丈夫非常友好并乐于助人。他们非常欢迎我住在他们家。在入住他们家的第一个晚上，他们邀请我参加他们的晚宴，庆祝中国新年！很高兴认识他们，了解他们的文化和居住环境（"It was fantastic stay! Fran and her husband are very friendly and helpful people. They were really welcome that I stayed their house. In my first evening with them，they invited me to their dinner to celebrate the Chinese New Year! It was very nice to know them，their culture and the places around the city."）。句子 S2 和 S3 包含态度友善因子。在这种情况下，S2 和 S3 将被组合为态度友善的文本结构，若词库中的词汇出现一次，则标注为 1，出现两次，则标注为 2，以此类推。同样，含有房东亲和力的句子被重新组合成四个文本构念，每个文本构念反映四类房东亲和力中的一种。注意，某些句子有不止一种亲和力

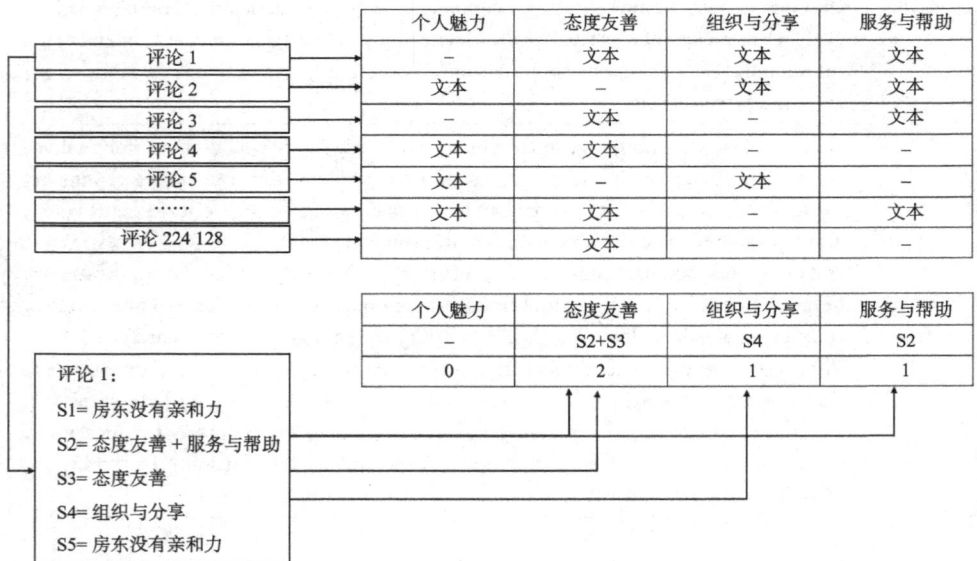

	个人魅力	态度友善	组织与分享	服务与帮助
评论 1	–	文本	文本	文本
评论 2	文本	–	文本	文本
评论 3	–	文本	–	文本
评论 4	文本	文本	–	–
评论 5	文本	–	文本	–
……	文本	文本	–	文本
评论 224 128		文本	–	–

	个人魅力	态度友善	组织与分享	服务与帮助
	–	S2+S3	S4	S2
	0	2	1	1

评论 1：
S1= 房东没有亲和力
S2= 态度友善 + 服务与帮助
S3= 态度友善
S4= 组织与分享
S5= 房东没有亲和力

图 5-2　文本结构的创建

策略，如 "Fran and her husband are very friendly and helpful people" 这样的句子（图 5-2 中的 S2）至少反映在两种文本结构中。此外，并不是所有的评论都有这四种亲和力策略。这和情况被解释为缺乏特定的亲和力策略（图 5-2 中的 S1 和 S5）。不包含四类亲和力策略的任何评论都被标注为 0。每个房东 ID 对应若干顾客评论，我们通过 python 软件将 224 128 条评论的文本进行逐一标注，然后求均值，每条评论都能反映房东的亲和力水平。

基于上述构建的房东亲和力词库，我们进一步探讨房东亲和力对于顾客满意度的影响，以试图解决以下两个问题：房东亲和力是否能够提高顾客满意度？房东亲和力是否可以负向调节民宿各个属性表现与顾客满意度之间的关系？

四、研究变量

（一）因变量和自变量

因变量为每条评论的总评分（记为顾客满意度），取值为 1~100 的整数。自变量为民宿的六个属性（如实描述、干净卫生、入住便捷、沟通顺畅、位置便利和高性价比）表现，取值为 1~10 的整数。

（二）控制变量

本节讲述了三类控制变量，第一类控制变量是关于房源特征信息，即控制了随时间变化的指标，包括房东的注册时间、房间数量、是否有首图描述、是否有个人认证、房间类型（1 为整套房源，2 为独立房间，3 为合住房间）、可容纳人数、床位数量、房间价格、90 天内租出天数、评论反馈数和是否即时预订（梁赛，2018）。第二类控制变量是顾客评论的语言风格。语言风格是指言语内容的表达风格和文本的选词、人称代词、形容词等特征（Toma & Hancock，2012），可以暗示顾客的个性和心理需求。顾客评论的语言风格会从可读性、分析思维和视角选取等方面影响潜在顾客对民宿的满意度。因此，本书从可读性（Goes，Lin & Au Yeung，2014）、分析思维（Pennebaker，Chung & Frazee，2014）和视角选取（Pennebaker，Mehl & Niederhoffer，2003）三个语言特征角度对顾客评论进行进一步分析。第三类控制变量是宏观变量，包括民宿所在城市及所在国家 2020 年的人均 GDP 收入（The World Bank，2020）。

（三）调节变量

我们以顾客评论中提到的房东亲和力作为主要调节变量，将包含房东亲和力的顾客评论的句子重组为四个文本构念，以反映房东亲和力的四个因子，然后从顾客评论得到五个虚拟调节变量，包括房东亲和力及四个因子（i=1，2，3，4，5）。当顾客在评论中提到房东具备亲和力中的任何一个因子时，我们将房东亲和力的因子（i= 2，3，4，5）标注为 1；反之，将其标记为 0。当顾客提到一个或多个房东亲和力因子时，我们将在线房东亲和力（i=1）标记为 1；否则，将其标记为 0。

五、实证模型的建立

为了避免一个模型中多个交互项的掩盖效应和任何潜在的多重共线性效应（Way，Jimmieson & Bordia，2019），我们单独计算了每个属性表现（如实描述、干净卫生、入住便捷、沟通顺畅、位置便利和高性价比）对顾客满意度的影响。

对于所有的属性，变量都是步进式输入，自变量和控制变量在第 1 步输入（模型 1），二重交互项在第 2 步输入（模型 2）。对于后续二重交互项的分析，我们采用了简单斜率分析（Jaccard，Turrisi &Wan，1990）和坡度差异检验（Dawson & Richter，2006）。本章中所有计算和显著的二重交互作用绘图均使用 R 语言软件 4.0.5 操作。

模型 1（对应 H1 和 H2）：本书采用回归方程来解释民宿各属性表现与顾客满意度之间的关系，以及房东亲和力（及其各个因子）与顾客满意度之间的关系。所提出的 OLS 回归模型如式（1）所示。

顾客满意度 $=\beta_0+\beta_1$ 房东亲和力 $_i+\beta_2$ 属性表现 $_i+\beta_3$ 控制变量 $_i$　　　（1）

顾客满意度即代表总体打分，β_0 是常数项系数，β_1 和 β_2 分别是房东亲和力及属性表现的系数。房东亲和力 i 代表的是房东亲和力及其四个因子（当 i 为 0 时，代表总体的亲和力；当 i 为 1、2、3 和 4 时，分别代表个人魅力、态度友善、组织与分享及服务与帮助）。属性表现 i 代表的是民宿的六个属性（i 为 1、2、3、4、5 和 6 时分别代表如实描述、干净卫生、入住便捷、沟通顺畅、位置便利和高性价比）。控制变量 i 代表所有的控制变量，β_3 是控制变量的系数。

模型 2（对应 H3）：为了探讨房东亲和力的调节作用，本章考虑了房东亲和力对各个属性表现与顾客满意度之间关系的调节作用。因此，回归方程如式（2）所示。

$$顾客满意度 =\beta_0+\beta_1 房东亲和力 _i+\beta_2 属性表现 _i+\beta_3 控制变量 _i+$$
$$\beta_4 房东亲和力 _i\times 属性表现 _i　　　（2）$$

其中，房东亲和力 $_i\times$ 属性表现 $_i$ 是二重交互项，β_4 是二重交互项的系数。

第三节　结论分析

一、数据描述

在进行实证分析之前，我们对自变量的正态分布进行了检验。六个自变量的偏度和峰度绝对值均在 3 以上，且六个变量的显著性水平均为 0.00。该结果表明，自变量不是正态分布的，因此传统的线性回归不适合分析数据。我们采用更适合分析非正态分布数据的广义线性回归模型（Biswas，Sengupta & Chatterjee，2020）。主要变量的描述性统计和皮尔逊相关系数如表 5-3 所示。为了避免多重共线性问题，除二元变量外，主要变量均采用 z-scores 进行标准化处理（Liu et al.，2017）。

表 5-3　主要变量的

变量	均值	标准差	最小值	最大值	1	2	3	4	5	6	7	8	9
房东亲和力	0.83	0.38	0.00	1.00									
个人魅力	0.00	1.00	−0.61	29.71	.280**								
态度友善	0.00	1.00	−0.76	19.46	.348**	.107**							
组织与分享	0.00	1.00	−0.25	40.61	.113**	.045**	.110**						
服务与帮助	0.00	1.00	−0.85	17.56	.386**	.130**	.311**	.102**					
可读性	0.00	1.00	−2.00	34.10	.267**	.237**	.286**	.158**	.339**				
分析思维	0.00	1.00	−6.78	0.36	.315**	.086**	.104**	.034**	.117**	.290**			
视角选取	0.00	1.00	−0.87	6.56	.166**	.085**	.150**	.059**	.125**	.167**	.122**		
是否经过身份认证	0.00	1.00	−2.34	0.43	.039**	.023**	−.054**	0.002	0.003	.013**	−.014**	0.001	
房东经营年限	0.00	1.00	−2.94	2.18	−.145**	−.068**	−.099**	−.054**	−.143**	−.188**	−.083**	−.038**	−.098**
可容纳性	0.00	1.00	−1.12	5.97	.013**	0.003	−.122**	−0.002	−.019**	.042**	.010**	−.026**	.071**
客房数量	0.00	1.00	−0.52	49.20	−.007**	.014**	−.071**	.009**	−.013**	.035**	.007**	−.011**	.034**
床位数量	0.00	1.00	−1.20	54.38	0.000	−.012**	−.071**	0.000	−.016**	.023**	0.001	−.022**	.029**
价格	0.00	1.00	−0.12	131.16	−.055**	−.037**	−.042**	−.010**	−.034**	−0.004	0.002	−.043**	−.020**
90 天内租出天数	0.00	1.00	−1.13	1.15	−.028**	−.059**	0.001	−.009**	−.006*	−.019**	−.056**	0.004	−.012**
评论数量	0.00	1.00	−0.60	13.22	.251**	0.000	.031**	.011**	.066**	.057**	.079**	.030**	.082**
顾客满意度	0.00	1.00	−8.56	0.69	.125**	0.003	.115**	.047**	.081**	−.099**	.021**	.042**	.020**
如实描述	0.00	1.00	−8.93	0.44	.139**	.008**	.081**	.034**	.056**	−.078**	.037**	.032**	.031**
干净卫生	0.00	1.00	−7.51	0.59	.119**	−0.004	.089**	.043**	.065**	−.051**	.019**	.036**	.028**
入住便捷	0.00	1.00	−10.30	0.35	.133**	0.004	.097**	.028**	.071**	−.060**	.042**	.033**	.013**
沟通顺畅	0.00	1.00	−10.23	0.34	.138**	0.001	.094**	.030**	.072**	−.088**	.041**	.034**	.019**
位置便利	0.00	1.00	−10.36	0.47	.085**	.012**	.008**	.016**	.006*	−.041**	.033**	.013**	.044**
高性价比	0.00	1.00	−7.95	0.66	.130**	.009**	.121**	.042**	.079**	−.076**	.024**	.039**	.008**
GDP	0.00	1.00	−1.90	1.21	.131**	.125**	.061**	.014**	.025**	.074**	.147**	.041**	.043**

注：*p < 0.05，**p < 0.01。

描述性统计和皮尔逊相关系数

10	11	12	13	14	15	16	17	18	19	20	21	22	23	24
0.000														
−0.001	.741**													
.020**	.771**	.742**												
.023**	.062**	.061**	.081**											
.055**	.009**	−.017**	.027**	.048**										
−.145**	.015**	−.042**	−0.001	−.023**	.072**									
−.043**	−.008**	.010**	−.011**	.008**	−.0?3**	.061**								
−.045**	−.020**	−.012**	−.023**	0.003	−.0-0**	.098**	.764**							
−.016**	−0.002	0.001	−0.005	0.001	.0?7**	.090**	.716**	.626**						
−.063**	−.010**	0.002	−0.004	0.003	−.0?3**	.095**	.628**	.609**	.486**					
−.060**	−.016**	−.009**	−.014**	−0.002	−.0?7**	.088**	.683**	.642**	.502**	.699**				
−.006*	.014**	.017**	0.003	.015**	−.0?8**	.092**	.486**	.470**	.379**	.434**	.442**			
−.021**	−.036**	−.022**	−.027**	−0.002	−.0?8**	.079**	.773**	.695**	.630**	.556**	.599**	.480**		
−.150**	−.032**	−.019**	−.061**	−.154**	−.254**	.026**	−0.001	.013**	−.043**	.014**	.017**	.021**	−.028**	

二、实证结果

（一）房东亲和力对顾客满意度的影响的实证结果分析

1. 民宿房东亲和力对顾客满意度的影响的实证结果分析

假设 H1 预测了房东亲和力（及其四个因子）与顾客满意度之间的正向相关关系，表 5-4 至表 5-8 列示了结果。房东亲和力的所有系数（见表 5-4）均为正且显著，支持假设 H1a。表 5-5 至表 5-8 显示，房东亲和力四个因子的系数一致为正且具有可比性，假设 H1b-1e 得到支持。因此，假设 H1 得到充分支持。本节进一步探讨了房东亲和力及其四个因子对顾客满意度的影响强度差异。在表 5-4 至表 5-8 的模型 1 中，房东亲和力及其四个因子的系数分别为 0.092***、0.005***、0.067***、0.026***、0.054***。在房东亲和力的四个因子中，态度友善对顾客满意度的影响最大，其次是服务与帮助和组织与分享，最后是个人魅力。

2. 房东亲和力对民宿属性表现和顾客满意度之间的关系的调节作用

假设 H2a-2e 预测属性表现（如实描述、干净卫生、入住便捷、沟通顺畅、位置便利和高性价比）与顾客满意度之间的正向关系在房东具有亲和力时减弱。表 5-4 中的模型 2、5、8、11、14 和 17 的实证结果支持了房东亲和力负向调节属性表现与总评分之间关系的预测，假设 H2a 得到了支持。从表 5-5 至表 5-8 中的偶数列模型可以看出，24 个交互项中有 20 个交互项系数显著，房东亲和力的四个因子削弱了属性表现与顾客满意度之间的正向关系。但由于交互项（个人魅力 × 性价比、服务和帮助 × 入住便捷、服务和帮助 × 沟通顺畅）的交互项系数不显著，调节效应未得到证实。因此，实证研究完全支持假设 H2a、假设 H2c、假设 H2d，部分支持假设 H2b、假设 H2e。

房东亲和力及其四个因子对属性表现与总评分之间的调节作用存在差异。以因变量为如实描述的模型为例，二重交互项的系数分别为 –0.093***、

–0.003***、–0.022***、–0.010***、–0.010***。这些结果表明，在房东亲和力的四个因子中，表现出态度友善的负向调节作用最大，其次是服务与帮助、组织与分享和个人魅力。

图 5-3 展示了房东亲和力的调节作用（房东有亲和力或没有亲和力）。其中，属性表现在横坐标上，顾客满意度在纵坐标上。实（虚）线表示当房东具有（不具有）亲和力及其四个因子时，总评分随属性表现的变化情况。从图 5-3 中可以看出，如果房东不具有亲和力（虚线），则斜率更陡，而如果房东具有亲和力（实线），则斜率更平。

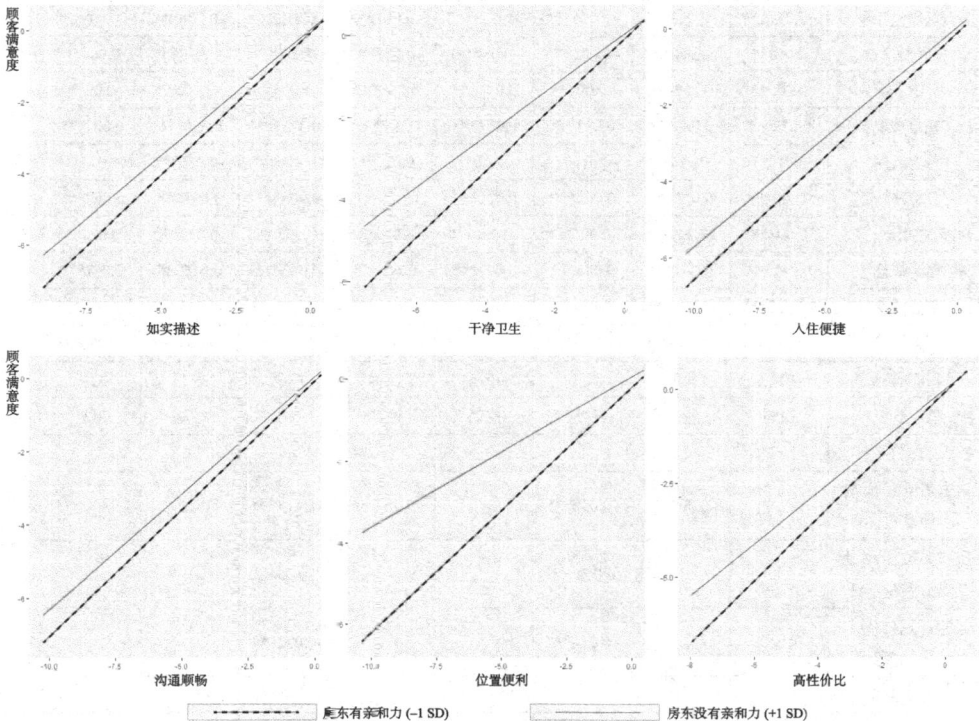

图 5-3　房东亲和力对属性表现与顾客满意度间的调节作用

此外，房东亲和力各因子对属性表现与顾客满意度间的调节作用如图 5-4 所示。图 5-4 中的结果表明，当房东有亲和力时，属性表现与评分之间的正向关系显著减弱；而当房东无亲和力时，这种关系显著增强。

表 5-4　房东亲和力对属性表现

变量	因变量							
	如实描述			干净卫生			入住便捷	
	模型 1	模型 2	模型 3	模型 4	模型 5	模型 6	模型 7	模型 8
常数项	−0.033***	−0.018***	−0.018***	−0.141***	−0.112***	−0.018***	−0.067***	−0.057***
因变量								
属性表现ᵢ	0.751***	0.799***	0.795***	0.700***	0.805***	0.799***	0.610***	0.646***
调节变量								
房东亲和力	0.092***	0.080***	0.080***	0.147***	0.122***	0.080***	0.164***	0.155***
是否经过身份认证	−0.003**	−0.003**	−0.006	−0.001	−0.002	−0.003**	0.012***	0.012***
控制变量								
GDP	−.000***	0.000***	0.000***	0.000***	0.000***	0.000***	0.000***	0.000***
房东经营年限	−0.014***	−0.013***	−0.014***	−0.033***	−0.031***	−0.013***	−0.006***	−0.007***
可读性	−0.050***	−0.052***	−0.052***	−0.084***	−0.088***	−0.052***	−0.079***	−0.081***
分析思维	−0.005***	−0.004**	−0.004**	0.006***	0.008***	−0.004**	−0.005***	−0.005**
视角选取	0.022***	0.023***	0.023***	0.022***	0.024***	0.023***	0.028***	0.029***
可容纳性	−0.014***	−0.016***	−0.016***	−0.020***	−0.022***	−0.016***	−0.016***	−0.017***
价格	0.005***	0.005***	0.005***	0.014***	0.014***	0.005***	0.007***	0.007***
90 天内租出天数	−0.004***	−0.005***	−0.005***	−0.036***	−0.036***	−0.005***	−0.027***	−0.027***
客房数量	0.041***	0.043***	0.043***	0.044***	0.046***	0.043***	0.046***	0.047***
床位数量	−0.017***	−0.017***	−0.017***	−0.025***	−0.025***	−0.017***	−0.035***	−0.035***
评论数量	−0.021***	−0.018***	−0.018***	−0.015***	−0.010***	−0.018***	−0.008***	−0.006***
房间类型	控制	控制	控制	控制	控制	控制	控制	控制
情感分析	控制	控制	控制	控制	控制	控制	控制	控制
二重交互项								
房东亲和力 × 属性表现ᵢ		−0.093***	−0.090***		−0.182***	−0.177***		−0.072***
房东亲和力 × 是否经过身份认证			0.002***			0.000		
是否经过身份认证 × 属性表现ᵢ			−0.014***			−0.022***		
三重交互项								
属性表现ᵢ × 房东亲和力 × 是否经过身份认证			0.005*			0.008***		
VIF 最大值	3.011	3.011	5.399	3.010	3.010	5.357	3.010	3.010
R-sq	0.590	0.592	0.593	0.527	0.535	0.535	0.406	0.407
AIC	299 374	298 573	298 512	322 235	319 594	319 449	357 135	356 808

注：*p<0.10，**p<0.05，***p<0.01。

与顾客满意度间的调节作用

	沟通顺畅				位置便利			高性价比		
	模型 9	模型 10	模型 11	模型 12	模型 13	模型 14	模型 15	模型 16	模型 17	模型 18
	−0.055***	−0.041***	−0.032***	−0.030***	−0.139***	−0.116***	−0.113***	−0.105***	−0.080**	−0.079***
	0.637***	0.667***	0.699***	0.694***	0.466***	0.602***	0.593***	0.759***	0.841***	0.835***
	0.155***	0.120***	0.112***	0.111***	0.281***	0.257***	0.256***	0.091***	0.072*	0.072***
	0.022***	0.009***	0.008***	0.020***	−0.004*	−0.004*	0.000**	0.010***	0.009***	0.007**
	0.000***	0.000***	0.000***	0.000***	0.000***	0.000***	0.000***	0.000***	0.000***	0.000***
	−0.007***	−0.002	−0.003	−0.003	−0.041***	−0.038***	−0.038***	−0.027***	−0.026***	−0.026***
	−0.081***	−0.052***	−0.054***	−0.054***	−0.116***	−0.118***	−0.117***	−0.059***	−0.061***	−0.061***
	−0.005**	−0.008***	−0.007***	−0.007***	−0.002	−0.003	−0.003	0.001	0.003*	0.003
	0.028***	0.023***	0.024***	0.024***	0.039***	0.040***	0.040***	0.017***	0.019***	0.019***
	−0.018***	−0.019***	−0.020***	−0.021***	−0.045***	−0.045***	−0.045***	0.011***	0.007***	0.007***
	0.007***	0.009***	0.009***	0.009***	0.004	0.004*	0.004	0.013***	0.012***	0.013***
	−0.027***	−0.011***	−0.012***	−0.012***	−0.026***	−0.025***	−0.026***	0.003*	0.002	0.001
	0.048***	0.051***	0.051***	0.052***	0.053***	0.056***	0.056***	0.038***	0.040***	0.041***
	−0.035***	−0.029***	−0.028***	−0.028***	−0.022***	−0.023***	−0.023***	−0.027***	−0.026***	−0.026***
	−0.005***	−0.006***	−0.004**	−0.004**	−0.007***	0.000	0.001	−0.012***	−0.008***	−0.008***
	控制	控制	控制	控制	控制	控制	控制	控制	控制	控制
	控制	控制	控制	控制	控制	控制	控制	控制	控制	控制
	−0.064***		−0.064***	−0.060***		−0.234***	−0.227***		−0.151***	−0.147***
	−0.014***			−0.015***			−0.007**			0.002
	−0.034***			−0.016***			−0.028***			−0.024***
	0.014***			−0.001			0.012***			0.006**
	5.312	3.010	3.010	5.342	3.011	3.011	5.233	3.010	3.010	5.268
	0.408	0.473	0.474	0.474	0.267	0.280	0.281	0.598	0.604	0.604
	356 508	338 492	338 200	338 078	390 930	388 063	387 918	295878	293 706	293 486

表 5-5 房东亲和力（个人魅力）对属性表现与满意度的调节作用

变量	因变量																	
	如实描述			干净卫生			入住便捷			沟通顺畅			位置便利			高性价比		
	模型 1	模型 2	模型 3	模型 4	模型 5	模型 6	模型 7	模型 8	模型 9	模型 10	模型 11	模型 12	模型 13	模型 14	模型 15	模型 16	模型 17	模型 18
常数项	0.039***	0.039***	0.040***	-0.026***	-0.026***	-0.024***	0.062***	0.062***	0.063***	0.054***	0.053***	0.055***	0.081***	0.080***	0.083***	-0.035***	-0.035***	-0.033***
因变量 属性表现$_i$	0.755***	0.755***	0.752***	0.706***	0.706***	0.702***	0.617***	0.617***	0.612***	0.673***	0.673***	0.669***	0.472***	0.471***	0.465***	0.763***	0.763***	0.759***
调节变量 个人魅力$_i$	0.005***	0.004***	0.004***	0.016***	0.014***	0.014***	0.013***	0.012***	0.012***	0.012***	0.010***	0.010***	0.014***	0.012***	0.012***	0.010***	0.010***	0.010***
是否经过身份认证$_i$	-0.003*	-0.003	-0.004**	-0.001	-0.001	-0.002	0.013***	0.013***	0.012***	0.009***	0.009***	0.009***	-0.003	-0.003	-0.006*	0.010***	0.010***	0.010***
二重交互项																		
个人魅力$_i$ × 属性表现$_i$	-0.003***	-0.003***	-0.002**	-0.008***	-0.008***	-0.008***	-0.002**	-0.002**	-0.002	-0.006***	-0.006***	-0.005***	-0.009***	-0.009***	-0.008***	0.000	0.000	0.001
个人魅力$_i$ × 是否经过身份认证$_i$		-0.002	-0.002		-0.003**	-0.003**		-0.003	-0.003		0.001	0.001		-0.005**	-0.005**		-0.002	-0.002
是否经过身份认证$_i$ × 属性表现$_i$			-0.014***			-0.023***			-0.031***			-0.019***			-0.032***			-0.026***
三重交互项																		
个人魅力$_i$ × 属性表现$_i$ × 是否经过身份认证$_i$			0.001			0.001			0.003***			0.003***			0.001			0.001
控制变量	是	是	是	是	是	是	是	是	是	是	是	是	是	是	是	是	是	是
VIF 最大值	3.011	3.011	3.012	3.011	3.011	3.011	3.011	3.011	3.011	3.011	3.011	3.011	3.012	3.012	3.012	3.011	3.011	3.011
R-sq	0.589 33	0.589 35	0.589 68	0.524 58	0.524 73	0.525 52	0.402 99	0.403 01	0.404 35	0.471 29	0.471 42	0.471 98	0.258 67	0.258 83	0.260 27	0.597 40	0.597 40	0.598 30
AIC	299 737	299 731	299 629	322 970	322 921	322 689	357 901	357 898	357 571	338 938	338 903	338 756	392 821	392 789	392 507	296 249	296 251	295 919

注：*p<0.10，**p<0.05，***p<0.01。

表 5-6　房东亲和力（态度友善）对属性表现与满意度的调节作用

变量	因变量																	
	如实描述			干净卫生			入住便捷			沟通顺畅			位置便利			高性价比		
	模型 1	模型 2	模型 3	模型 4	模型 5	模型 6	模型 7	模型 8	模型 9	模型 10	模型 11	模型 12	模型 13	模型 14	模型 15	模型 16	模型 17	模型 18
常数项	0.043***	0.044***	0.046***	-0.024***	-0.021***	-0.018***	0.064***	0.064***	0.066***	0.0552***	0.056***	0.058***	0.086***	0.085***	0.088***	-0.032***	-0.029***	-0.026***
因变量																		
属性表现$_i$	0.749***	0.743***	0.740***	0.699***	0.692***	0.687***	0.609***	0.607***	0.602***	0.666***	0.664***	0.660***	0.470***	0.464***	0.458***	0.758***	0.750***	0.746***
调节变量																		
态度友善	0.067***	0.068***	0.069***	0.070***	0.071***	0.073***	0.074***	0.074***	0.076***	0.063***	0.064***	0.065***	0.133***	0.130***	0.132***	0.037***	0.041***	0.042***
是否经过自身份认证$_i$	0.001	0.001*	-0.001	0.003***	0.003***	0.001**	0.017***	0.017***	0.016***	0.013***	0.013***	0.011***	0.004***	0.005***	0.000	0.012***	0.012***	0.012***
二重交互项																		
态度友善 × 属性表现$_i$		-0.022***	-0.022***		-0.040***	-0.042***		-0.005***	-0.005***		-0.004***	-0.005***		-0.044***	-0.043***		-0.033***	-0.033***
态度友善 × 是否经过自身份认证$_i$		0.010***	0.010***		0.010***	0.010***		0.007***	0.007***		0.006***	0.006***		0.014***	0.014***		0.006***	0.006***
是否经过自身份认证$_i$ × 属性表现$_i$		-0.015***	-0.015***		-0.026***	-0.026***		-0.005***	-0.031***		-0.021***	-0.021***		-0.031***	-0.031***		-0.027***	-0.027***
三重交互项																		
态度友善 × 属性表现$_i$ × 是否经过自身份认证$_i$			0.002*			-0.002			0.002*			0.000			0.007***			0.001
控制变量	是	是	是	是	是	是	是	是	是	是	是	是	是	是	是	是	是	是
VIF 最大值	3.013	3.013	3.013	3.012	3.012	3.013	0.332	3.012	3.012	3.012	3.012	3.022	3.013	3.013	3.013	3.012	3.012	3.013
R-sq	0.593 18	0.593 86	0.594 30	0.528 43	0.530 64	0.531 58	0.407 72	0.407 76	0.409 16	0.474 72	0.474 74	0.475 35	0.273 73	0.276 67	0.278 33	0.598 62	0.600 07	0.601 04
AIC	298 178	297 916	297 758	321 587	320 852	320 620	356 629	356 620	356 269	337 889	337 884	337 717	389 396	388 762	388 411	295 763	295 194	294 827

注：*p<0.10，**p<0.05，***p<0.01。

表 5-7 房东亲和力（组织与分享）对属性表现与满意度的调节作用

变量	如实描述			干净卫生			入住便捷			沟通顺畅			位置便利			高性价比		
	模型 1	模型 2	模型 3	模型 4	模型 5	模型 6	模型 7	模型 8	模型 9	模型 10	模型 11	模型 12	模型 13	模型 14	模型 15	模型 16	模型 17	模型 18
常数项	0.038***	0.038***	0.040***	-0.029***	-0.029***	0.027***	0.059***	0.059***	0.061***	0.051***	0.051***	0.053***	0.077***	0.077***	0.080***	-0.035***	-0.035***	-0.032***
因变量																		
属性表现$_i$	0.754***	0.753***	0.750***	0.705***	0.704***	0.700***	0.616***	0.615***	0.610***	0.671***	0.671***	0.667***	0.471***	0.470***	0.464***	0.761***	0.761***	0.757***
调节变量																		
组织与分享	0.026***	0.026***	0.027***	0.023***	0.024***	0.024***	0.039***	0.039***	0.039***	0.032***	0.032***	0.032***	0.049***	0.049***	0.049***	0.020***	0.022***	0.022***
是否经过身份认证$_i$	-0.003*	-0.003	-0.004	-0.001	-0.001	-0.002	0.013***	0.013***	0.013***	0.009***	0.009***	0.009***	-0.003	-0.003	-0.005	0.010***	0.010***	0.010***
二重交互项																		
组织与分享$_i$ × 属性表现$_i$	-0.010***	-0.010***	-0.010***		-0.011***	-0.010***		-0.010***	-0.009***		-0.008***	-0.007***		-0.012***	-0.011***		-0.011***	-0.010***
组织与分享$_i$ × 是否经过身份认证$_i$			0.003**			0.002			0.003			0.003*			0.004**			0.003**
是否经过身份认证$_i$ × 属性表现$_i$			-0.014***			-0.023***			-0.031***			-0.019***			-0.031***			-0.025***
三重交互项																		
组织与分享$_i$ × 属性表现$_i$ × 是否经过身份认证$_i$			0.003**			0.005***			-0.002			0.005***			0.005**			0.005***
控制变量	是	是	是	是	是	是	是	是	是	是	是	是	是	是	是	是	是	是
VIF 最大值	3.011	3.011	3.011	3.010	3.010	3.010	3.010	3.010	3.010	3.010	3.010	3.010	3.011	3.011	3.011	0.332	3.010	3.010
R-sq	0.590 02	0.590 19	0.590 52	0.524 90	0.525 05	0.525 90	0.404 38	0.404 54	0.405 85	0.472 21	0.472 30	0.472 89	0.260 94	0.261 11	0.262 56	0.597 81	0.597 95	0.598 87
AIC	299 477	299 417	299 311	322 871	322 822	322 575	357 538	357 500	357 181	338 668	338 648	338 491	392 349	392 312	392 027	296 089	296 039	295 697

注：*p<0.10，**p<0.05，***p<0.01。

表 5-8　房东亲和力（服务与帮助）对属性表现与满意度的调节作用

变量	因变量																	
	如实描述			干净卫生			入住便捷			沟通顺畅			位置便利			高性价比		
	模型1	模型2	模型3	模型4	模型5	模型6	模型7	模型8	模型9	模型10	模型11	模型12	模型13	模型14	模型15	模型16	模型17	模型18
常数项	0.036***	0.036***	0.037***	-0.031***	-0.030***	-0.028***	0.056***	0.056***	0.058***	0.049***	0.049***	0.050***	0.072***	0.071***	0.074***	-0.036***	-0.035***	-0.033***
因变量 属性表现$_i$	0.751***	0.749***	0.746***	0.702***	0.698***	0.692***	0.612***	0.612***	0.607***	0.669***	0.669***	0.666***	0.471***	0.468***	0.463	0.759***	0.756***	0.752***
调节变量 服务与帮助	0.054***	0.053***	0.054***	0.056***	0.056***	0.054***	0.059***	0.059***	0.059***	0.045***	0.045***	0.045***	0.105***	0.103***	0.103***	0.035***	0.036***	0.036***
卑苯经过身份认证	0.000	-0.002	-0.003	0.000	0.000	0.002	0.014***	0.014***	0.013***	0.010***	0.010***	0.009***	-0.002	-0.002	-0.004	0.011***	0.011***	0.010***
二重交互项 服务与帮助 × 属性表现$_i$		-0.010***	-0.010***		-0.025***	-0.024***		-0.001	0.000		-0.001	0.002*		-0.024***	-0.023***		-0.017***	-0.016***
服务与帮助 × 是否经过身份认证			0.005***			0.002			0.000			0.000			0.004***			0.003**
是否经过身份认证 × 属性表现$_i$		-0.014***	-0.014***		-0.024***	-0.024***		-0.030***	-0.030***		-0.019***	-0.019***		-0.031***	-0.031***		-0.025***	-0.025***
三重交互项 服务与帮助 × 属性表现$_i$ × 是否经过身份认证			0.001			0.001			0.007***			0.004***			0.004***			0.003***
控制变量	是	是	是	是	是	是	是	是	是	是	是	是	是	是	是	是	是	是
VIF最大值	3.011	3.011	3.011	3.010	3.010	3.010	3.010	3.010	3.010	3.010	3.010	3.010	3.011	3.011	3.011	3.010	3.010	3.010
R-sq	0.591 79	0.591 98	0.592 31	0.526 99	0.527 90	0.528 68	0.405 91	0.405 91	0.407 37	0.472 94	0.472 95	0.473 56	0.267 88	0.268 96	0.270 37	0.598 49	0.598 94	0.599 85
AIC	298 747	298 679	298 570	322 111	321 812	321 580	357 119	357 120	356 758	338 433	338 434	338 269	390 743	390 517	390 233	295 814	295 641	295 301

注：*p<0.10，**p<0.05，***p<0.01。

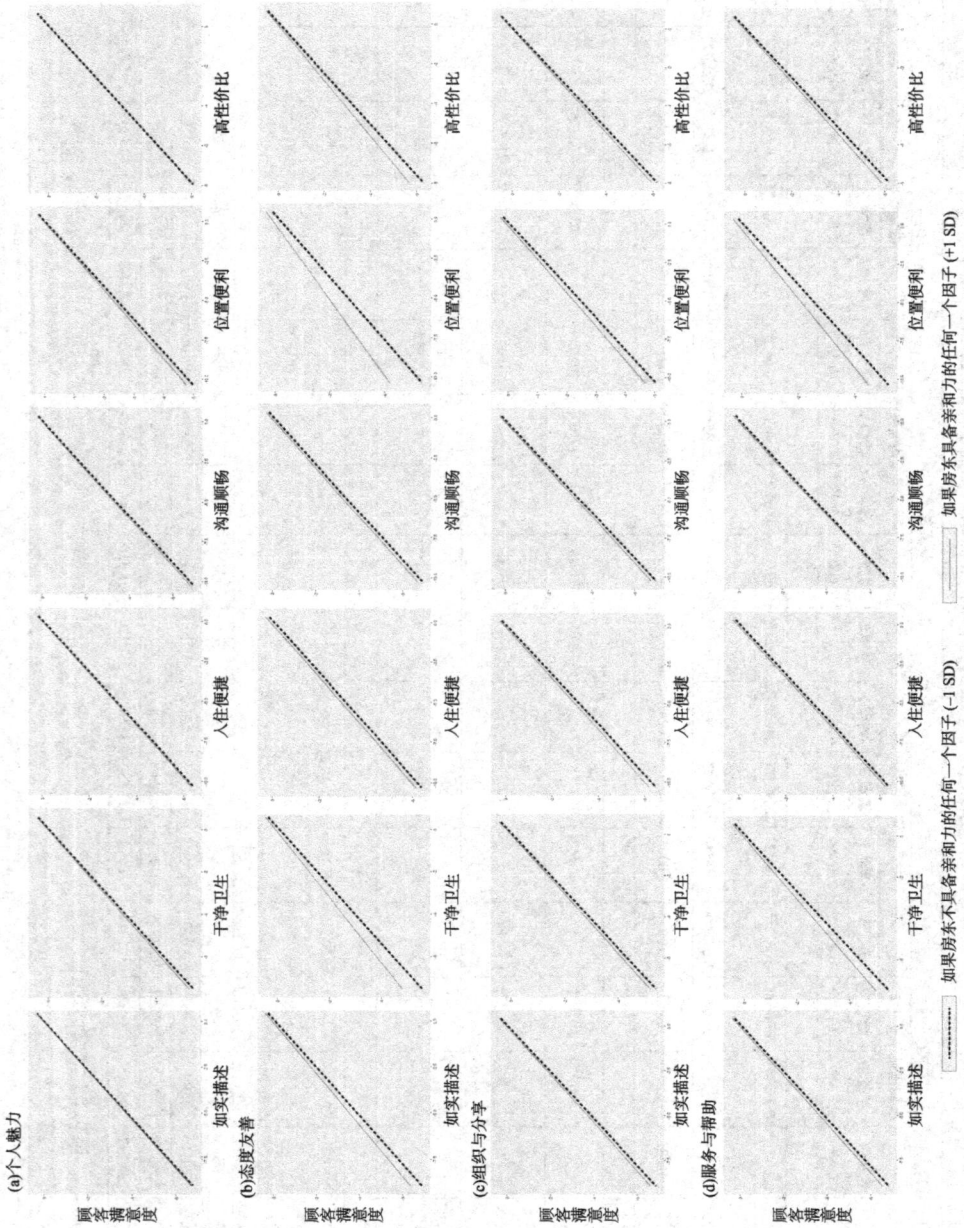

图 5-4　房东亲和力各因子对属性表现与顾客满意度间的调节作用

第四节　本章小结

本章从 Airbnb 网站获取了来自 21 个国际旅游城市的 224 128 条评论数据，并进行了层次多元回归分析。由于以往的研究大多采用定性的方法来研究房东的亲和力，限制了研究结果的通用性。因此，本章进一步验证了第四章使用结构方程模型验证的房东亲和力与顾客满意度之间的关系。本章基于大数据分析，为研究民宿房东亲和力对顾客满意度的积极影响提供了强有力的实证证据。同时本章提供了确凿的证据来证明房东亲和力负向调节了属性表现与顾客满意度之间的关系。对于属性表现评价较低的民宿，当房东有亲和力时，顾客可能会降低他们对属性表现的要求。相比之下，对于属性表现评分较高的民宿，房东亲和力对于提高顾客满意度所起的作用不大。此外，如果房东倾向于表现出友好的态度，即使属性评分较低，也能获得较高的顾客满意度。

第六章

房东自述和顾客评论中的房东亲和力对评论数量影响的对比研究 ①

① 本章部分成果已发表在旅游管理（*Tourism Management*）期刊中，题目为"民宿共享平台中线上房东亲和力及其对在线评论数量的影响"（*Hosts' online affinities and their impacts on the number of online reviews on peer-to-peer platforms* ）。

　　随着网络购物的兴起，在线评论已成为潜在顾客从以往顾客那里了解各种产品和服务的重要信息来源（Burtch Hong, Bapna & Griskevicius, 2018）。在线评论的数量反映了之前顾客的接受程度和产品的受欢迎程度（Ba, Jin, Li & Lu, 2020），是提高潜在顾客购买意愿的关键因素（Watson, Ghosh & Trusov, 2018）。在民宿共享平台中，大量研究表明，宏观经济环境、网站设计特征、房东的服务质量属性、民宿属性、价格、历史评论、星级评定和小额经济激励是影响评论数量的主要因素（Xie & Mao, 2017; Burtch et al., 2018; Biswas, Sengupta & Chatterjee, 2020; Chen & Bi, 2022）。然而，房东亲和力与评论数量之间的关系尚未得到探索。

　　在线下，房东经常通过展示个人魅力、表达热情的态度、提供社交环境和为顾客提供个性化服务等方式来留住顾客（Qiu et al., 2021）。在线上，房东可以通过撰写高质量的自我描述、鼓励顾客留下正面评价、积极回应顾客的要求和解决问题来展示他们的态度、行为和特征（Cheng, Fu, Sun, Bilgihan & Okumus, 2019）。尽管线上房东亲和力对于民宿的发展来说很重要，但仍有一些空白需要填补。

　　了解顾客评论和房东自述中呈现的在线房东亲和力与评论数量的关系，对于民宿获得竞争优势至关重要。本书第三、第四和第五章只关注房东亲和力对顾客情绪、行为和满意度的影响（Qiu et al., 2021 年）。但是，目前没有文献通过阅读顾客评论和房东自述来探索在线房东亲和力与评论数量之间的关系。因此，本章第一个目标是基于顾客评论和房东自述构建在线房东亲和力的分类模型，并从主客双视角探讨其与评论数量的关系。

　　顾客对特定属性的评级打分，可以反映民宿特定属性（例如，如实描述、入住便捷、位置便利）的评价（Liu, Teichert & Rossi, 2017; Leoni, 2020），这对于促进顾客的决策至关重要。虽然有研究表明，属性表现对在线评论数量有正向影响（Chen & Bi, 2022），但是基于依恋理论（Ren, Harper, Drenner, Terveen & Kraut, 2012），房东的亲和力可以对属性表现和顾客满意度间的关系起到负向调节的作用。然而，现有文献尚未揭示房东亲和力、属性评分和评论数量之间的关系。因此，本章的第二个目标是探索房东亲和力对属性表现与评论数量间关系的调节作用。

民宿房间数量是衡量房东服务质量的重要因素。民宿房源越多，房东与每位顾客交流互动的时间越少，顾客对房东的服务质量的期望就越低。陈东芝和毕建武（2022）提出，在民宿共享平台中，民宿房间数量会负向调节属性表现与评论数量之间的关系。尽管如此，学者们尚未关注如何整合房东亲和力、属性表现和房东服务质量及其相互作用，以提高在线评论数量。因此，本章的第三个目标是考察房东亲和力对于属性表现与民宿房间数量、评论数量关系的调节作用。

为了实现上述三个目标，我们从 Airbnb 内部网站收集了 36 个城市的 104.6 万条顾客评论和 114 310 条房东自述，构建了在线房东亲和力的文本分析框架，比较了顾客评论和房东自述中提到的在线房东亲和力对评论数量的影响，以及其对属性表现与民宿房间数量、评论数量关系的调节作用。

首先，我们从 Airbnb 平台重新收集了 2009—2022 年 36 个国际城市的房源数据，根据房东自述和顾客评论分别构建了两个房东亲和力词库，并进行文本挖掘。我们还以符号互动主义理论为基础（Blumer，1937），将顾客评论和房东自述中提到的房东亲和力及其四个因子对评论数量的影响进行了比较。研究结果表明，与房东自述相比，顾客评论中提到的房东亲和力更有可能增加评论数量。也就是说，房东与其说夸自己有亲和力，不如用实际行动打动顾客，让顾客来称赞自己有亲和力。

其次，我们比较了房东自述和顾客评论中房东亲和力对属性表现和评论数量之间关系的调节作用。根据依恋理论（Oberecker et al.，2008），房东亲和力可以降低顾客对属性表现的要求，提高顾客的整体满意度。房东亲和力正向调节了属性表现和评论数量之间的关系，这意味着房东亲和力会提高顾客对民宿各个属性的要求，这一结论与第五章的结论完全相反。本章的研究结论与基于正义的理论一致（Grégoire & Fisher，2008）。也就是说，对于卫生条件较差或隔音条件较差但房东有亲和力的民宿来说，顾客倾向于给出较高的综合评分，但以后可能不再考虑该民宿或者对其提高要求。

最后，我们探讨了房东亲和力、房间数量、属性表现对评论数量的三重交互作用。房间数量已被学者们普遍认为是影响房东服务质量的重要因素（Xie & Mao，2017；Chen & Bi，2022），本章探讨了当顾客面对多种信息（如房东亲和力、子评分和房东的服务质量）时的决策过程。研究结论非常有趣，如果一个房东同时经营多家民宿，历史评论中所提到的房东亲和力可能让顾客体会到房东经营不易，从而促进销量；而房东自述所表现出的亲和力却表现出相反的作用。也就是说，房东在自述中的过度表述会引起顾客的抵触和反感，反而会减少评论数量。本章的结论为拥有多个或单个房源的房东如何展示他们的亲和力提供了科学依据。

第一节　理论基础及研究假设

一、研究假设

（一）房东亲和力对评论数量的影响

本章将"线上房东亲和力"定义为房东与顾客在线上建立亲密关系并吸引顾客的综合能力。房东可以通过鼓励顾客留下与房东亲和力相关的正面评价（Cheng，Fu，Sun，Bilgihan & Okumus，2019），并撰写高质量的自述来吸引顾客（Tussyadiah，2016）。因此，本章基于顾客评论和房东自述两种网络文本分析线上房东亲和力的特征。

积极的顾客评论会让潜在顾客对民宿产品或服务产生积极的预期，并对房东产生信任（Biswas，Sengupta & Chatterjee，2020）。此外，现有研究还发现，房东自述可以提供更详细的房东信息（Tussyadiah，2016），降低潜在顾客的不确定性（Cheng，Fu & Sun et al.，2019），影响顾客对房东的好感度和信任度（Zhang，Yan & Zhang，2018）。因此，房东通常会提供良好的、高质量的自述，以促进顾客做出预订决策，提高房源的受欢迎程度（Tussyadiah & Park，2018；Garcí，Muoz-Gallego & Viglia et al.，2020）。

结合现有研究发现，本章提出了一个合理的假设，即当顾客和房东在网络文本中提到房东具有亲和力时，如展现个人魅力、表现出友好的态度，组织旅行活动，分享日常用品，以及提供服务与帮助，那么该民宿的评论数量可能会增加，订单量可能会增多。因此，我们提出以下假设。

假设 H1：房东亲和力及其四个因子与评论数量有正相关关系。

基于符号互动理论（Blumer，1937），我们将文本互动符号分为两类，即反映评价符号和自我评价符号。来自他人的反映评价为个体对自己的认知奠定了基础（Walters，2016），并且可能比自我评价更能影响他人的行为反应，因为前者通常是客观的，具有特定的解释成分（Newman，Howlett & Burton，2016）。因此，顾客评论中对房东的评价可以被看作是反映评价，它代表了以往顾客对房东的评价信息。房东自述可以被看作是房东的自我评价（Matsueda，1992），这是房东为了向顾客展示自己的特点和信息而写的自我观点。

现有研究表明，基于顾客体验的在线评论可能比房东自述更加可信。正如一些学者提出的，顾客不需要撒谎，只有房东优质、热情的服务才能打动并鼓励他们写出高质量的评论（Sun，Liu &Zhu et al，2019）。相比之下，房东自述的真实性则有待商榷。因此，我们又提出以下假设。

假设 H2：顾客评论中的房东亲和力及其四个因子比房东自述中的房东亲和力及其四个因子更能促进在线评论数量的增加。

（二）房东亲和力、属性表现与在线评论数量

房东通过展现亲和力，可以吸引顾客，这可能是大多数房东的共识。然而，在民宿实际经营中，事情并不像看起来那么简单。民宿共享平台上的信息多而

复杂。在浏览平台信息时，顾客不仅可以从网络文本中感受到房东亲和力，还可以从各种信息中了解房东及其房源的各种属性（例如，如实描述、位置便利、沟通顺畅等）的子评分，这些属性表现与房东亲和力会共同影响顾客的决策。

已有研究发现，在线属性表现（例如，如实描述、沟通顺畅、位置便利等）可以反映共享民宿平台中顾客对民宿各种属性的评价（Gao，Li & Liu et al.，2018；Bi，Liu & Fan et al.，2020）。在酒店和民宿中，每个属性的评分对销量的影响代表了每个属性在顾客实际预订决策过程中的重要性。以往的研究证明，属性表现对评论数量有正向影响（Chen & Bi，2022）。然而，关于线上房东亲和力如何调节属性表现对评论数量的影响，尚无实证研究证实。

根据期望 – 失验理论（Oliver，1980）和基于正义理论（Grégoire & Fisher，2008），当产品或服务高于自己的预期时，顾客更有可能感到满意（Pizam & Milman，1993）。当服务提供者提供的服务质量较差时，顾客可能会感到被背叛，他们的不公平感会增强（Trump，2014）。他们甚至可能想要惩罚房东（Grégoire & Fisher，2008；Kang，Slaten & Choi，2021）。因此，在民宿共享平台中，当属性表现水平越高，而且顾客或房东提到房东具有亲和力时，潜在顾客对房东和民宿的期望可能就越高。然而，当顾客评分较低时，如果房东在自述中描述自己非常友好，或者引导顾客在评论中描述自己的亲和力，那么这些过度的描述可能会使顾客感到被房东欺骗或背叛，从而降低预订房东民宿的意愿（Grégoire & Fisher，2008）。我们有理由推测，当线上文本内容（顾客评论或房东自述）提到房东具有亲和力时，可能会正向影响属性表现与评论数量之间的联系。

然而，根据情感依恋理论，相反的论点也可能是有效的。具有亲和力的房东可能会为顾客提供真实的体验和额外的情感价值（Scerri & Presbury，2020）。因此，为了说服自己选择这些民宿，加强与房东的联系，顾客可能会对民宿的服务质量表现出高度的信任，降低对民宿属性的要求。换句话说，房东亲和力可能会负向调节属性表现与评论数量之间的关系，正如第五章提出的假设 H2一样。因此，我们需要检验以下两个相关的对立假设。

假设 H3：房东亲和力及其四个因子正向调节属性表现（如实描述、干净卫生、入住便捷、沟通顺畅、位置便利和高性价比）与评论数量之间的关系。当房东（3a）具有亲和力、（3b）表现出个人魅力、（3c）态度友善、（3d）组织与分享活动、（3e）提供服务与帮助时，其对评论数量的正向影响会进一步增强。

假设 H4：（相对于 H3）房东亲和力及其四个因子负向调节属性表现与评论数量之间的关系。当房东（4a）具有亲和力、（4b）表现出个人魅力、（4c）态度友善、（4d）组织与分享活动、（4e）提供服务与帮助时，其对评论数量的正向影响会进一步减弱。

此外，基于符号互动理论，顾客评论为房东自述奠定了基础（Walters，2016）。与房东自述相比，顾客评论可能对属性表现与评论数量之间的正相关关系有更强的调节作用，因为前者更加客观，具有特定的解释成分（Newman，Howlett & Burton，2016）。由此，我们又提出如下假设。

假设 H5：与房东自述中的亲和力及其四个因子相比，顾客评论中提到的房东亲和力及其四个因子对属性表现与评论数量之间正向关系的调节作用更强。

（三）房东亲和力、房间数量、属性表现与评论数量

最近，越来越多的民宿房源由"专业人士"管理，如房地产公司。当房东拥有多个或单个房源时，线上房东亲和力、属性表现与评论数量的关系是否发生变化尚未可知。因此，本章进一步探讨了房东亲和力、属性表现、房间数量与评论数量之间的关系。首先，探索拥有多个或单个房源的房东如何展现亲和力，这有助于房东设计自述并引导顾客撰写评论。其次，通过探讨三重交互作用，我们可以确定评论数量是否与房东亲和力、房间数量和属性表现有关，也能够确定当房东拥有的房间数量不同时，是否在重复先前关于房东亲和力的工作。

基于资源稀缺理论（Hussain & Windsperger，2010），房东提供服务的质量和数量之间可能存在反比关系。多个房源肯定会增加民宿的订单量。然而，由于资源有限，多套房源可能会削弱房东对每套房源所能提供的服务质量，这可能会给未来的销售带来下行压力（Xie & Mao，2017）。已有研究提出，民宿房

间数量和属性表现对评论数量具有显著的负向交互作用（Chen & Bi，2022）。因此，顾客可能会降低对拥有多个房源的房东的服务质量要求。

　　根据情感依恋理论（Orth，Limon & Rose，2010），具有亲和力的房东可能会令顾客对他们产生情感依恋和信任（Scerri & Presbury，2020）。当遇到拥有多个房源而且具有亲和力的房东时，顾客可能会更具有包容性，因为大多数顾客都明白，拥有多个房源的房东的时间和精力有限，无法为每位顾客提供周全的服务（Chen & Bi，2022）。即使服务质量低于预期，顾客也可以选择理解和支持房东。换言之，当顾客评论和房东自述中提到拥有多个房源的房东也具有亲和力时，顾客可能会降低对民宿属性的要求。因此，当顾客感受到拥有多个房源的房东的亲和力时，房间数量对属性表现和评论数量之间关系的负面调节作用可能会加强。

　　然而，根据基于正义理论和期望－失验理论，相反的推断也可能成立。当属性表现较低、房间数量较多时，顾客评论或房东自述中对房东亲和力的过多描述，可能会让顾客觉得文字内容与事实不符，这反而提高了他们对民宿中各属性的要求（Kim & Lee，2011）。也就是说，当顾客或房东在在线文本中提到房东具有亲和力时，对于拥有多个房源的房东来说，民宿房间数量对属性表现与评论数量之间的负向调节作用可能会减弱。因此，我们提出，房东亲和力对评论数量的调节作用在不同场合存在差异。这一论点引出以下两个对立的假设。

　　H6：当房东（6a）具有亲和力、（6b）表现出个人魅力、（6c）态度友善、（6d）组织与分享活动、（6e）提供服务与帮助时，民宿房间数量对属性表现与评论数量之间关系的负向调节作用会增强。

　　H7：（相对于H6）当房东（7a）具有亲和力、（7b）表现出个人魅力、（7c）态度友善、（7d）组织与分享活动、（7e）提供服务与帮助时，民宿房间数量对属性表现与评论数量之间关系的负向调节作用会减弱。

　　如前所述，基于符号互动理论，我们认为顾客评论中房东亲和力的调节作用可能比房东自述中的更强，并提出如下假设。

　　H8：顾客评论中房东亲和力及其四个因子的三重调节作用可能比房东自述中房东亲和力及其四个因子的三重调节作用更强。

二、概念模型构建

顾客评论和房东自述中房东亲和力概念模型框架如图 6-1 所示。

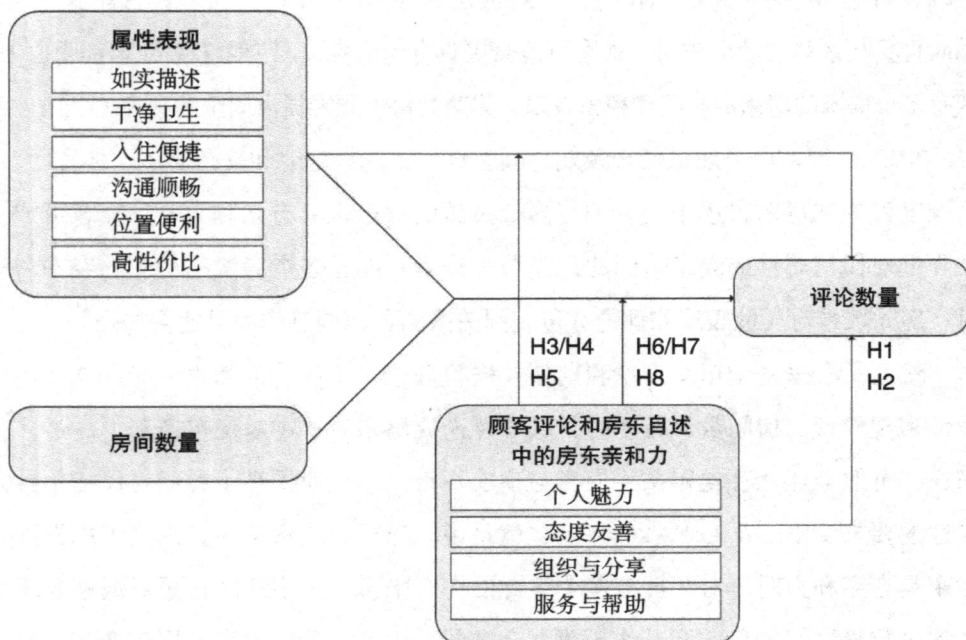

图 6-1　顾客评论和房东自述中房东亲和力概念模型框架

第二节　研究设计

基于房东亲和力的四个维度，本节利用文本挖掘技术从顾客评论和房东自述中提取有意义的房东亲和力模型（Xu & Li，2016）。首先，笔者收集并整理了数据。其次，建立了一个房东亲和力的分类模型，以自动编码方式获取房东亲和力的数值。最后，分析了具有积极情感的顾客评论和房东自述。

一、样本来源及选取

本节在第五章提供的数据的基础上，从 Airbnb 内部网站下载了包含 36 个国际旅游城市的 104.6 万条顾客评论和 114 310 条房东自述。这些数据采集于 2023 年 1 月，时间范围为 2009 年至 2022 年。原始数据包括房东和 Airbnb 公开的数据，如顾客评论、房东自述、评分、房源类型和价格等。

二、房东亲和力词库构建

本书第三章至第五章确定了房东亲和力的四个特征，即个人魅力、态度友善、组织与分享，以及服务与帮助。在此基础上，本节根据顾客评论构建了关于房东亲和力的词库（与第五章方法类似）。由于"来自房东自述的亲和力"和"来自顾客评论的亲和力"是不同的，本节采用了与第五章类似的方法，根据房东自述构建了关于房东亲和力的词库。具体来说，首先，随机选择了约 15 000 条房东自述，然后，聘请三名研究人员逐一读取数据，并手动构建描述房东亲和力四个因子的词库。在此基础上，从原始数据中随机选择了 1 000 条房东自述进行饱和度测试。结果表明，构建的词库能够全面反映房东亲和力的四个因子。根据获得的词库，本节通过 Python 程序确定了每条评论（或自述）是否与房东亲和力的四个因子之一相关，其中考虑了负面词的影响。如果评论（或自述）与其中一个因子相关，则此文本的代码为 1，否则为 0。经过这个自动标注的过程，每个评论（或自述）都可以写成一个包含四个因子（d1、d2、d3、d4）的虚拟变量，其中 $d_i = 1$ 表示评论（或自述）与因子 i 相关，否则 $d_i = 0$。i 表示房东亲和力的因子。此外，根据获得的 d1、d2、d3、d4，也可以直接确定每条评论（或自述）是否与房东亲和力有关，即如果 d1+d2+d3+d4>0，那么这条评论（或自述）就与房东亲和力有关，否则这条评论（或自述）与房东亲和力无关。换句话说，基于房东自述和顾客评论，本节分别获得五个虚拟变量。

基于顾客评论和房东自述的房东亲和力词库如表 6-1 所示。

表 6-1　基于顾客评论和房东自述的房东亲和力词库

维度	顾客评论中的关键词	房东自述中的关键词
个人魅力	manner, manners, gestures, gesture, gentle, decent, personality, optimistic, energetic, humor, humorous, open-minded, generous, generously, generosity, flexibility, flexible, concerned, considerate, attentive, thoughtful, thoughtfulness, intelligent, intelligently, sincerity, sincere, genuine, genuinely, reliable, dependable, trustworthy, gentleman, charming, knowledgeable, adorable, lovely host, lovely hosts, easy-going, independent, responsible	love people, love to travel, loves to travel, love to eat, love meeting people, love to explore, outgoing, enjoy traveling, fun guy, creative, corporate, passion, exploring, progressive, easy going, active, enjoy travel, optimistic, energetic, humor, humorous, open-minded, flexibility, flexible, concerned, considerate, attentive, thoughtful, sincerity, sincere, genuine, genuinely, easy-going, independent, low maintenance, responsible
态度友善	warm, heartwarming, welcoming, welcome, welcomed, warm-hearted, enthusiasm, hospitality, hospitable, inclusive, tolerable, compatible, patient, patiently, patience, friendly, friendliest, amicable, polite, courteous, kind, kindness, kindly, kindest, gracious, respectful, friendliness, empathy, compassionate, compassion, like friends, like family, politely, easy host, easy hosts, nice host, nice hosts	look forwarding to meeting, happy to share, be glad to, Nice to meet you, look forward to hosting you, welcome, warm, heartwarming, welcoming, welcome, welcomed, enthusiasm, hospitality, hospitable, patient, patiently, patience, friendly, friendliest, amicable, polite, courteous, kind, kindness, kindly, kindest, gracious, respectful, friendliness, empathy, compassionate, compassion, like friends, like family, politely
组织与分享	invite, invited, inviting, organize, organized, organizing, organised, organise, organising, well planned, well-planed, introduced us to, introduced me to introduce you to, tour of the neighborhood, tour of the neighborhood, showed the neighborhood, tastes, taste, tastefully, lifestyle, lifestyles, communicate, communicates, communications, communication, community with, communicating, communicated, communicator, communicative, chat, chats, chatting, chatted, talk, interacting, interaction, interact, interactions, interacted, easy contact, socialization, socializing, socialized, socialisation, socialising, socialized, entertaining	love opening my spaces to guests, sociable, togetherness, happy to share, entertaining, easy to get along with, love sharing my home, invite, invited, inviting, organize, organized, organizing, organised, organise, organising, well planned, well-planed, introduced us to, introduced me to introduce you to, tour of the neighborhood, tour of the neighborhood, showed the neighborhood, tastes, taste, tastefully, lifestyle, lifestyles, communicate, communicates, communications, communication, community with, communicating, communicated, communicator, communicative, chat, chats, chatting, chatted, talk, interacting, interaction, interact, interactions, interacted, easy contact, socialization, socializing, socialized, socialisation, socialising, socialized, entertaining

（续表）

维度	顾客评论中的关键词	房东自述中的关键词
服务与帮助	advice, advices, informing, information, knowledge, knowledgeable, informative, suggestions, suggesting, suggests, suggested, plan our itinerary, make an itinerary for us, recommendations, recommended, answer, answering, answer, answered, answering, responded, responsive, reply, replied, quickly, response, responses, responds, responding, professional, efficient, efficiently, availability, available, help, helping, helped, helpful, accommodating, assist, assisted, assistance, solve, solution, solved, solves, caring, cared for, cared about, cares, carefully, free, gift, gifts, remind, reminder, reminded, reminding, encourage, encouraged, encourages, encouraging, supportive, support, supported, unexpected, surprised, surprises, surprising, surprisingly, surprise, serviced, services, questions, immediately, tips, offer, offering, offers, offered, informative, arranged, provide, provided, providing	feel free to ask, take requests, professional, assist, question, information, be pleased to, be glad to, do my best to, suggest, give you some insights, always prepared, ready, available, assure you, whatever you need, take excellent care of you, take care, advice, advices, informing, information, knowledge, knowledgeable, informative, suggestions, suggesting, suggests, suggested, plan our itinerary, make an itinerary for us, recommendations, recommended, answer, answering, answer, answered, answering, responded, responsive, reply, replied, quickly, response, responses, responds, responding, professional, efficient, efficiently, availability, available, help, helping, helped, helpful, accommodating, assist, assisted, assistance, solve, solution, solved, solves, caring, cared for, cared about, cares, carefully, free, gift, gifts, remind, reminder, reminded, reminding, encourage, encouraged, encourages, encouraging, supportive, support, supported, unexpected, surprised, surprises, surprising, surprisingly, surprise, serviced, services, questions, immediately, tips, offer, offering, offers, offered, informative, arranged, provide, provided, providing

三、研究变量

（一）因变量和自变量

本章的因变量为评论数量。由于线上民宿平台并未公开实际的民宿预订数据，所以已有的研究经常使用顾客评论数量作为顾客预订量的一种替代测量方法（Zhang，Yan & Zhang，2018）。评论数量反映了顾客对产品的接受程度和产品受欢迎程度（Ba，Jin，Li & Lu，2020），是提升顾客购买意愿的关键因素（Watson，Ghosh & Trusov，2018；Biswas，Sengupta & Chatterjee，2020；Chen & Bi，2022）。本章的自变量为民宿的六个属性表现，即子评分，包括如实描述、干净卫生、入住便捷、沟通顺畅、位置便利和高性价比，取值为 1~10 的整数。

（二）控制变量

本章介绍五种类型的控制变量，这些变量已被现有研究确定为重要的影响评论数量的因素。第一，在最近的研究中，学者们发现，对于每个房源，Airbnb 平台都会调整其可用性日历，以便所有顾客都可以了解未来几天的空房情况（Zhang，Lee，Singh &Srinivasan，2022），并使用 90 天内每个房源的可用天数作为房源需求的代理（Gao，Li，Liang，Yang & Law，2022）。因此，在此基础上，本研究控制了"90 天内租出天数"作为民宿需求的代理变量。第二，本章将一系列代表房东和房源的特征的变量进行控制，主要包括可容纳数量、卧室数量、床的数量、价格、房东是否有个人资料图片、总评分、房东经营年限和房东是否经过身份验证等。第三，为了解释房东和顾客在语言风格上的差异，本章控制了顾客评论和房东自述的语言风格（Biswas et al.，2020；Zhang，Yan，Zhang，2020），主要包括文本长度、可读性、分析思维和视角选取等变量。第四，为了避免不同国家的经济差异带来的影响，本章用民宿所在国的人均 GDP 收入来控制宏观经济环境。第五，基础设施也是一个重要的控制变量，反映了民宿的吸引力和服务质量。本章使用 WEKA 3.8.5 软件将反映民宿中每个设施的变量转换为独立的虚拟变量。例如，如果民宿设施中包含有线电视，则计数为 1，否则为 0。鉴于 Airbnb 平台提到的设施至少有 1 000 个，本章选择在所有房源中出现次数超过 100 000 次的前 45 个民宿设施作为控制变量，以更好地反映顾客的基本需求和房东提供的服务设施。主要变量的解释与描述性分析如表 6-2 所示。

表 6-2　主要变量的解释与描述性分析

变量	类型	解释	最小值	最大值	平均值	标准差
因变量						
评论数量	N	在线评论的数量	1.00	2 600.00	177.42	166.24
自变量						
如实描述	N	如实描述的打分	1.00	5.00	4.84	0.16
干净卫生	N	干净卫生的打分	1.00	5.00	4.78	0.21
入住便捷	N	入住便捷的打分	1.00	5.00	4.88	0.14
沟通顺畅	N	沟通顺畅的打分	1.00	5.00	4.88	0.14
位置便利	N	位置便利的打分	1.00	5.00	4.82	0.18
高性价比	N	高性价比的打分	1.00	5.00	4.73	0.18
调节变量						
房东自述中的房东亲和力	D	顾客评论中是否提到房东有亲和力（是=1，否=0）	0.00	1.00	0.05	0.23
房东自述中的个人魅力	D	顾客评论中是否提到房东有个人魅力（是=1，否=0）	0.00	1.00	0.05	0.22
房东自述中的态度友善	D	顾客评论中是否提到房东态度友善（是=1，否=0）	0.00	1.00	0.23	0.42
房东自述中的组织与分享	D	顾客评论中是否提到房东组织活动与分享物品（是=1，否=0）	0.00	1.00	0.07	0.26
房东自述中的服务与帮助	D	顾客评论中是否提到房东提供服务与帮助（是=1，否=0）	0.00	1.00	0.35	0.48
顾客评论中的房东亲和力	D	房东自述中是否提到房东有亲和力（是=1，否=0）	0.00	1.00	0.02	0.14
顾客评论中的个人魅力	D	房东自述中是否提到房东有个人魅力（是=1，否=0）	0.00	1.00	0.05	0.23

（续表）

变量	类型	解释	最小值	最大值	平均值	标准差
顾客评论中的态度是否友善	D	房东自述中是否提到房东态度友善（是=1，否=0）	0.00	1.00	0.17	0.37
顾客评论中的组织与分享	D	房东自述中是否提到房东组织活动与分享物品（是=1，否=0）	0.00	1.00	0.10	0.30
顾客评论中的服务与帮助	D	房东自述中是否提到房东提供服务与帮助，是否分享过东西（是=1，否=0）	0.00	1.00	0.27	0.44
房间数量	N	房东经营的房间数量	0.00	4 057.00	11.64	49.66
控制变量						
房东自述文本长度	N	房东自述的文本长度	5.00	2 311.00	74.98	80.47
房东自述可读性	N	房东自述的可读性 FOG=0.4×[[（单词数／句子数)]+100×（复杂单词数／单词数）	0.80	64.25	9.94	3.86
房东自述分析思维	N	房东自述的分析思维=30+文章数+介词+人称代词-非人称代词-助动词-连接词-副词-否定词	19.33	21.43	20.96	0.04
房东自述视角选取	N	房东自述的视角选取=第一人称代词／（第一人称代词+第二人称代词+0.0001)	0.00	1.00	0.12	0.06
顾客评论文本长度	N	顾客评论的文本长度	5.00	1 286.00	44.93	44.61
顾客评论可读性	N	顾客评论的可读性 FOG=0.4×[[（单词数／句子数)]+100×（复杂单词数／单词数）	2.00	516.98	22.06	17.37
顾客评论分析思维	N	顾客评论的分析思维=30+文章数+介词+人称代词-非人称代词-助动词-连接词-副词-否定词	6.52	21.67	20.97	0.12
顾客评论视角选取	N	顾客评论的视角选取=第二人称代词／（第一人称代词+第二人称代词+0.0001)	0.00	1.00	0.12	0.28
是否有个人照片	D	房东是否提供个人照片（是=1，否=0）	0.00	1.00	1.00	0.03

（续表）

变量	类型	解释	最小值	最大值	平均值	标准差
是否经过身份认证	D	房东经过身份验证（是=1，否=0）	0.00	1.00	0.93	0.25
90天内可租出天数	N	90天内可租出天数	0.00	90.00	35.96	27.95
床位数量	N	床位的数量	1.00	35.00	2.12	1.55
客房数量	N	卧室的数量	1.00	22.00	1.51	0.85
可纳性	N	民宿中可容纳的顾客数量	0.00	16.00	3.60	2.13
价格	N	每晚价格	0.00	1 232 194.00	712.98	3 082.69
房东经营年限	N	房东经营该民宿的年限	1.00	15.00	8.54	2.37
GDP	N	民宿所在国家的人均GDP收入	1.00	5.00	4.78	0.19
评分	N	民宿的总评分	7 066.20	91 991.60	42 991.46	22 528.94
		每个物业是否提供以下设施（是=1，否=0）				
设施提供情况	D	空调	0.00	1.00	0.44	0.50
	D	床上用品	0.00	1.00	0.71	0.45
	D	有线电视	0.00	1.00	0.32	0.47
	D	一氧化碳报警器	0.00	1.00	0.54	0.50
	D	清洁产品	0.00	1.00	0.28	0.45
	D	咖啡机	0.00	1.00	0.73	0.44
	D	烹饪基础物品	0.00	1.00	0.75	0.43
	D	专用的工作区	0.00	1.00	0.30	0.46
	D	餐桌	0.00	1.00	0.27	0.45

（续表）

变量	类型	解释	最小值	最大值	平均值	标准差
	D	盘子	0.00	1.00	0.84	0.37
	D	洗碗机	0.00	1.00	0.38	0.49
	D	电梯	0.00	1.00	0.37	0.48
	D	生活必需品	0.00	1.00	0.94	0.24
	D	额外的枕头和毯子	0.00	1.00	0.50	0.50
	D	灭火器	0.00	1.00	0.53	0.50
	D	急救箱	0.00	1.00	0.44	0.50
	D	免费停车	0.00	1.00	0.36	0.48
	D	冰箱	0.00	1.00	0.25	0.43
设施提供情况	D	吹风机	0.00	1.00	0.92	0.28
	D	衣架	0.00	1.00	0.89	0.31
	D	加热器	0.00	1.00	0.77	0.42
	D	高脚椅	0.00	1.00	0.16	0.37
	D	热水	0.00	1.00	0.88	0.32
	D	水壶	0.00	1.00	0.28	0.45
	D	熨斗	0.00	1.00	0.87	0.34
	D	厨房	0.00	1.00	0.85	0.35
	D	微波炉	0.00	1.00	0.68	0.47
	D	烤箱	0.00	1.00	0.53	0.50

（续表）

变量	类型	解释	最小值	最大值	平均值	标准差
设施提供情况	D	收费停车场	0.00	1.00	0.28	0.45
	D	私人入口	0.00	1.00	0.33	0.47
	D	冰箱	0.00	1.00	0.80	0.40
	D	洗发水	0.00	1.00	0.74	0.44
	D	冰浴器	0.00	1.00	0.31	0.46
	D	单层住宅	0.00	1.00	0.18	0.38
	D	烟雾报警器	0.00	1.00	0.71	0.46
	D	炉子	0.00	1.00	0.60	0.49
	D	电视	0.00	1.00	0.39	0.49
	D	烤面包机	0.00	1.00	0.24	0.42
	D	无线网络	0.00	1.00	0.91	0.29
	D	酒杯	0.00	1.00	0.26	0.44

注：N＝连续变量，D＝虚拟变量。

（三）调节变量

本章将以在顾客评论和房东自述中的房东亲和力作为主要调节变量，将包含房东亲和力的顾客评论和房东自述的句子重组为四个文本构念，以反映房东亲和力的四个因子。然后，本章从顾客评论和房东自述中得到 10 个虚拟调节变量，包括房东亲和力及其四个因子。本章将房东亲和力分别记为在顾客评论中提到的房东亲和力（i=1，2，3，4，5）和在自述中提到的房东亲和力（i=1，2，3，4，5）。当顾客或房东在评论或自述中提到房东亲和力的任何一个因子时，将在线房东亲和力（i=2，3，4，5）标记为 1；反之，将其标记为 0。当顾客或房东提到一个或多个房东亲和力因子时，本章将在线房东亲和力（i=1）标记为 1；否则，将其标记为 0。本章还使用了房间数量作为调节变量，即属于房东的民宿房间数量。

第三节　研究结果分析

一、数据描述

表 6-2 显示了主要变量的测量方法、描述性统计分析及皮尔逊相关性分析结果。研究结果表明，变量之间的相关系数结果低于 0.60，方差膨胀因子的平均值小于 5，表明多重共线性不影响结果的准确性（Xie & Mao，2017）。此外，为了避免多重共线性问题，除二元变量外，本章使用 z-score 对主要变量进行归一化处理（Liu，Teichert & Rossi，2017）。

二、实证结果

本章采用层次线性回归分析方法对假设 1 至假设 3 进行检验。表 6-3 至表 6-8 分别列示了从顾客评论和房东自述中提取的房东亲和力对评论数量影响的回归结果。表 6-3 和表 6-4 的模型 1 及表 6-5 至 6-8 的模型 1 和模型 14 结合控制变量分析了房东亲和力及其四个因子对评论数量的影响。表 6-3 和表 6-4 的模型 2、4、6、8、10、12 和表 6-5 至表 6-8 的模型 2、4、6、8、10、12、15、17、19、21、23、25 加入了房东亲和力 × 属性表现$_i$ 的二重交互项。表 6-3 和 6-4 中的模型 3、5、7、9、11、13 和表 6-5 至表 6-8 中的模型 3、5、7、9、11、13、16、18、20、22、24、26 加入了房东亲和力 × 属性表现$_i$× 民宿房间数量的三重交互项和其他二重交互项。本章均使用 R 语言 4.2.2 软件进行相关计算和图表编排。

表 6-3 从顾客评论中提取的房东亲和力和属性表现对评论数量的影响

自变量	如实描述			干净卫生		入住便捷		沟通顺畅		位置便利		高性价比	
模型	模型 1	模型 2	模型 3	模型 4	模型 5	模型 6	模型 7	模型 8	模型 9	模型 10	模型 11	模型 12	模型 13
常数项	-0.501***	-0.524***	-0.528***	-0.513***	-0.519***	-0.525***	-0.529***	-0.513***	-0.518***	-0.518***	-0.524***	-0.510***	-0.515***
因变量													
如实描述	0.055***	0.053***	0.052***	0.057***	0.057***	0.057***	0.057***	0.056***	0.056***	0.059***	0.058***	0.058***	0.057***
干净卫生	0.061***	0.059***	0.060***	0.059***	0.056***	0.061***	0.060***	0.061***	0.060***	0.062***	0.062***	0.061***	0.061***
入住便捷	0.028**	0.031***	0.031***	0.030***	0.029***	0.036***	0.034***	0.029***	0.029***	0.034***	0.033***	0.030***	0.029***
沟通顺畅	0.012**	0.015***	0.015***	0.014***	0.014***	0.015***	0.015***	0.038***	0.040***	0.017***	0.017***	0.015***	0.015***
位置便利	0.057***	0.060***	0.060***	0.060***	0.060***	0.061***	0.061***	0.060***	0.061***	0.026***	0.024***	0.060***	0.060***
高性价比	0.020***	0.020***	0.020***	0.021***	0.020***	0.021***	0.020***	0.019***	0.019***	0.022***	0.022***	0.025***	0.022***
调节变量													
顾客评论中的房东亲和力	0.581***	0.594***	0.598***	0.592***	0.597***	0.593***	0.596***	0.592***	0.596***	0.587***	0.593***	0.591***	0.595***
房间数量	-0.031	-0.030	-0.012	-0.030	-0.001	-0.031	-0.001	-0.031	-0.001	-0.030	-0.001	-0.031	-0.002
控制变量													
GDP	0.001	0.001	0.001	0.001	0.001	0.001	0.001	0.001	0.001	0.001	0.001	0.001	0.001
顾客评论文本长度	0.080***	0.079***	0.073***	0.079***	0.075***	0.077***	0.073***	0.077***	0.073***	0.086***	0.082***	0.075***	0.071***
顾客评论可读性	0.101***	0.098***	0.093***	0.100***	0.096***	0.096***	0.092***	0.097***	0.092***	0.106***	0.101***	0.096***	0.091***
顾客评论分析思维	0.012**	0.010***	0.011***	0.010***	0.010***	0.011**	0.011**	0.011**	0.011**	0.012**	0.012**	0.010*	0.010***
顾客评论视角选取	0.013***	0.015***	0.015***	0.015***	0.015***	0.015***	0.015***	0.015***	0.015***	0.015***	0.015***	0.015***	0.015***
可容纳性	0.069***	0.070*	0.070***	0.070*	0.070***	0.070***	0.071***	0.070***	0.070***	0.069***	0.069***	0.071***	0.071***
客房数量	-0.119***	-0.113***	-0.114***	-0.113***	-0.113***	-0.113***	-0.114***	-0.113***	-0.113***	-0.113***	-0.114***	-0.114***	-0.114***
床位数量	0.030***	0.030***	0.030***	0.030***	0.030***	0.030***	0.030***	0.030***	0.030***	0.031***	0.031***	0.030***	0.030***

（续表）

自变量 模型	如实描述			干净卫生		入住便捷		沟通顺畅		位置便利		高性价比	
	模型 1	模型 2	模型 3	模型 4	模型 5	模型 6	模型 7	模型 8	模型 9	模型 10	模型 11	模型 12	模型 13
价格	-0.010***	-0.010***	-0.010***	-0.010***	-0.010***	-0.010***	-0.010***	-0.010***	-0.010***	-0.010***	-0.010***	-0.010***	-0.010***
90 天内租出天数	0.081***	0.081***	0.082***	0.081***	0.081***	0.070***	0.081***	0.082***	0.082***	0.081***	0.081***	0.082***	0.082***
是否有个人照片	-0.130	-0.124	-0.127	-0.132	-0.134	-0.123	-0.125	-0.133	-0.135	-0.122	-0.124	-0.135	-0.137
是否经过身份认证	0.170***	0.170***	0.170***	0.170***	0.171***	0.170***	0.171***	0.170***	0.171***	0.169***	0.170***	0.171***	0.171***
评分	0.130***	0.125***	0.125***	0.124***	0.125***	0.129***	0.129***	0.127***	0.127***	0.129***	0.130***	0.124***	0.125***
房东经营年限	0.111***	0.110***	0.110***	0.111***	0.111***	0.110***	0.109***	0.110***	0.127***	0.111***	0.111***	0.111***	0.111***
二重交互项													
顾客评论中的房东亲和力 × 属性表现$_i$		0.109***	0.108***	0.094***	0.092***	0.104***	0.103***	0.098***	0.096***	0.115***	0.114***	0.087***	0.082***
顾客评论中的房东亲和力 × 房间数量			-0.070***		-0.070***		-0.069***		-0.070***		-0.072***		-0.070***
属性表现$_i$ × 房间数量			-0.001		0.000		-0.001		-0.001		-0.001		-0.001
三重交互项													
房东亲和力 × 属性表现$_i$ × 房间数量			-0.012***		-0.011***		-0.011***		-0.010***		-0.012***		-0.009***
房间类型	控制	控制	控制	控制	控制	控制	控制	控制	控制	控制	控制	控制	控制
服务设施	控制	控制	控制	控制	控制	控制	控制	控制	控制	控制	控制	控制	控制
赤池信息准则（AIC）	425 392	424 801	424 406	424 930	424 729	424 804	424 617	424 949	424 773	424 707	424 494	424 015	424 843

注：*p<0.10，**p<0.05，***p<0.01。

表6-4　从房东自述中提取的房东亲和力和属性表现对评论数量的影响

自变量	如实描述			干净卫生		入住便捷		沟通顺畅		位置便利		高性价比	
模型	模型1	模型2	模型3	模型4	模型5	模型6	模型7	模型8	模型9	模型10	模型11	模型12	模型13
常数项	-0.002	-0.011	-0.003	-0.011	-0.016	0.018	-0.018	-0.018	-0.018	-0.018	-0.017	-0.018	-0.018
因变量													
如实描述	0.067***	0.066***	0.067***	0.069***	0.067***	0.068***	0.067***	0.068***	0.067***	0.068***	0.068***	0.068***	0.068***
干净卫生	0.069***	0.070***	0.068***	0.067***	0.069***	0.068***	0.068***	0.068***	0.068***	0.068***	0.068***	0.068***	0.068***
入住便捷	0.036***	0.035***	0.036***	0.035***	0.035***	0.034***	0.036***	0.035***	0.035***	0.035***	0.035***	0.035***	0.035***
沟通顺畅	0.023***	0.024***	0.023***	0.024***	0.024***	0.026***	0.026***	0.025***	0.028***	0.026***	0.026***	0.026***	0.026***
位置便利	0.056***	0.057***	0.056***	0.056***	0.056***	0.057***	0.056***	0.057***	0.056***	0.055***	0.056***	0.057***	0.056***
高性价比	0.031***	0.031***	0.030***	0.031***	0.031***	0.030***	0.030***	0.030***	0.030***	0.030***	0.035***	0.029***	0.030***
调节变量													
房东自述中的房东亲和力	0.102***	0.129***	0.101***	0.127***	0.127***	0.123***	0.124***	0.125***	0.125***	0.125***	0.126***	0.124***	0.125***
房间数量	-0.056***	-0.054***	-0.059***	-0.054***	-0.054***	-0.052***	-0.055***	-0.052***	-0.055***	-0.052***	-0.052***	-0.027***	-0.057***
控制变量													
GDP	0.029***	0.029***	0.029***	0.029***	0.029***	0.027***	0.027***	0.027***	0.027***	0.027***	0.027***	0.027***	0.027***
房东自述文本长度	0.038***	0.039***	0.039***	0.045***	0.033***	0.034***	0.034***	0.034***	0.034***	0.034***	0.034***	0.034***	0.034***
房东自述可读性	0.017***	0.030***	0.017***	0.012***	0.029***	0.029***	0.029***	0.029***	0.029***	0.029***	0.029***	0.029***	0.029***
房东自述分析思维	0.013***	0.013***	0.012***	0.010***	0.012***	0.013***	0.013***	0.013***	0.013***	0.013***	0.013***	0.013***	0.013***
房东自述视角选取	0.011***	0.003	0.011***	0.015***	0.003	0.003***	0.003***	0.003***	0.003***	0.003***	0.003***	0.003***	0.003***
可容纳性	0.073***	0.074***	0.073***	0.070***	0.073***	0.073***	0.073***	0.073***	0.073***	0.073***	0.073***	0.073***	0.074***
客房数量	-0.117***	-0.119***	-0.117***	-0.113***	-0.120***	-0.120***	-0.120***	-0.120***	-0.120***	-0.120***	-0.120***	-0.120***	-0.120***
床位数量	0.031***	0.033***	0.031***	0.030***	0.033***	0.033***	0.034***	0.034***	0.034***	0.034***	0.034***	0.034***	0.034***
价格	-0.018***	-0.019***	-0.013***	-0.010***	-0.018***	-0.018***	-0.018***	-0.018***	-0.018***	-0.018***	-0.018***	-0.018***	-0.018***

（续表）

自变量　模型	如实描述			干净卫生		入住便捷		沟通顺畅		位置便利		高性价比	
	模型 1	模型 2	模型 3	模型 4	模型 5	模型 6	模型 7	模型 8	模型 9	模型 10	模型 11	模型 12	模型 13
90天内租出天数	0.082***	0.081***	0.082***	0.081***	0.081***	0.081***	0.082***	0.081***	0.082***	0.082***	0.082***	0.082***	0.082***
是否有个人照片	-0.161	-0.151	-0.163	-0.132	-0.148	-0.145	-0.147	-0.145	-0.147	-0.146	-0.147	-0.145	-0.147
是否经过身份认证	0.175***	0.178***	0.175***	0.170***	0.179***	0.179***	0.179***	0.179***	0.179***	0.179***	0.179***	0.179***	0.179***
评分	0.138***	0.139***	0.137***	0.124***	0.134***	0.135***	0.135***	0.135***	0.135***	0.135***	0.135***	0.135***	0.135***
房东经营年限	0.130***	0.131***	0.130***	0.111***	0.124***	0.124***	0.124***	0.125***	0.124***	0.125***	0.125***	0.125***	0.125***
一重交互项													
房东自述中的房东亲和力×属性表现$_i$		0.014***	0.029***	0.012***	0.023***	0.007*	0.022***	0.015***	0.030***	0.013***	0.009**	0.021***	0.035***
房东自述中的房东亲和力×房间数量			0.186***		0.192***		0.176***		0.180***		0.177***		0.183***
属性表现$_i$×房间数量			-0.045***		-0.047***		-0.038***		-0.027***		-0.041***		-0.030***
三重交互项													
房东亲和力×属性表现$_i$×房间数量			0.034***		0.039***		0.029***		0.017***		0.032***		0.020***
房间类型	控制	控制	控制	控制	控制	控制	控制	控制	控制	控制	控制	控制	控制
服务设施	控制	控制	控制	控制	控制	控制	控制	控制	控制	控制	控制	控制	控制
AIC	432 363	432 540	432 361	432 366	432 343	432 361	432 327	432 365	432 344	432 361	432 319	432 362	432 341

注：*p<0.10，**p<0.05，***p<0.01。

表6-5　从顾客评论和房东自述中提取的

调节变量 因变量	顾客评论中的												
	如实描述			干净卫生		入住便捷		沟通顺畅		位置便利		高性价比	
模型	模型1	模型2	模型3	模型4	模型5	模型6	模型7	模型8	模型9	模型10	模型11	模型12	模型13
常数项	-0.400***	-0.415***	-0.413***	-0.413***	-0.411***	-0.416***	-0.414***	-0.405***	-0.404***	-0.416***	-0.414***	-0.411***	-0.409***
个人魅力	0.866***	0.867***	0.861***	0.871***	0.864***	0.866***	0.860***	0.869***	0.863***	0.866***	0.860***	0.871***	0.865*
属性表现	0.041***	0.015***	0.017***	0.016***	0.017***	0.009***	0.008***	0.017***	0.016***	0.004	0.005*	0.052***	0.046***
房间数量			-0.012***		-0.011***		-0.012***		-0.012***		-0.010***		-0.012***
个人魅力×属性表现$_j$		0.104***	0.099***	0.080***	0.075***	0.111***	0.105***	0.086***	0.079***	0.160***	0.158***	0.068***	0.061***
个人魅力×属性表现$_i$			-0.081***		-0.085***		-0.079***		-0.082***		-0.086***		-0.082***
属性表现$_i$×房间数量			-0.001		0.000		0.000		0.000		0.000		0.000
房间数量×个人魅力			-0.010***		-0.011***		-0.009***		-0.006**		-0.016***		-0.004
控制变量													
AIC	606 879	605 847	656 436	606 003	605 808	605 826	605 667	606 052	605 882	604 887	604 671	606 114	605 940

注：*$p<0.10$，**$p<0.05$，***$p<0.01$。

房东亲和力（个人魅力）对评论数量的影响

房东亲和力												
	如实描述		干净卫生		入住便捷		沟通顺畅		位置便利		高性价比	
	模型 15	模型 16	模型 17	模型 18	模型 19	模型 20	模型 21	模型 22	模型 23	模型 24	模型 25	模型 26
模型 14												
−0.057	−0.057	−0.061	−0.067	−0.057	−0.057	−0.057	−0.057	−0.057	−0.057	−0.056	−0.057	−0.058
0.002	−0.003	−0.004	0.014	0.01	0.002	−0.002	0.001	−0.003	0.002	−0.003	0.002	−0.002
0.066***	0.068***	0.070***	0.069***	0.070***	0.031***	0.034***	0.028***	0.031***	0.058***	0.060***	0.032***	0.033***
	−0.071***	−0.074***		−0.061***		−0.071***		−0.072***		−0.069***		−0.073***
	0.006	0.003	−0.013	−0.013	0.002	0.007	−0.003	0.002	0.001***	0.001	0.012	0.018*
	0.022***	0.024***		0.015***		0.022***		0.022***		0.021***		0.023***
	−0.010***	−0.011***		−0.009***		−0.008***		−0.007***		−0.011***		−0.008***
	0.005*	0.004		0.008**		0.004		0.004		0.005		0.003
656 500	656 436	658 422	655 884	655 848	656 502	656 444	656 502	656 447	656 502	656 430	656 501	656 447

表 6-6　从顾客评论和房东自述中提取的

调节变量													顾客评论中的
因变量	如实描述			干净卫生		入住便捷		沟通顺畅		位置便利		高性价比	
模型	模型 1	模型 2	模型 3	模型 4	模型 5	模型 6	模型 7	模型 8	模型 9	模型 10	模型 11	模型 12	模型 13
常数项	-0.540***	-0.564***	-0.564***	-0.559***	-0.560***	-0.566***	-0.566***	-0.554***	-0.556***	-0.557***	-0.558***	-0.559***	-0.559***
态度友善	0.677***	0.693***	0.690***	0.694***	0.691***	0.692***	0.689***	0.692***	0.689***	0.690***	0.688***	0.693***	0.691***
属性表现	0.050***	0.000	0.002	0.003	0.004	0.014***	-0.025***	0.007***	-0.025***	0.050***	-0.009***	-0.025***	-0.022***
房间数量			-0.009***		-0.008***		-0.009***		-0.009***		-0.008***		-0.010***
态度友善 × 属性表现$_i$		0.118***	0.113***	0.097***	0.093***	0.116***	0.112***	0.100***	0.096***	0.148***	0.146***	0.082***	0.076***
态度友善 × 属性表现$_j$			-0.074***		-0.075***		-0.074***		-0.073***		-0.076***		-0.073***
属性表现$_i$ × 房间数量			0.000		0.000		0.001		0.001		0.000		0.000
房间数量$_j$ × 个人魅力			-0.014***		-0.015***		-0.015***		-0.009***		-0.014***		-0.006*
控制变量													
AIC	633 039	632 007	631 804	632 238	632 008	632 065	631 870	632 277	632 085	631 416	631 170	632 425	632 229

注：*p <0.10，**p <0.05，***p <0.01。

房东亲和力（态度友善）对评论数量的影响

房东亲和力												
如实描述			干净卫生		入住便捷		沟通顺畅		位置便利		高性价比	
模型 14	模型 15	模型 16	模型 17	模型 18	模型 19	模型 20	模型 21	模型 22	模型 23	模型 24	模型 25	模型 26
−0.063	−0.064	−0.064	−0.064	−0.073	−0.064	−0.064	−0.065	−0.065	−0.063	−0.062	−0.064	−0.064
0.035***	0.035***	0.036***	0.035***	0.045***	0.035***	0.036***	0.035***	0.036***	0.035***	0.036***	0.035***	0.036***
0.066***	0.061***	0.063***	0.065***	0.065***	0.028***	0.030***	0.023***	0.026***	0.057***	0.058***	0.027***	0.029***
		−0.061***		−0.052***		−0.061***		−0.062***		−0.059***		−0.063***
	0.021***	0.022***	0.016***	0.016***	0.017***	0.016***	0.020***	0.020***	0.006	0.007	0.024***	0.023***
		−0.013***		−0.016***		−0.012***		−0.012***		−0.013***		−0.012**
		−0.008***		−0.008***		−0.007***		−0.006***		−0.009***		−0.007***
		0.000		0.003		0.002		0.000		0.000		0.000
656 454	656 437	656 382	656 445	555 755	656 442	656 392	656 438	656 392	656 54	656 394	656 432	656 390

表 6-7　从顾客评论和房东自述中提取的

调节变量													顾客评论中的
因变量	如实描述			干净卫生		入住便捷		沟通顺畅		位置便利		高性价比	
模型	模型 1	模型 2	模型 3	模型 4	模型 5	模型 6	模型 7	模型 8	模型 9	模型 10	模型 11	模型 12	模型 13
常数项	−0.482***	−0.492***	−0.492***	−0.491***	−0.490***	−0.492***	−0.491***	−0.482***	−0.483***	−0.500	−0.499***	−0.488	−0.488***
组织与分享	0.777***	0.781***	0.777***	0.783***	0.779***	0.781***	0.777***	0.781***	0.777***	0.782	0.778***	0.782	0.778***
属性表现	0.035***	0.035*	0.035*	0.040***	0.040***	0.023***	0.017***	0.009***	0.008***	0.050***	0.049***	0.019***	0.018***
房间数量			−0.005**		−0.004**		−0.006***		−0.006**		−0.004		−0.006***
组织与分享 × 属性表现$_i$		0.122***	0.116***	0.105***	0.100***	0.132***	0.126***	0.112***	0.105***	0.154	0.152***	0.095***	0.086***
组织与分享 × 属性表现$_i$			−0.093***		−0.095***		−0.092***		−0.095***		−0.096***		−0.095***
属性表现$_i$ × 房间数量			0.000		0.000		0.000		0.000		0.000		0.000
房间数量 × 组织与分享			−0.011***		−0.015***		−0.013***		−0.010***		−0.018***		−0.010***
控制变量													
AIC	620 063	619 010	618 632	619 170	618 758	618 868	618 510	619 162	618 802	618 345	617 897	619 322	618 954

注：*p <0.10，**p <0.05，***p <0.01。

房东亲和力（组织与分享）对评论数量的影响

房东亲和力												
如实描述			干净卫生		入住便捷		沟通顺畅		位置便利		高性价比	
模型 14	模型 15	模型 16	模型 17	模型 18	模型 19	模型 20	模型 21	模型 22	模型 23	模型 24	模型 25	模型 26
−0.057	−0.057	−0.058	−0.057	−0.060	−0.057***	−0.058	−0.058	−0.058	−0.057	−0.057	−0.057	−0.058
−0.005	−0.005	0.002	−0.006	0.014*	−0.005***	0.002	−0.005	0.002	−0.005	0.003	−0.006	0.002
0.066***	0.064***	0.067***	0.068***	0.069****	0.030***	0.033***	0.026***	0.029***	0.058***	0.059***	0.030***	0.032***
		−0.061***		−0.053***		−0.061***		−0.062***		−0.060***		−0.063***
	0.026***	0.021**	0.009	0.004	0.027***	0.018**	0.030***	0.023**	0.012***	0.012	0.030***	0.019**
		−0.138***		−0.128***		−0.139***		−0.138***		−0.138***		−0.136***
		−0.007***		−0.007***		−0.006***		−0.005***		−0.009***		−0.006***
		0.022**		0.018*		0.018*		0.019**		0.026**		0.015
656 500	656 492	656 329	656 501	655 759	656 491	656337	656 489	656 339	656 500	656 323	656 489	656 345

表 6-8　从顾客评论和房东自述中提取的

顾客评论中的

因变量	如实描述			干净卫生		入住便捷		沟通顺畅		位置便利		高性价比	
模型	模型1	模型2	模型3	模型4	模型5	模型6	模型7	模型8	模型9	模型10	模型11	模型12	模型13
常数项	−0.496***	−0.530***	−0.542***	−0.524***	−0.526	−0.530***	−0.532***	−0.522***	−0.524***	−0.532***	−0.534***	−0.524	−0.526***
服务与帮助	0.615***	0.644***	0.656***	0.644***	0.646***	0.643***	0.644***	0.643***	0.644***	0.641***	0.644***	0.641***	0.643***
属性表现	0.052***	0.051***	0.035***	0.052***	0.052***	0.022***	0.020***	0.014***	0.013***	0.059***	0.058***	0.019***	0.019***
房间数量			−0.007**		−0.004*		−0.006**		−0.006**		−0.004		−0.007**
服务与帮助 × 属性表现$_i$		0.113***	0.108***	0.099***	0.097***	0.111***	0.109***	0.099***	0.096***	0.130***	0.129***	0.090***	0.085***
服务与帮助 × 属性表现$_i$			−0.070***		−0.071***		−0.070***		−0.071***		−0.071***		−0.071***
属性表现$_i$ × 房间数量			−0.001		0.000		0.001		0.001		0.000		0.000
房间数量 × 服务与帮助			−0.011***		−0.012***		−0.011***		−0.008***		−0.013***		−0.008***
控制变量													
AIC	640 706	639 661	640 869	639 851	639 536	639 686	639 390	639 851	639 566	639 385	639 044	639 966	639 685

注：*p <0.10，**p <0.05，***p <0.01。

房东亲和力（服务与帮助）对评论数量的影响

房东亲和力												
	如实描述		干净卫生		入住便捷		沟通顺畅		位置便利		高性价比	
模型 14	模型 15	模型 16	模型 17	模型 18	模型 19	模型 20	模型 21	模型 22	模型 23	模型 24	模型 25	模型 26
−0.061	−0.062	−0.075	−0.061	−0.085	−0.062	−0.076	−0.064	−0.078	−0.061	−0.070	−0.062	−0.076
0.019***	0.019***	0.032***	0.019***	0.045***	0.019***	0.031***	0.019***	0.031***	0.019***	0.030***	0.019***	0.031***
0.066***	0.062***	0.058***	0.065***	0.061***	0.028***	0.026***	0.022***	0.019***	0.060***	0.058***	0.025***	0.021***
		−0.212***		−0.19?***		−0.207***		−0.206***		−0.196***		−0.211***
	0.015***	0.030***	0.010**	0.021***	0.011**	0.026***	0.019***	0.034***	−0.008	0.003	0.024***	0.040***
		0.152***		0.141***		0.147***		0.146***		0.138***		0.150***
		−0.034***		−0.033***		−0.026***		−0.013***		−0.040***		−0.019***
		0.025***		0.03?***		0.019***		0.005		0.032***		0.011*
656 485	656 476	656 195	656 482	655 614	656 482	656 220	656 470	656 202	656 484	656 231	656 458	656 188

（一）房东亲和力对评论数量的影响的实证结果分析

假设 H1a 预测了房东亲和力对评论数量的影响。表 6-3 和表 6-4 中模型 1 的结果显示，房东亲和力与评论数量呈现显著正相关关系（p<0.01），这说明在顾客评论和房东自述中体现的房东亲和力能够增加评论数量，假设 H1a 得到了支持。

假设 H1b-H1e 预测了房东亲和力的四个因子与评论数量之间的正相关关系。表 6-5 至表 6-8 列示了这些结果。表 6-5 至表 6-8 的模型 1 和模型 14 显示，在房东亲和力四个因子的所有系数中，8 项中有 6 项一致为正、显著且具有可比性，对假设 H1b-1e 提供了部分支持。本章还对房东亲和力的四个因子对评论数量影响强度的差异进行了分析。如表 6-3 所示，从顾客评论中提取的房东亲和力四个因子的系数中，个人魅力（0.866，p<0.01）对评论数量的影响最大，其次是组织与分享（0.777，p<0.01）、态度友善（0.667，p<0.01）和服务与帮助（0.615，p<0.01）。在房东自述中提取的房东亲和力的四个因子的系数中，态度友善（0.035，p<0.01）和服务与帮助（0.019，p<0.01）对评论数量有显著的正向影响。

假设 H2 提出，从顾客评论中提取的房东亲和力比从房东自述中提取的房东亲和力对评论数量的影响更大。表 6-3 和表 6-4 中的模型 1 和表 6-5 至表 6-8 中的模型 1 和模型 14 所示，从顾客评论中提取的房东亲和力及其四个因子的系数均高于从房东自述中提取的房东亲和力，部分支持假设 H2。

此外，表 6-3 和 6-4 的结果显示，人均 GDP 收入、文本长度、可读性、分析思维、视角选取、住宿条件、床位数量、90 天内租出天数、验证的房东身份、总体打分和房东经营年份的系数一致且显著为正。同时，卧室数量、价格和民宿房间数量的系数均为负且显著。这些结果表明，顾客评论和房东自述的语言风格可以提高顾客的预订决策。宏观经济环境、房东属性、历史评分、租赁政策和 90 天内租出天数都可以增加评论数量。然而，研究结果还表明，价格和房间数量对评论数量有负向影响。此外，在民宿设施中，如有线电视、一氧化碳报警器、烟雾报警器、灭火器、吹风机、衣架、暖气、高脚椅、热水、水壶、熨斗、清洁产品、咖啡机、餐具、额外的枕头和毯子、微波炉、冰箱、洗发水、沐浴露等与评论数量呈正相关关系。

（二）房东亲和力的二重调节作用

假设 H3 和假设 H4 预测，房东亲和力（及其四个因子）调节了属性表现与评论数量之间的正相关关系，即当顾客提到房东有亲和力或房东自述自己有亲和力时，属性表现对评论数量的正向影响会更强（H3）或更弱（H4）。表 6-4和表 6-5 至表 6-8 中的模型 2、4、6、8、10、12 显示，12 个交互项的系数都显著为正。这些发现与第五章的研究结果相矛盾。本章的研究结果表明，房东亲和力对属性表现与顾客满意度之间的关系具有正向调节关系。这一结果支持假设 H3a，但不支持假设 H4a。

本章也进行了类似的验验，探究了房东亲和力四个因子和属性表现对评论数量的二重交互作用。表 5-5 至表 6-8 中的模型 2、4、6、8、10、12、15、17、19、21、23、25 显示，从顾客评论的角度来看，24 个二重交互项中有 23 个二重交互项的系数显著为正；从房东自述的角度来看，24 个二重交互项中有 17个二重交互项的系数显著为正。这些发现完全支持假设 H3b、H3c 和 H3e；部分支持假设 H3d，完全拒绝假设 H4b、假设 H4c、假设 H4d、假设 H4e。其中，组织与分享的系数平均值最高，其次是态度友善、服务与帮助和个人魅力。而且，表 6-3 和表 6-5 至 6-8 中二重交互项的系数均大于表 6-4 中二重交互项的系数。这些结果表明，顾客评论中提到的房东亲和力及其四个因子对属性表现与评论数量之间关系的调节作用均强于房东自述及其四个因子的调节作用，部分支持 H5。

如图 6-2 所示，顾客评论和房东自述中提到的房东亲和力正向调节了属性表现对评论数量的影响。实线表示在顾客评论或房东自述中提到房东具有亲和力时，属性表现对评论数量的影响（房东亲和力 =+1 SD）。虚线则表示顾客在顾客评论或房东自述中没有感知到房东亲和力（房东亲和力 =−1 SD）。结果表明，当顾客从顾客评论或房东自述中感知到房东亲和力时，属性表现对评论数量的影响随着斜率的增大而增强。这一发现表明，如果潜在顾客感受到房东亲和力，他们会在预订决策中更加关注每个属性。对比图 6-2（a）和（b）可知，以往顾客评论中房东亲和力的调节作用大于房东自述中房东亲和力的调节作用。图 6-3 表明，来自顾客评论和房东自述的房东亲和力的四个因子在属性表现与评论数量之间的关系中都起着关键的调节作用。

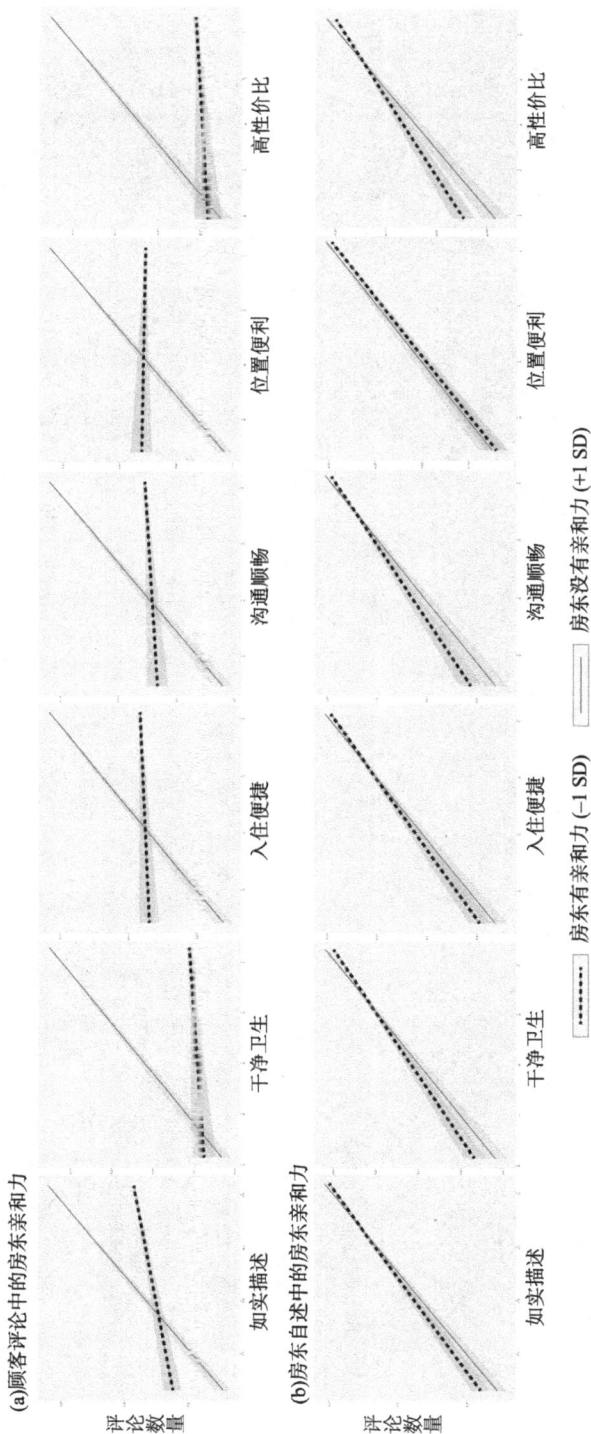

图 6-2　房东亲和力和属性表现对评论数量影响的二重交互作用

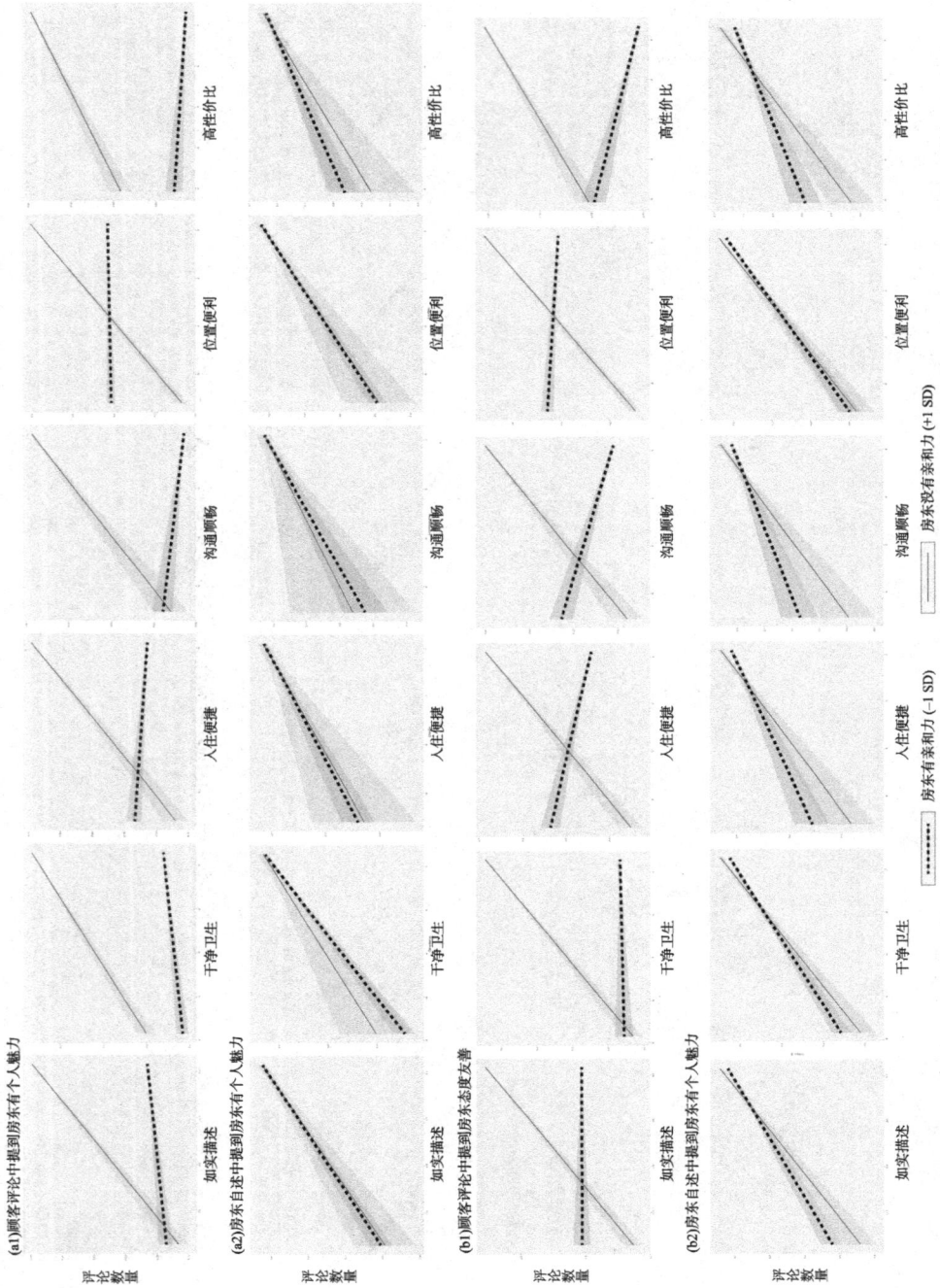

图 6-3 房东亲和力四个因子和属性表现对评论数量的二重交互作用

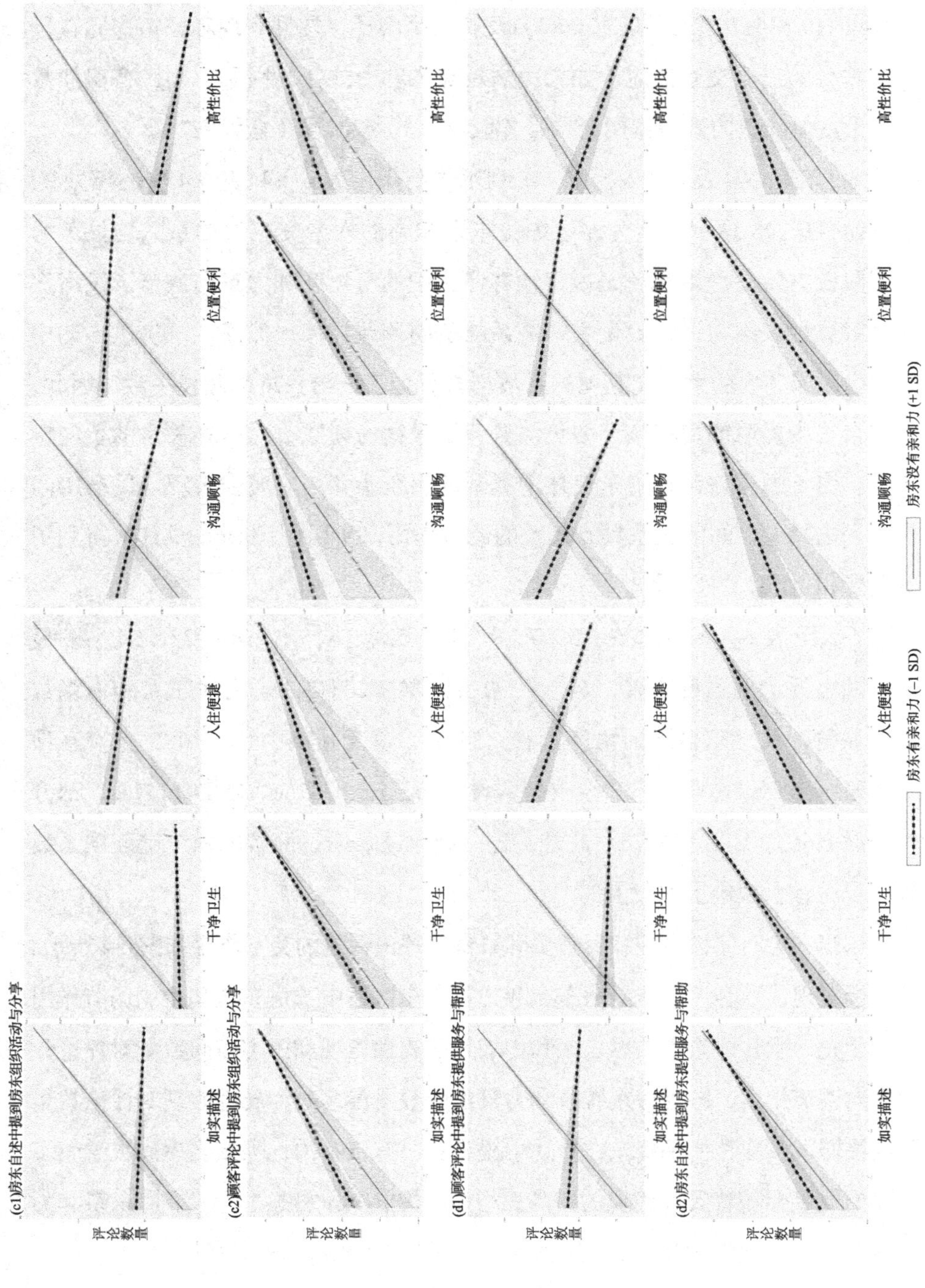

图6-3　房东亲和力四个因子和属性表现对评论数量的二重交互作用（续图）

（三）房东亲和力的三重调节作用

假设 H6 和 H7 预测了房东亲和力及其四个因子、属性表现和民宿房间数量对评论数量的三重交互效应。如果房东具有亲和力或任一因子，则民宿房间数量对评论数量的负向调节作用会增强（假设 H6）或减弱（假设 H7）。

表 6-3 和表 6-4 及表 6-5 至表 6-8 列示了结果。表 6-3 和表 6-4 中的模型 3、5、7、9、11、13 显示，顾客评论中房东亲和力的六个交互项的系数均显著为负，与假设 H6a 一致。也就是说，顾客评论中的房东亲和力正向调节了民宿房间数量对属性表现与评论数量之间关系的负向调节作用。然而，从房东自述中提取的房东亲和力的六个交互项的系数均显著为正，与 H7a 的假设一致。因此，从房东自述中提取的房东亲和力负向调节了民宿房间数量对这一关系的负向调节作用。由于顾客评论和房东自述中提到的房东亲和力对属性表现与民宿房间数量和评论数量之间的关系具有相反的调节作用，所以假设 H6a 和 H7a 得到了部分支持和拒绝。

表 6-5 至表 6-8 的模型 3、5、7、9、11、13、16、18、20、22、24、26 显示，从顾客评论的角度来看，24 个三重交互项中，有 23 个的房东亲和力系数为负且显著；从房东自述的角度来看，24 个二重交互项中有 11 个二重交互项的系数显著为正。这些结果完全支持假设 H6c、H6d、H6e、H7D 和 H7e，部分支持假设 H6ab、H7b 和 H7d。此外，这一结果还表明，前者的六个交互项系数显著低于后者，拒绝了假设 H8。

房东亲和力、属性表现和民宿房间数量对评论数量的交互作用如图 6-4 所示。通过分析发现，顾客评论中的房东亲和力与房东自述中的房东亲和力的调节作用相反。首先，顾客评论中的房东亲和力加强了属性表现和民宿房间数量对评论数量的负向调节作用，即当房东有亲和力且房间数量最多时，属性表现对评论数量的影响最弱。其次，如果房东在自述中提到自己有亲和力，那么当房间数量较多时，评论数量会随着属性表现的提高而增多。图 6-5 和图 6-6 展示了房东亲和力及其四个因子、属性表现和民宿房间数量对评论数量的三重交互作用。

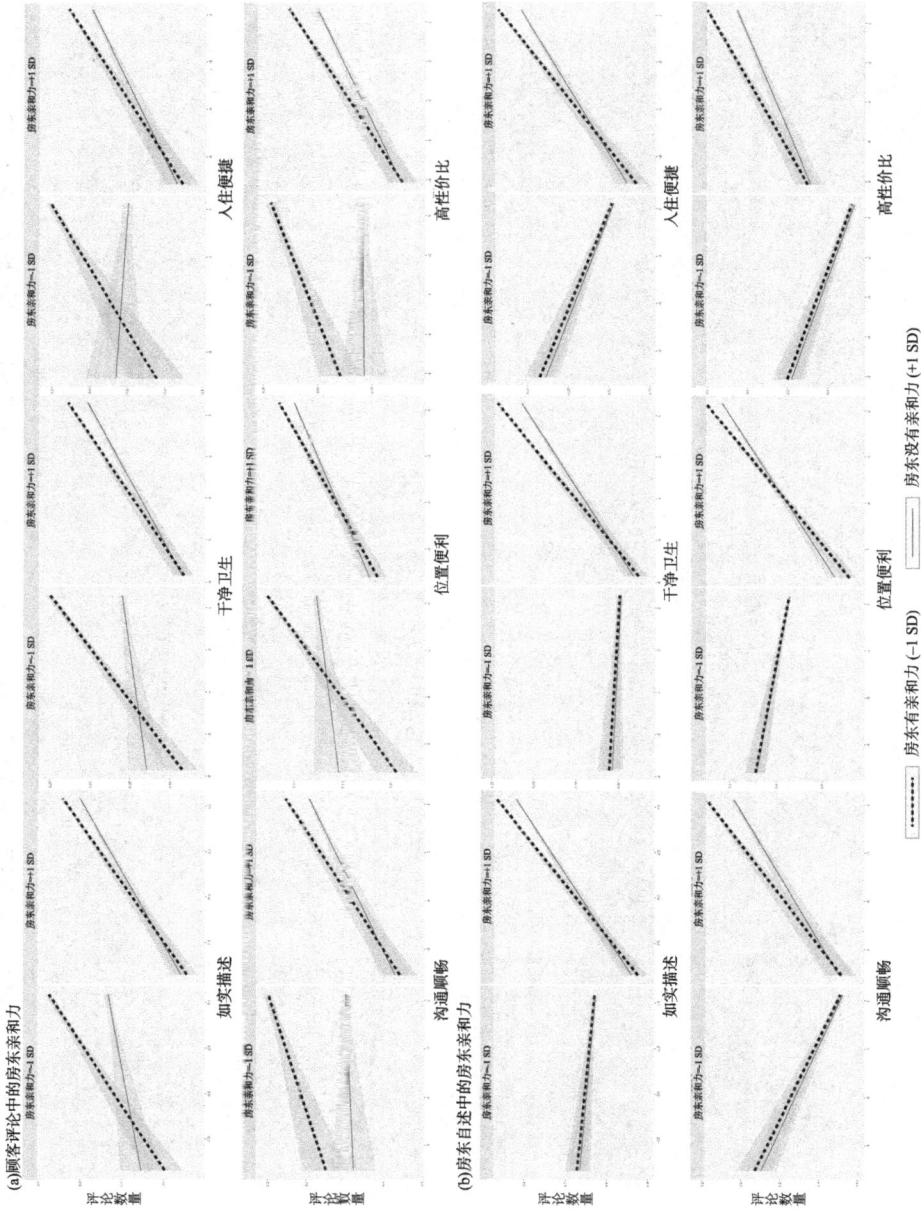

图 6-4　房东亲和力、属性表现和房间数量对评论数量的三重交互作用

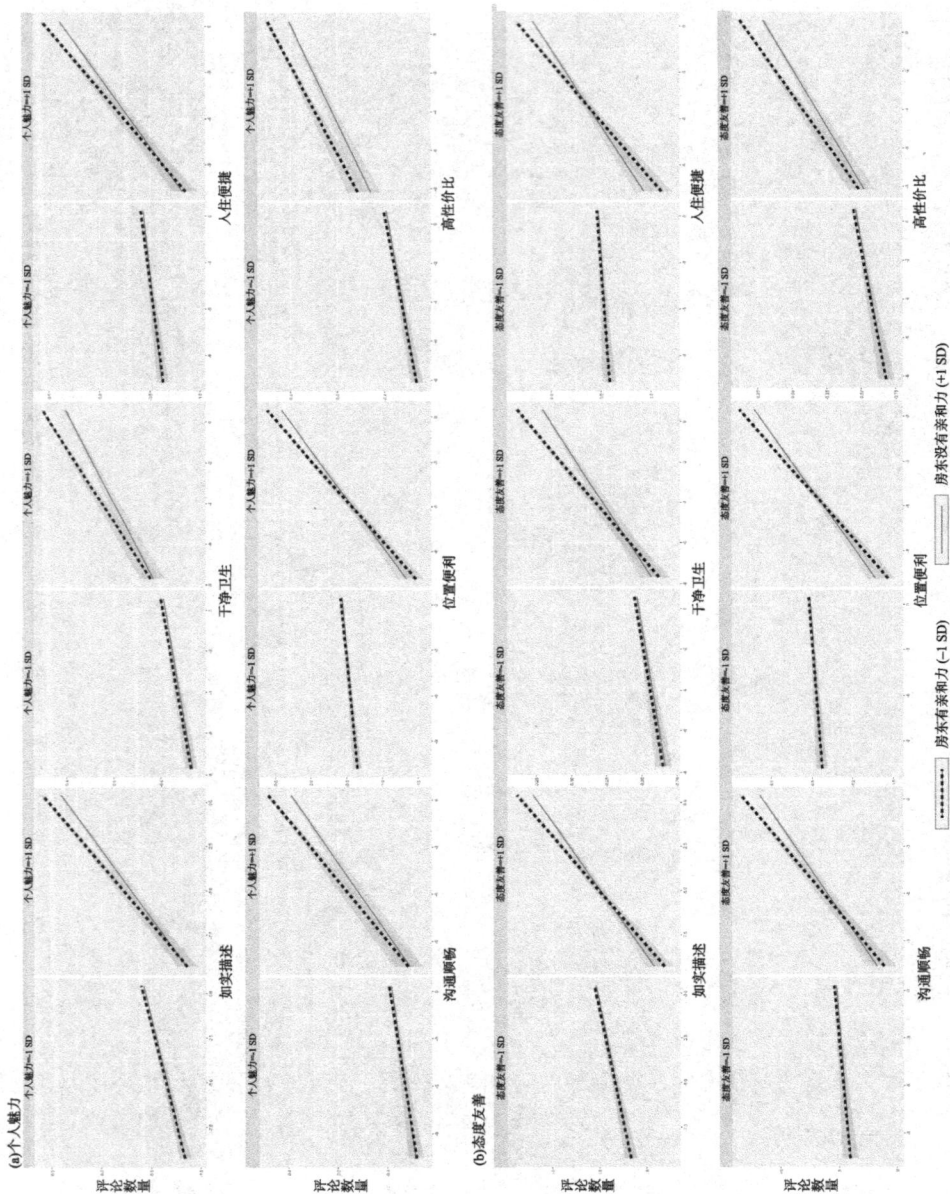

图 6-5　从顾客评论中提取的房东亲和力的四个因子、属性表现和房间数量对评论数量的三重交互作用

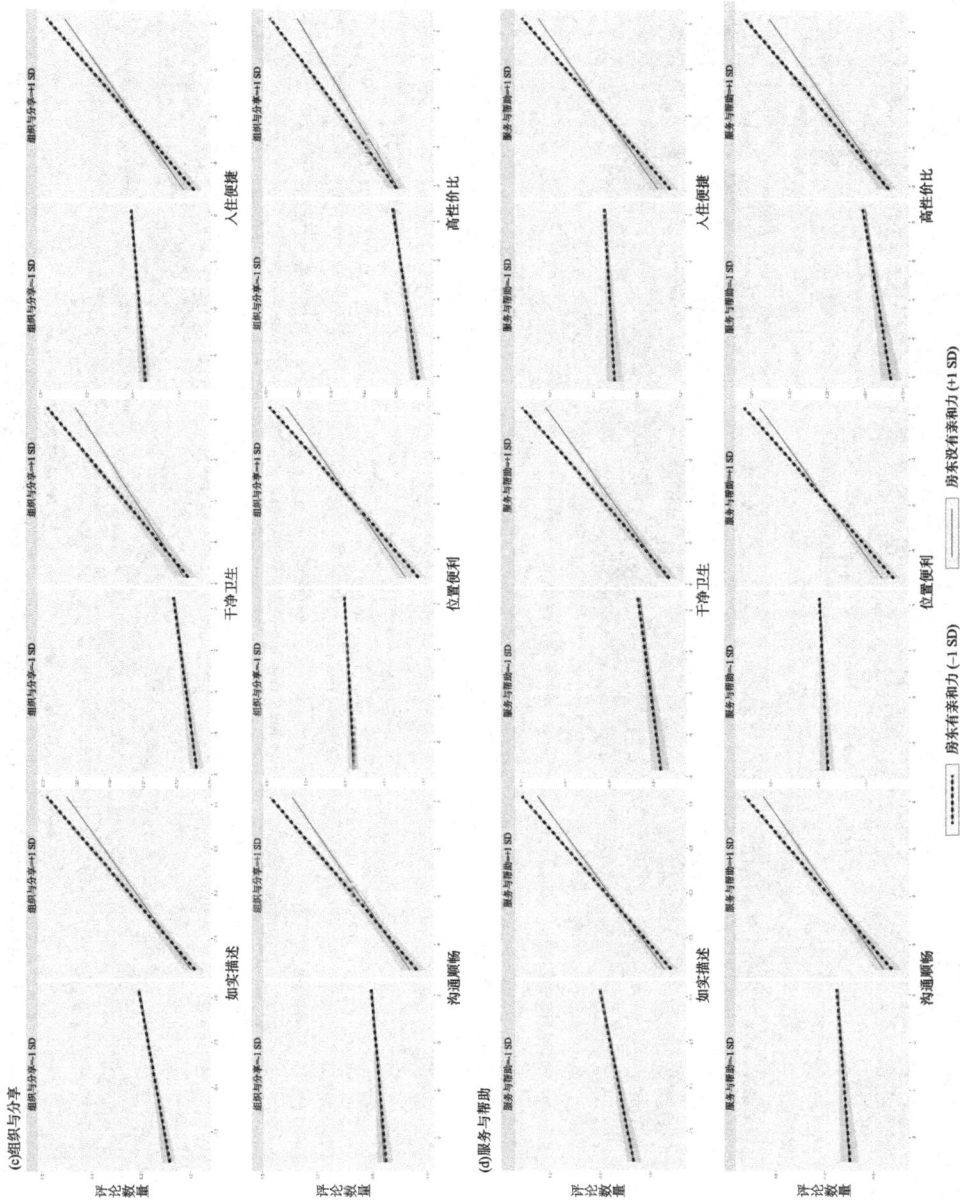

图 6-5　从顾客评论中提取的房东亲和力的四个因子、属性表观和房间数量对评论数量的三重交互作用（续图）

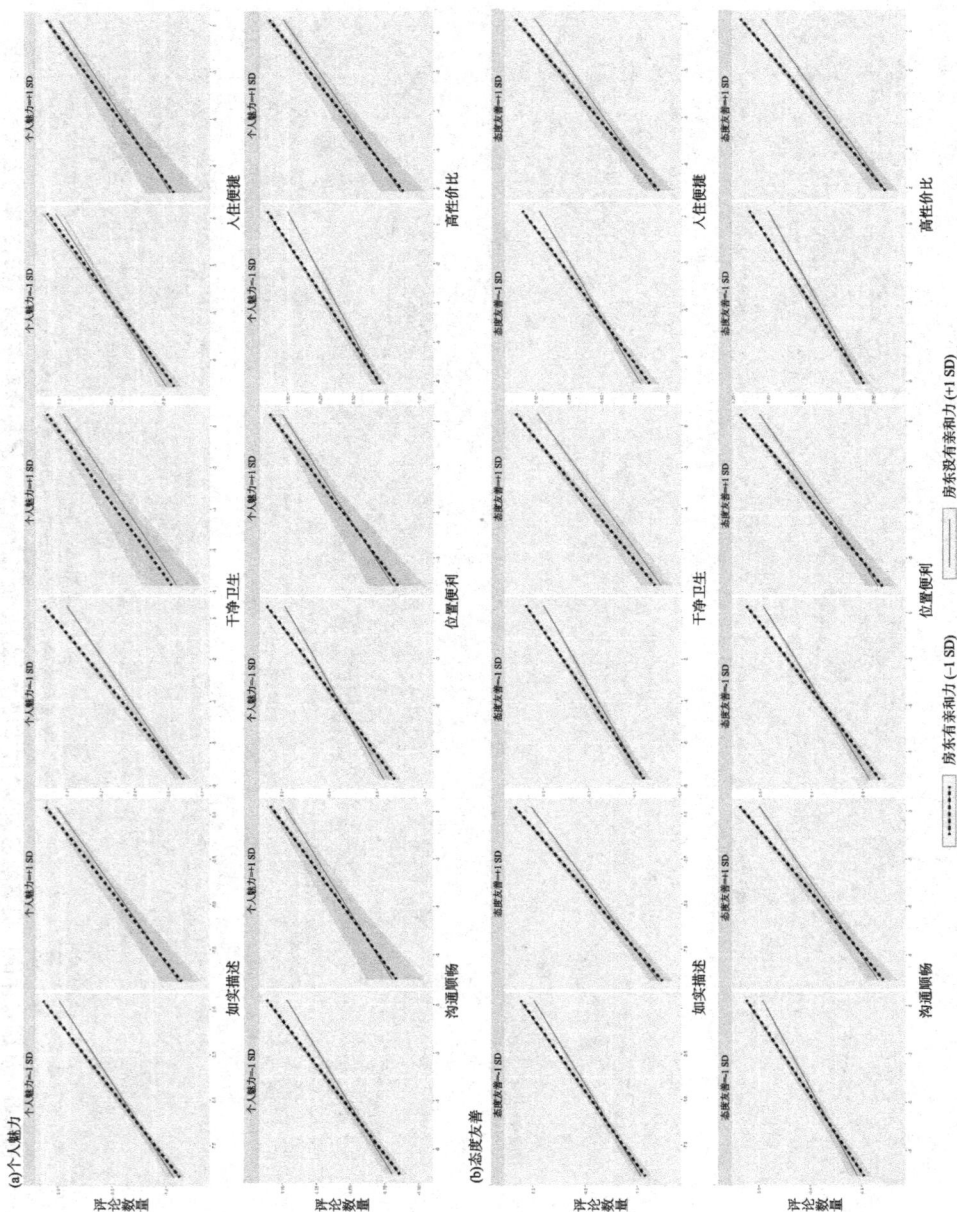

图 6-6　从房东自述中提取的房东亲和力的四个因子、属性表现和房间数量对评论数量的三重交互作用

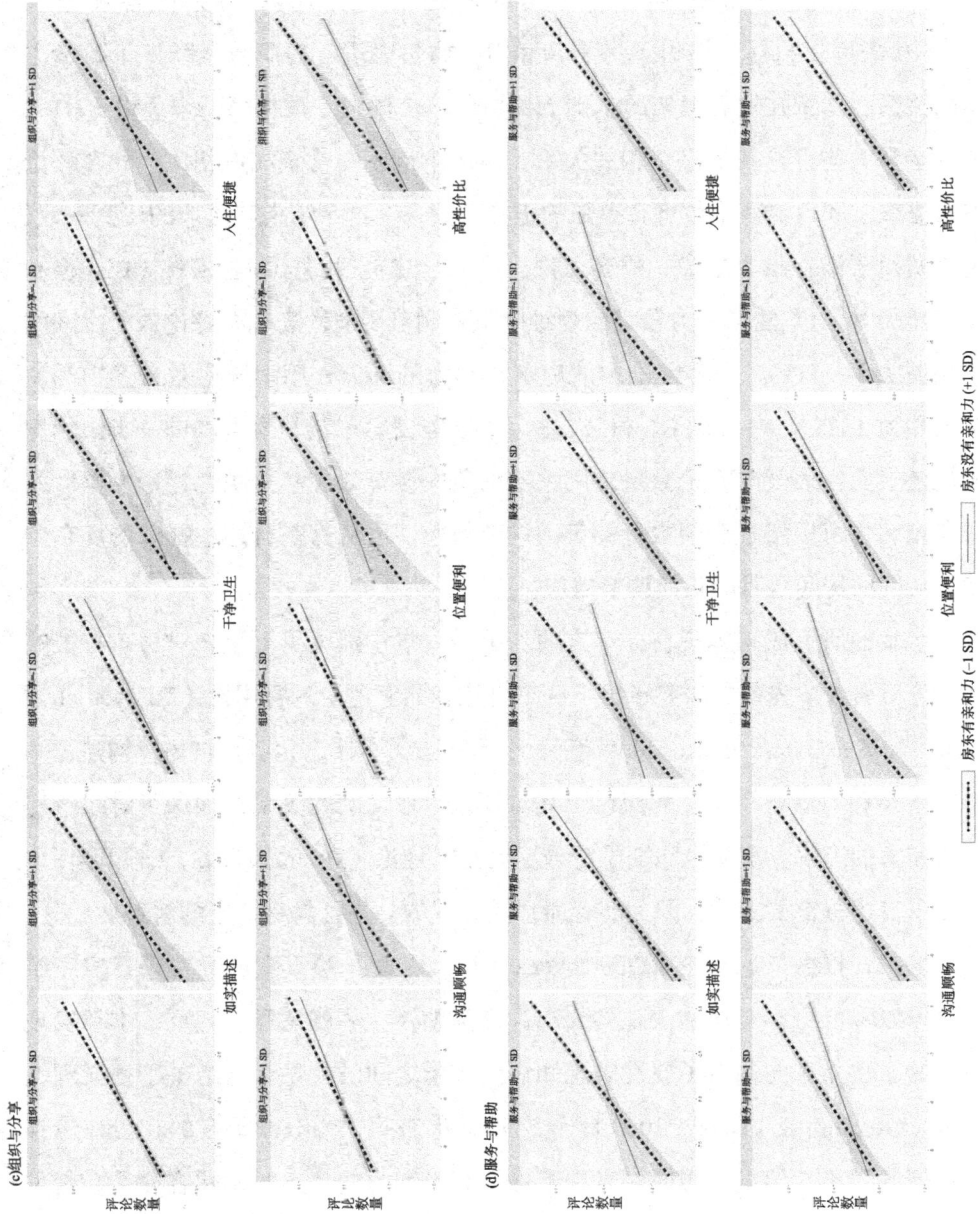

图 6-6 从房东自述中提取的房东亲和力的四个因子、属性表现和房间数量对评论数量的三重交互作用（续图）

第四节　本章小结

本章根据 Airbnb 平台的 36 个国际旅游城市的 104.6 万条顾客评论和 114 310 条房东自述，探讨了房东亲和力、属性表现、房间数量和评论数量之间的关系。本章在概念框架的基础上提出了八个假设。根据第一个假设（H1），房东亲和力与评论数量呈正相关关系。与房东自述中的亲和力相比，顾客评论中的房东亲和力与评论数量有更强的正相关关系。这一结果与之前的研究一致，这表明对于潜在顾客来说，顾客评论比房东自述更值得让顾客信赖（Biswas et al.，2020）。房东的亲和力及其四个维度正向调节了属性表现与评论数量之间的正相关关系（H3）。顾客评论中的房东亲和力的调节作用大于房东自述中的房东亲和力（H5）。在假设 H6 和 H7 中，本章假设房东亲和力可以进一步影响房间数量对属性表现与评论数量之间关系的负向调节效应。从顾客评论中提取的房东亲和力可以增强房间数量的负向调节效应，而从房东自述中提取的房东亲和力会削弱房间数量的负向调节效应。

本章的研究成果体现在三个方面。第一，本章推进了近年来对房东特征的文本分析研究。先前的研究指出了房东自述和顾客评论的有用性（Tussyadiah & Park，2018；García et al.，2020 年）。本章基于顾客评论和房东自述，构建了一个房东亲和力综合模型，并探讨了其与评论数量之间的关系，加深了对线上房东亲和力的理解。本章也印证了符号互动主义理论（Blumer，1937）。顾客评论为房东自述奠定了基础，因为前者通常是客观的，并且具有特定的解释性成分。

第二，根据依恋理论（Oberecker et al.，2008），第五章研究发现，房东亲和力可以降低顾客对属性表现的要求，提高整体顾客满意度。相反，本章发现房东的亲和力正向调节了属性表现和评论数量之间的关系，这与基于正义理论一致（Grégoire & Fisher，2008）。这两项结果表明，Airbnb 平台的在线评论存在强烈的积极性偏见。当面对表现不佳但有亲和力的房东时，顾客往往会留下比实际分数更高的总分，以避免发布负面评论带来的麻烦（Bridges & Vásquez，2016）。虽然顾客可能会留下正面评分，但他们可能不会留下与房东亲和力相关的正面评论，并且不会再体验该民宿。因此，提高民宿的各项属性表现是具有重要意义的。在线房东亲和力只能表面上降低顾客对每个属性的要求，而在预订过程中顾客可能会进一步提高而不是降低他们对每个属性的要求。

第三，研究结果表明，对于拥有多个房源的房东来说，房东亲和力是一把双刃剑。当顾客评论中提到房东具有亲和力时，潜在顾客可能会降低他们对各种属性的要求，并增强预订意愿。相反，当房东自述中提到房东具有亲和力时，潜在顾客可能会提高要求。主要原因可能在于，历史评论中描述房东有亲和力的话语可能会让潜在顾客更加体谅房东经营多个房源的不易，从而降低他们对民宿属性的要求。然而，如果拥有多个房源的房东在自述中过度描述自己的亲和力，可能会使潜在顾客提高他们对民宿的要求。这也证明了在民宿共享平台中房东如实描述的重要性。房东自述显示的不仅仅是个人信息，更是房东向顾客承诺的内容（Tussyadiah & Park，2018）。

第七章

研究结论、贡献与展望

近年来，民宿经济发展如火如荼，目前呈现出井喷式发展态势。如何提升民宿的服务质量，如何提升房东亲和力，哪些策略可以吸引回头客，这些都是亟需回答的问题。本书运用扎根理论分析法、在线评论分析法和语义网络分析法界定了房东亲和力的概念，确定了房东亲和力的概念模型、结构维度和运行机理，开发了房东亲和力量表。基于量表，本书运用层次多元回归分析方法验证了房东亲和力对顾客满意度和评论数量的影响。本章在阐述研究结论的基础上讨论了研究的理论贡献和实践启示，指出了研究的局限性，并提出了未来的研究方向。

第一节　研究结论

本书以房东亲和力为研究主题，探索了民宿房东亲和力的概念、维度和对满意度的影响。本书的主要结论总结如下。

一、界定房东亲和力的概念

基于已有的对民宿房东经营策略、亲和力、亲和力策略等方面的研究，结合深度访谈获得的资料，综合运用归纳法与演绎法，本书第三章将房东亲和力定义为，房东在为顾客提供民宿常规的功能服务或属性服务的基础上，在其力所能及与合理的成本、时间支出范围内，为顾客提供热情与富有价值的交流、指导、帮助与服务的综合能力。凭借这种能力，房东通常会获得顾客较高的满意度、忠诚度及口碑宣传等商业回报。同时将房东亲和力策略定义为，房东试图让顾客喜欢自己和自己的民宿，并使顾客对民宿产生积极感觉的社交策略。

二、构建房东亲和力的概念模型、结构维度与运行机理

本书第三章首次尝试将社会认知理论与亲和力文献相结合，采用定性访谈法、语义网络分析法和在线评论分析法，运用扎根理论的质性研究方法识别并验证中国和美国房东亲和力所包含的概念模型、结构维度与运行机理，将房东亲和力划分为热情和能力两个维度。其中，热情维度包括个人魅力和态度友善两个因子，能力维度包括组织与分享和服务与帮助两个因子。本书详细剖析了房东亲和力各维度和各因子之间的相互关系，探究了房东亲和力对顾客情绪和行为反应的运行机理，为更好地理解房东亲和力和后续房东亲和力的测量与影响机制研究提供了扎实的理论基础。

三、开发房东亲和力量表

基于房东亲和力的构成维度，本书第四章提出了房东亲和力的测量量表，为后续研究提供了实用的测量工具，改善了目前对房东亲和力测量不足的情况。本书采用邱吉尔的量表开发程序开发了房东亲和力量表。首先，从文献、深度访谈和在线评论的编码分析中提取房东亲和力的测量题项，通过项目纯化和内容效度分析获得初始量表。其次，对第一轮调研问卷进行探索性因子分析，对第二轮调研问卷进行验证性因子分析，通过开发量表进一步验证了房东亲和力的两个维度（热情和能力）、四个因子（个人魅力、态度友善、组织与分享和服务与帮助），最终构建了23个题项。研究结果表明，民宿房东亲和力正向影响顾客的情感价值、合作意向及满意度。

四、验证房东亲和力对顾客满意度和评论数量的影响机制

首先，本书第四章和第五章分别采用一手数据和二手数据，使用结构方程

模型和层次多元回归分析两种方法验证了房东亲和力对顾客满意度的影响。第一，本书第四章提到笔者在我国云南省大理市和丽江市发放了388份问卷，使用结构方程模型，验证了房东亲和力对顾客满意度的正向影响。第二，本书第五章提到笔者从Airbnb网站获取了来自21个国际旅游城市的224 128条数据，基于房东亲和力量表的相关词汇构建房东亲和力词库，对数据进行文本挖掘和处理，并进行了层次多元回归分析，进一步验证了房东亲和力与顾客满意度的正向相关关系，研究发现房东亲和力在属性表现和顾客满意度之间关系的负向调节作用。第三，本书第六章在第五章的研究基础上，对比了房东自述和顾客评论中的房东亲和力对评论数量的影响，以及其对属性表现与民宿房间数量、评论数量关系的调节作用。第四，第六章研究发现，从网络文本中（房东自述和顾客评论）提取的房东亲和力可以提高顾客在预订决策时对属性表现的要求，这一结果与第五章的研究结果不一致。

第二节 理论贡献

一、开发和丰富房东亲和力研究的数据维度与测量方法

本书基于深度访谈记录、调查问卷、房东自述和顾客评论等信息，构建了房东亲和力评估模型。

本书在第三章中对房东亲和力进行了全面的概念化和准确的描述，并进一步分析了房东亲和力与其他构念之间的关系，同时将社会认知理论和服务理论进行概念化，丰富了对房东亲和力的理解。本书通过对民宿房东和顾客的深度访谈和在线评论分析，运用扎根理论法和语义网络分析法，对民宿房东亲和力进行深入剖析，辨析其内涵，解析其维度，探究其作用关系，并研究了民宿房东亲和力的运行机理。基于社会认知理论，本书明确了房东亲和力的概念，确

定了民宿房东亲和力的两个维度（热情和能力）和四个因子（个人魅力、态度友善、组织与分享和服务与帮助），并指出房东为了让顾客喜欢自己和自己的民宿，实施一系列亲和力策略，这些亲和力策略会让顾客产生情感和行为反应。顾客的反应也会影响房东实施的亲和力策略。如果实施的亲和力策略效果不显著，顾客反应不积极，房东会调整亲和力策略。本书对社会认知理论研究进行了拓展和深化。

本书第四章基于（第三章）对房东亲和力概念的界定和结构维度，采用邱吉尔的量表编制程序对房东亲和力进行测量，为关于亲和力的文献增添了新的内容。四因子量表填补了以往研究的空白，并为未来研究民宿房东亲和力的影响因素和影响机制奠定了基础。第三个因子组织与分享强调房东通过加强房东与顾客之间、顾客与顾客之间的社会互动来增强亲和力，这是对已有亲和力策略文献的补充。第四个因子服务与帮助突出了旅游业和酒店业的服务特点。这两个因子扩展了贝尔和戴利（1984）对亲和力的研究，并强调了民宿的运作特征。

在概念模型构建和量表开发的基础上，本书第五章和第六章进一步采用了节省时间、可应用于大数据研究的文本挖掘方法，构建了房东亲和力词库，分别探讨了房东亲和力对顾客满意度和顾客评论数量的影响，丰富了房东亲和力研究中的数据维度和测量方法。

二、探索了房东亲和力对顾客情绪和行为意向的影响

本书提出，房东亲和力策略与顾客的情感和行为反应密切相关。已有文献表明，如果房东对顾客表现出友好、热情，顾客则会感知到更高的情感价值，也更有可能表达与房东成为朋友的意向（Zhang，Jahromi & Kizildag，2018）。然而，关于这方面的实证研究却很少。本书第三章通过实证分析，提出了一种可能的动态机制，即房东亲和力可以通过这种机制激发顾客的情感和行为。本书第四章通过提出刺激 – 机体 – 反应模型验证了这一影响过程。结果表明，民宿房东亲和力对顾客感知的情感价值有正向影响，顾客感知到的情感价值进而

正向影响其与房东合作的意向。情感价值在房东亲和力与顾客和房东合作意向之间起到完全中介作用。本书构建的概念框架丰富了旅游和酒店文献中关于影响顾客情感和行为的房东相关因素的讨论。

三、验证了房东亲和力对顾客满意度的影响

本书采用一手数据和二手数据，使用结构方程模型和层次多元回归分析两种方法验证了房东亲和力对顾客满意度的影响。首先，笔者在我国云南省大理市和丽江市发放了 388 份问卷，使用结构方程模型，验证了房东亲和力对顾客满意度的正向影响。其次，笔者使用二手数据就房东亲和力对满意度的影响做了进一步研究。本书基于来自 21 个国际城市的 224 128 条数据，为民宿房东亲和力对顾客满意度的积极影响提供了强有力的实证证据。不同国家的大样本增强了结果的普遍性。同时本书还提供了确凿的证据来证明房东亲和力负向调节了属性表现与顾客满意度之间的关系，进一步验证了期望 – 失验理论。最后，以往研究忽略了情感因素是否能够调节属性表现与总评分之间的关系。本书将在线评论中的房东亲和力及其四个因子作为情感依恋因素，发现它们在民宿情境下负向调节这一关系。如果房东具有亲和力，顾客可能会降低对各个民宿属性的要求。这些发现可能指导未来的研究更多地关注民宿房东亲和力。此外，本研究发现房东亲和力及其四个因子对属性表现与总评分之间关系的负向调节作用。

四、探讨了房东亲和力对评论数量的影响

本书第六章的研究发现，从网络文本中提取的房东亲和力可以提高顾客在预订决策时对属性表现的要求，这一结果与第五章的研究结果不一致。第五章的研究结果表明，房东亲和力负向调节属性表现与顾客满意度之间的关系，房东亲和力降低了顾客对属性表现的要求，提高了顾客的整体满意度。而第六章的结果发现，房东亲和力正向调节属性表现与评论数量之间的关系，房东亲和

力提升了顾客对属性表现的要求。这两个相反的结论表明，Airbnb 平台上的顾客评论存在强烈的积极性偏见。性格温和的顾客可能不太愿意花时间留下评论（Hu，Zhang & Pavlou，2009），为了避免发布差评带来的麻烦，他们通常会礼貌性地为属性表现较差的民宿留下较高的评分，但下次可能不会再预订这家民宿。在线房东亲和力只能表面上减少顾客对每个属性的要求。从本质上来讲，如果在网络文本中，尤其在顾客评论中可以感知到房东亲和力，那么潜在顾客在预订过程中可能会进一步提高而不是降低对每个属性的要求。此外，研究结果表明房东亲和力是一把双刃剑。一方面，当顾客在评论中提到房东有亲和力时，房间数量对属性表现与在线评论数量之间关系的负面影响会更大。顾客提到的房东亲和力可能有助于降低顾客对多房源民宿各种属性的要求，增加在线评论数量。另一方面，当房东在自述中提到自己有亲和力时，房间数量对属性表现和在线评论数量之间关系的负面影响可能会减弱。主要原因可能是，当房间数量较多时，顾客在评论中表扬房东亲和力可能会让潜在顾客更加感同身受，从而降低他们对该民宿属性的要求。但是，当房间数量众多且房东自称有亲和力时，对房东亲和力的过度描述可能会使潜在顾客保持警惕，并提高他们对民宿属性的要求。自述不仅展现了房东的个人信息（Tussyadiah & Park，2018），而且还展示了房东对顾客的承诺。

第三节　实践启示

本书的研究结论为房东、地方政府、网络平台，以及目的地营销组织带来了实践启示。

一、对房东经营策略的启示

从房东的角度来看，要鼓励房东使用各种亲和力策略来培养主客亲密关系并吸引更多忠实的回头客。房东可以通过展现有趣的自我和个人魅力来吸引顾客。房东要热情、友好，说话要轻柔自然，要有同情心，要像对待朋友或家人一样对待顾客。房东可以邀请顾客出游或聚餐，组织策划旅游和娱乐活动，为顾客提供社交环境。房东也应积极向顾客提出建议，提醒顾客旅行的注意事项，并在顾客遇到问题时给予鼓励和支持。对于那些提供整体出租或私人房间出租的民宿，或那些每晚价格低于300美元的民宿，房东可以进一步发展和保持他们的亲和力策略。这样做可能会增加顾客的赞赏、推荐和再次入住的意愿。

对于属性表现较低的民宿，如果顾客觉得房东有亲和力，可能表面上会降低对属性的要求，但未来可能不再预订该民宿。因此，提高民宿的各个属性水平是提高民宿预订量最根本的解决办法。

房东与其在自述中说自己有亲和力，不如通过实际行动让顾客感受到自己的亲和力，引导顾客在评论中多描述房东亲和力。因此，房东应采取亲和力策略来吸引顾客，房东也应该诚实和积极地进行自我透露，房源较多的房东应特别注意在自述中不要过多描述亲和力，这样会鼓励顾客留下正面评论，从而促进民宿的线上销售。

二、对网络平台的启示

从网络平台的角度来看，要设计更好的反馈系统，对顾客的在线评论进行分类，使潜在顾客更加容易提取到自己想要的信息，并且鼓励顾客在入住后结合房东亲和力的各个维度和因子给出评价。民宿平台应该鼓励房东积极地回答潜在顾客各方面的问题，并且注重网络平台即时通信系统的设计。要使用适当的奖励机制来规范房东的行为。要进一步培训客服人员使用亲和力策略，提供高质量的服务，传递温暖。平台管理者可以鼓励房东根据过去顾客的评分和评论撰写自述，但要注意避免过度的积极描述。平台还需要定期审查顾客的评论，以避免虚假信息，特别是对于拥有多个房源的房东的在线文本信息，平台应该给予更多的关注。

三、对地方政府和目的地的启示

从地方政府和目的地的角度来看，要为民宿房东提供培训和业务支持，引导当地房东培养亲和力，以吸引顾客。地方政府和目的地可以提供培训课程和运营支持，以提高房东的服务水平和亲和力。这有助于建立和维持顾客与房东之间的可持续关系，从而树立积极的目的地形象。但是，需要注意的是，房东若提供过多的服务可能会让顾客感到不舒服。因此，地方政府和目的地管理者应密切关注房东的行为及顾客的情感和行为反应。

四、对目的地的网络营销组织的启示

对于目的地的网络营销组织来说，我们建议使用网络平台，如 Airbnb、美团和猫途鹰网站等，以提高目的地形象。同时可通过口碑营销或电子口碑，鼓励 Airbnb 的顾客分享他们的个人感受、惊喜时刻和社交体验。

第四节　研究局限性与展望

一、研究局限性

（一）房东亲和力结构维度研究数据资料受限

我们利用理论抽样法和目的抽样法访谈了房东和顾客，对收集的访谈资料和在线评论进行扎根理论分析，探索了房东亲和力的概念模型、结构维度与运行机理。然而，在数据资料方面，存在以下局限性。首先，本书的深度访谈的对象为我国云南省大理市的房东，而访谈的顾客主要集中于我国云南省丽江市和大理市，未采用配对研究的方法。未来应当按照固定比例访谈房东和顾客。其次，在线评论仅收集了 Airbnb 平台上我国北京和上海两座城市的在线评论。鉴于这一局限性，未来的研究可以收集来自不同国家的数据集并考察其他城市或国家的在线评论。再次，本书的深度访谈可能会受时间或环境的限制。最后，本书仅收集了美国三座城市的在线评论。鉴于这一局限性，未来的研究可以考察其他城市或国家的在线评论。

（二）未对房东亲和力量表进行跨文化检验

虽然本书采用邱吉尔的量表编制程序开发了房东亲和力测量量表，但由于此量表样本均来源于我国，并未对房东亲和力量表进行跨文化检验，该量表可能不太适用于其他国家的民宿。因此，我们鼓励研究者在不同文化背景下进一步对本书开发的量表进行信度和效度检验，以提高量表在不同文化情境中的适用性。

（三）房东亲和力对满意度和评论数量的影响研究仍需扩充

第一，本书只讨论了房东亲和力的六个属性表现（如实描述、干净卫生、入住便捷、沟通顺畅、位置便利和高性价比）与顾客满意度之间的关系。未来我们可以通过情感分析考虑其他属性的作用。第二，本书关注的是顾客的积极评论和房东的自我描述对评论数量的影响，没有探讨负面评论中提取的房东亲和力如何影响潜在客户的预订决策。第三，本书仅对 Airbnb 平台进行实证研究。未来，我们可以将本书的发现扩展到不同的在线短租平台。第四，为了淡化文化背景对房东亲和力感知和预订决策的影响，本书收集了全球 23 个国际城市的数据，以确保房东和顾客样本的多样性。然而，本书并没有调查这些城市间的差异对房东亲和力的影响，这可能是未来我们研究的一个方向。

二、未来研究展望

（一）不同利益相关者感知的房东亲和力的维度识别

由于顾客作为民宿体验的客体参与了民宿体验的整个过程，其可以对房东亲和力体验进行感知和测评，而且从顾客角度研究房东亲和力有利于避免社会称许性反应偏误（Fisher，1993），所以本书从顾客的视角研究了房东亲和力的维度和对顾客满意度的影响。未来，我们可以从房东、监管平台等不同利益主体视角识别房东亲和力，对比分析不同利益相关者对房东亲和力的看法，找出可能存在的差距。例如，房东自述的亲和力与顾客评论中提到的房东亲和力有何不同，对其他变量的影响有何不同，等等。

（二）房东亲和力的跨文化检验和多视角开发

本书采用了"情景化"的量表开发方式开发了适用于我国情景的民宿房东亲和力测量量表。为了提高量表在其他国家或地区的普适性，未来的研究可以基于不同的文化背景下重新探索房东亲和力量表，检验房东亲和力量表的信度和效度。此外，本书从顾客视角开发了房东亲和力量表，未来可以从房东、监管主体等不同利益相关者视角开发房东亲和力量表，进一步丰富房东亲和力的测量体系。

（三）不同阶段的房东亲和力对比

顾客入住民宿可分为入住前、入住中和入住后三个阶段，未来不同阶段房东的亲和力将是一个重要的研究方向。入住前，房东的自述如何吸引顾客，入住中和入住后，房东应分别采用哪些亲和力策略。对比不同阶段房东亲和力策略，研究其产生的作用机制是什么。

（四）线上房东面孔亲和力的评估模型构建

本书已经明确了房东亲和力的概念和维度，探讨了房东亲和力与顾客满意度和评论数量等变量的关系，但缺乏对线上房东面孔亲和力的理论和实证研究。民宿照片中房东的面孔可能会非常快速地给顾客留下一个最初的印象，这个印象会对顾客的潜意识产生持久的影响（Shen & Ferguson，2021）。在未来的研究中，我们可以进一步构建线上房东面孔亲和力的评估模型。

（五）线上房东面孔亲和力与行为亲和力的交互作用

已有研究未能充分探讨多种线上房东亲和力信息的交互作用对顾客预定行为的影响作用机制。当多种有关房东亲和力的信息，如房东头像、房东自述和顾客评论，同时出现在潜在顾客面前时，将不可避免地发生冲突或产生相互作用。在这些信息中，哪些信息是影响顾客预定行为的主要影响因素？它们之间是什么关系？它们的影响强度有何异同？它们的作用机制符合哪种理论或规律？这些问题值得我们进行深入探讨。

（六）民宿房东亲和力对顾客决策影响的心理机制探究

根据决策研究领域的双系统理论（卡尼曼等，2013），当顾客浏览民宿的网页信息时，顾客的两种思维系统，即经验系统（系统1）和理性系统（系统2）会同时运作。当看到房东头像时，顾客的经验系统通常会对其中的面孔特征进行快速判断；而当浏览房东自述和顾客评论时，顾客的理性系统则可能会启动，对文字内容进行认真思考与分析。那么，当多种亲和力信息发生冲突或不发生冲突时，顾客做出的决策是经验系统自动加工的反应，还是理性系统控制加工的结果？顾客的经验系统和理性系统是如何对上述信息进行加工的？在未来的研究中，我们可以深度剖析线上房东亲和力信息对顾客预定行为的影响。

参考文献

［1］ Abele A E , Wojciszke B . Communal and Agentic Content in Social Cognition. A Dual Perspective Model[J]. Advances in Experimental Social Psychology, 2014, 50(50):195-255.

［2］ Abrate G , Viglia G . Personal or product reputation? Optimizing revenues in the sharing economy[J]. Journal of Travel Research, 2019, 58(1): 136-148.

［3］ Adams J S . "Inequity in social exchange", in Berkowitz, L . (Ed.): Advances in Experimental Social Psychology[M]. New York: Academic Press，1965.

［4］ Alexander M G , Brewer M B , Hermann R K . Images and affect: A functional analysis of out-group stereotypes[J]. Journal of Personality Social Psychology, 1999, 77(1):78-93.

［5］ Altinay L , Paraskevas A . Planning research in hospitality and tourism[M]. Oxford: Butterworth-Heinemann, 2008.

［6］ Arnberger A , Eder R , Allex B , et al. Relationships between national-park affinity and attitudes towards protected area management of visitors to the Gesaeuse National Park, Austria[J]. Forest Policy and Economics, 2012: 48-55.

［7］ Asseraf Y , Shoham A . Destination branding: The role of consumer affinity[J]. Journal of Destination Marketing and Management, 2017, 6(4): 375-384.

［8］ Ba S, Jin Y, Li X, et al. One size fits all? The differential impact of online reviews and coupons[J]. Production and Operations Management, 2020, 29(10): 2403-2424.

［9］ Barnes S J , Mattsson J , Sorensen F , et al. The mediating effect of experiential value on tourist outcomes from encounter-based experiences[J]. Journal of Travel Research, 2020, 59(2): 367-380.

［10］ Baute-Díaz N , Gutiérrez-Taño D , Díaz-Armas R J . What drives guests to misreport their experiences on Airbnb? A structural equation modelling approach[J]. Current Issues in Tourism, 2020, 25(21): 3443-3460.

［11］ Bell R A , Daly J A . The affinity-seeking function of communication[J]. Communication Monographs, 1984, 51(2): 91-115.

［12］ Bell R A , Gonzalez J A D C . Affinity-maintenance in marriage and its relationship to women's marital satisfaction[J]. Journal of Marriage Family, 1987, 49(2): 445-454.

［13］ Bell R A , Tremblay S W , Buerkel - Rothfuss, N L . Interpersonal attraction as a communication accomplishment: Development of a measure of affinity-seeking competence[J]. Western Journal of Speech Communication Wjsc, 1987, 51(1):1-18.

［14］ Bi J W , Liu Y , Fan Z P , et al. Exploring asymmetric effects of attribute performance on customer satisfaction in the hotel industry[J]. Tourism Management, 2020, 77.

［15］ Biernacki P , Waldorf D . Snowball sampling: Problems and techniques of chain referral sampling[J]. Sociological Methods Research, 1981, 10(2):141-163.

［16］ Bilro R G , Loureiro S M C , Guerreiro J . Exploring online customer engagement with hospitality products and its relationship with involvement, emotional states, experience and brand advocacy[J]. Journal of Hospitality Marketing Management, 2018：1-25.

［17］ Biswas B , Sengupta P , Chatterjee D . Examining the determinants of the count of customer reviews in peer-to-peer home-sharing platforms using clustering and count regression techniques[J]. Decision Support Systems, 2020：135.

［18］ Blumer H. Social disorganization and individual disorganization[J]. American Journal of sociology, 1937, 42(6): 871-877.

［19］ Boley B B , Nickerson N P , Bosak K . Measuring geotourism: developing and testing the geotraveler tendency scale (GTS)[J]. Journal of Travel Research, 2011, 50(5): 567-578.

［20］ Bollen Kenneth A . Structural equations with latent variables[M]. New York: John Wiley Sons, 1989.

［21］ Bolton R N , Saxenaiyer S . Interactive Services: A Framework, Synthesis and Research Directions[J]. Journal of Interactive Marketing, 2009, 23(1): 91-104.

［22］ Bove L L , Pervan S J , Beatty S E , et al. Service worker role in encouraging customer organizational citizenship behaviors[J]. Journal of Business Research, 2009, 62(7):698-705.

［23］ Bridges J, Vásquez C. If nearly all Airbnb reviews are positive, does that make them meaningless?[J]. Current Issues in Tourism, 2018, 21(18): 2057-2075.

［24］ Brockner J, Wiesenfeld B M. An integrative framework for explaining reactions to decisions: interactive effects of outcomes and procedures[J]. Psychological bulletin, 1996, 120(2): 189.

［25］ Brooks C F , Young S L . Emotion in online college classrooms: examining the influence of perceived teacher communication behaviour on students' emotional experiences[J]. Technology Pedagogy Education, 2015, 24(4): 515-527.

［26］ Burtch G, Hong Y, Bapna R, et al. Stimulating online reviews by combining financial incentives and social norms[J]. Management Science, 2018, 64(5): 2065-2082.

［27］ Camilleri J , Neuhofer B . Value co-creation and co-destruction in the Airbnb sharing economy[J]. International Journal of Contemporary Hospitality Management, 2017, 29(9): 2322-2340.

［28］ Cederholm E A , Hultman J . Bed, breakfast and friendship: intimacy and distance in small-scale hospitality businesses[J]. Culture Unbound: Journal of Current Cultural Research, 2010, 2(3): 365-380.

［29］ Cederholm E A , Hultman J . The value of intimacy - negotiating commercial relationships in lifestyle entrepreneurship[J]. Scandinavian Journal of Hospitality Tourism, 2010, 10(1):16-32.

［30］ Chen C M , Chen S H , Lee H T . Interrelationships between physical environment quality, personal interaction quality, satisfaction and behavioural intentions in relation to customer loyalty: The case of Kinmen's bed and breakfast industry[J]. Asia Pacific Journal of Tourism Research, 2013, 18(3): 262-287.

［31］ Chen D, Bi J W. Cue congruence effects of attribute performance and hosts' service quality attributes on room sales on peer-to-peer accommodation platforms[J]. International Journal of Contemporary Hospitality Management, 2022, 34(10), 3634-3654.

[32] Chen L F . Exploring asymmetric effects of attribute performance on customer satisfaction using association rule method[J]. International Journal of Hospitality Management, 2015, 47: 54-64.

[33] Chen Y , Tussyadiah I P . Service Failure in Peer-to-Peer Accommodation[J]. Annals of Tourism Research, 2021, 88(3):1-13.

[34] Cheng M , Jin X . What do Airbnb users care about? An analysis of online review comments[J]. International Journal of Hospitality Management, 2019, 79: 58-70.

[35] Cheng X, Fu S, Sun J, et al. An investigation on online reviews in sharing economy driven hospitality platforms: A viewpoint of trust[J]. Tourism Management, 2019, 71: 366-377.

[36] Chi G Q , Chi O H , Ouyang Z . Wellness hotel: conceptualization, scale development, and validation[J]. International Journal of Hospitality Management, 2010.

[37] Churchill G A . A paradigm for developing better measures of marketing constructs[J]. Journal of marketing research, 1979, 16(1): 64-73.

[38] Clarke J . Farm accommodation and the communication mix[J]. Tourism Management, 1996, 17(8):611-616.

[39] Clemes M D , Gan C , Ren M. Synthesizing the effects of service quality, value, and customer satisfaction on behavioral intentions in the motel industry: an empirical analysis[J]. Journal of Hospitality & Tourism Research, 2011, 35(4): 530-568.

[40] Creswell J W . Qualitative inquiry research design: Choosing among five approaches (3rd ed.)[M]. Thousand Oaks: Sage Publication, 2013.

[41] Dawson J F , Richter A W . Probing three-way interactions in moderated multiple regression: development and application of a slope difference test[J]. Journal of Applied Psychology, 2006, 91(4): 917-926.

[42] Ding K , Choo W C , Ng K Y , et al. Employing structural topic modelling to explore perceived service quality attributes in Airbnb accommodation[J]. International Journal

of Hospitality Management, 2020, 91.

［43］ Dolin D J . An alternative form of teacher affinity-seeking measurement[J]. Communication Research Reports, 1995, 12(2): 220-226.

［44］ Domenico M D , Lynch P A . Host/Guest encounters in the commercial home[J]. Leisure Studies, 2007, 26(3): 321-338.

［45］ Eisenhardt K M , Graebner M E . Theory building from cases: Opportunities and challenges[J]. Academy of Management Journal, 2007, 50(1): 25-32.

［46］ Erhardt N , Martinrios C , Chan E . Value co-creation in sport entertainment between internal and external stakeholders[J]. International Journal of Contemporary Hospitality Management, 2019, 31(11): 4192-4210.

［47］ Ert E , Fleischer A . The evolution of trust in Airbnb: A case of home rental[J]. Annals of Tourism Research, 2019, 75: 279-287.

［48］ Falk M , Hagsten E . Modelling growth and revenue for Swedish hotel establishments[J]. International Journal of Hospitality Management, 2015, 45: 59-68.

［49］ Fang S , Zhang C , Li Y Physical attractiveness of service employees and customer engagement in tourism industry[J]. Annals of Tourism Research, 2020, 80.

［50］ Fisher R J . Social desirability bias and the validity of indirect questioning[J]. Journal of Consumer Research, 1993, 20(2): 303-315.

［51］ Fiske S T , Cuddy A J C , Glick P . Universal dimensions of social cognition: warmth and competence[J]. Trends in Cognitive Ences, 2007, 11(2): 77-83.

［52］ Fiske S T , Xu J , Cuddy A C , et al. (Dis)respecting versus (Dis)liking: Status and interdependence predict ambivalent stereotypes of competence and warmth[J]. Journal of Social Issues, 2010, 55(3).

［53］ Fornell C , Johnson M D , Anderson E W , et al. The American Customer Satisfaction Index: Nature, purpose, and findings[J]. Journal of Marketing, 1996, 60(4): 7-18.

［54］ Ganong L , Coleman M , Fine M , et al. Stepparents' affinity-seeking and affinity-maintaining strategies with stepchildren[J]. Journal of Family Issues, 1999, 20(3): 299-327.

［55］ Gao B, Li X, Liu S, et al. How power distance affects online hotel ratings: The positive moderating roles of hotel chain and reviewers' travel experience[J]. Tourism management, 2018, 65: 176-186.

[56] Gao L , Li H , Liang S , et al. How does constraining description affect guest booking decisions and satisfaction?[J]. Tourism Management, 2022, 93.

[57] García N M, Muñoz-Gallego P A, Viglia G, et al. Be social! The impact of self-presentation on peer-to-peer accommodation revenue[J]. Journal of Travel Research, 2020, 59(7): 1268-1281.

[58] Gaugler J E . Family involvement in residential long-term care: A synthesis and critical review[J]. Aging & Mental Health, 2005, 9(2): 105-118.

[59] Geiger A , Horbel C , Germelmann C C . "Give and take" : how notions of sharing and context determine free peer-to-peer accommodation decisions[J]. Journal of Travel Tourism Marketing, 2018, 35(1): 5-15.

[60] Getty J M , Getty R L . Lodging quality index (LQI): assessing customers' perceptions of quality delivery[J]. International Journal of Contemporary Hospitality Management, 2003, 15(2): 94-104.

[61] Goes P B , Lin M , Au Yeung C M . "Popularity effect" in user-generated content: Evidence from online product reviews[J]. Information Systems Research, 2014, 25(2): 222-238.

[62] Granitz N A , Koernig S K , Harich K R . Now it' s personal: Antecedents and outcomes of rapport between business faculty and their students[J].Journal of Marketing Education, 2008, 31(1): 52-65.

[63] Grebe J P . Affinity through instant messaging: An exploration of initial interactions[D]. University of Kansas (Doctoral dissertation), 2009.

[64] Grégoire Y, Fisher R J. Customer betrayal and retaliation: when your best customers become your worst enemies[J]. Journal of the Academy of Marketing Science, 2008, 36(2): 247-261.

[65] Guttentag D . Airbnb: Disruptive innovation and the rise of an informal tourism accommodation sector[J]. Current Issues in Tourism, 2015, 18(12): 1192-1217.

[66] Hartz A , Watson D , Noyes R . Applied study of affinities for personal attributes using

an epidemiological model[J]. Social Behavior and Personality An International Journal, 2005, 33(7):635-650.

［67］ Hayes A F . Beyond baron and kenny: Statistical mediation analysis in the new millennium[J]. Communication Monographs, 2009, 76(4): 408-420.

［68］ Heather E , Philip L , Ozanne K , et al. Examining temporary disposition and acquisition in peer-to-peer renting[J]. Journal of Marketing Management, 2015, 31(11-12): 1310-1332.

［69］ Hill, M E . Skin color and the perception of attractiveness among African Americans: Does gender make a difference? [J] Social Psychology Quarterly, 2002, 65(1): 77-91.

［70］ Holder A , Ruhanen L . Exploring the market appeal of indigenous tourism: a netnographic perspective[J]. Journal of Vacation Marketing, 2018, 25(2): 149–161.

［71］ Homans G G . Social behavior: its elementary forms[M]. New York: Harcourt Brace, 1961.

［72］ Hsieh Y C , Lin Y H . Bed and Breakfast operators' work and personal life balance: A cross-cultural comparison[J]. International Journal of Hospitality Management, 2010, 29(4):576-581.

［73］ Hu N, Zhang J, Pavlou P A. Overcoming the J-shaped distribution of product reviews[J]. Communications of the ACM, 2009, 52(10): 144-147.

［74］ Hussain D, Windsperger J. Multi-unit ownership strategy in franchising: development of an integrative model[J]. Journal of Marketing Channels, 2010, 17(1): 3-31.

［75］ Ismail A B, Jiang H. Comparing service quality for Long-Haul low-cost carriers–Case for Asia and Australia Routes[J]. Journal of Quality Assurance in Hospitality & Tourism, 2019, 20(6): 647-680.

［76］ Jaffe E D , Nebenzahl I D . It's all in the eyes of the consumer. national image competitive advantage: the theory and practice of place branding[M]. Copenhagen: Narayana Press, 2006.

［77］ Jamal S A, Othman N A, Muhammad N M N. Tourist perceived value in a community-based homestay visit: An investigation into the functional and experiential aspect of value[J]. Journal of Vacation Marketing, 2011, 17(1): 5-15.

［78］ Jamieson L . Intimacy as a Concept: Explaining social change in the context of globalisation or another form of ethnocentricism? [J]. Sociological Research Online, 2011, 16(4): 151–163.

［79］ Jiang Y , Balaji M S , Jha S . Together we tango: Value facilitation and customer participation in Airbnb[J]. International Journal of Hospitality Management, 2019, 82: 169-180.

［80］ Johnson A G , Neuhofer B . Airbnb-an exploration of value co-creation experiences in Jamaica[J]. International Journal of Contemporary Hospitality Management, 2017, 29(9): 2361-2376.

［81］ Ju Y , Back K , Choi Y , et al. Exploring Airbnb service quality attributes and their asymmetric effects on customer satisfaction[J]. International Journal of Hospitality Management, 2019, 77: 342-352.

［82］ Kang J, Slaten T, Choi W J. Felt betrayed or resisted? The impact of pre‐crisis corporate social responsibility reputation on post-crisis consumer reactions and retaliatory behavioral intentions[J]. Corporate Social Responsibility and Environmental Management, 2021, 28(1): 511-524.

［83］ Kim J, Lee J E R. The Facebook paths to happiness: Effects of the number of Facebook friends and self-presentation on subjective well-being[J]. CyberPsychology, behavior, and social networking, 2011, 14(6): 359-364.

［84］ Kladou S , Mavragani E . Assessing destination image: an online marketing approach and the case of TripAdvisor[J]. Journal of Destination Marketing and Management, 2015, 4(3): 187-193.

［85］ Klaus P . Quality epiphenomenon: the conceptual understanding of quality in face-to face service encounters, in Czepiel, J .A ., Solomon, M .R ., Suprenant, C .F . and Gutman, E .G . (Eds): The Service Encounter: Managing Employee Customer Interaction in Service Business[M]. Lexington: Lexington Books, 1985.

［86］ Kline S F, Morrison A M, John A S. Exploring bed & breakfast websites: A balanced scorecard approach[J]. Journal of Travel & Tourism Marketing, 2005, 17(2-3): 253-267.

［87］ Kung C Y , Hsien M Y , Yan T M . A study on the Bed and Breakfast website marketing: Applying Kansei engineering and AHP approach[J]. International Journal of Kansei Information, 2011, 2(1):47-54.

［88］ Kwok L , Tang Y , Yu B . The 7 Ps marketing mix of home-sharing services: Mining travelers' online reviews on Airbnb[J]. International Journal of Hospitality Management, 2020, 90.

［89］ Leach C W , Ellemers N , Barreto M . Group virtue: The importance of morality (versus competence and sociality) in the positive evaluations of ingroups[J]. Journal of Personality and Social Psychology, 2007, 93: 234-249.

［90］ Lee S , Kim D . Brand personality of Airbnb: application of user involvement and gender differences[J]. Journal of Travel Tourism Marketing, 2018, 35(1): 32-45.

［91］ Lee S , Kim D Y . The effect of hedonic and utilitarian values on satisfaction and loyalty of Airbnb users[J]. International Journal of Contemporary Hospitality Management, 2018, 30 (3): 1332-1351.

［92］ Lei S , Wang D , Law R . Hoteliers' service design for mobile-based value co-creation[J]. International Journal of Contemporary Hospitality Management, 2019, 31(11): 4338-4356.

［93］ Lemieux R , Lajoie S , Tranor N E , et al. Affinity-seeking, social loneliness, and social avoidance among Facebook users[J]. Psychological Reports, 2013, 112(2): 545-552.

［94］ Leoni V . Stars vs lemons Survival analysis of peer-to peer marketplaces: the case of Airbnb[J]. Tourism Management, 2020, 79.

［95］ Liang S, Schuckert M, Law R, et al. The importance of marketer-generated content to peer-to-peer property rental platforms: evidence from Airbnb[J]. International Journal of Hospitality Management, 2020, 84.

［96］ Lin P M C , Zhang H Q , Hung K , et al. Stakeholders' views of travelers' choice of Airbnb[J]. Journal of Travel Tourism Marketing, 2019, 36(9): 1037-1049.

［97］ Liu S Q , Mattila A S . Airbnb: Online targeted advertising, sense of power, and consumer decisions[J]. International Journal of Hospitality Management, 2017, 60: 33-41.

［98］ Liu Y , Teichert T , Rossi M , et al. Big data for big insights: investigating languagespecific drivers of hotel satisfaction with 412 784 user-generated reviews[J]. Tourism Management, 2017, 59(4): 554-563.

［99］ Luo Y , Tang R . Understanding hidden dimensions in textual reviews on Airbnb: An application of modified latent aspect rating analysis (LARA)[J]. International Journal of Hospitality Management, 2019, 80: 144-154.

［100］ Lutz C , Newlands G . Consumer segmentation within the sharing economy: The case of Airbnb[J]. Journal of Business Research. 2018, 88: 187-196.

［101］ Lynch P . Mundane welcome: Hospitality as life politics [J]. Annals of Tourism Research, 2017, 64: 174-184.

［102］ Ma X, Hancock J T, Lim Mingjie K, et al. Self-disclosure and perceived trustworthiness of Airbnb host profiles[C]//Proceedings of the 2017 ACM conference on computer supported cooperative work and social computing. 2017: 2397-2409.

［103］ Macchiette B , Roy A . Affinity Marketing: What is it and How does it Work?[J]. Journal of Services Marketing, 1992, 6(3): 47-57.

［104］ Matsueda R L. Reflected appraisals, parental labeling, and delinquency: Specifying a symbolic interactionist theory[J]. American journal of sociology, 1992, 97(6): 1577-1611.

［105］ McCracken G . Qualitative research methods series: The long interview[M]. Newbury Park: Sage Publications, 1988.

［106］ McCroskey J C , Wheeless L R . Introduction to human communication[M]. Boston: Allyn Bacon , 1976.

［107］ Mcintosh A J , Siggs A . An exploration of the experiential nature of boutique accommodation[J]. Journal of Travel Research, 2005, 44(1): 74-81.

［108］ Mehrabian A , Russell J A . An approach to environmental psychology[M]. Cambridge: the MIT Press, 1974:132-135.

［109］ Mody M , Hanks L , Dogru T . Parallel pathways to brand loyalty: Mapping the consequences of authentic consumption experiences for hotels and Airbnb[J]. Tourism Management, 2019, 74: 65-80.

［110］ Mollen C J , Barg F K , Hayes K L , et al. Assessing attitudes about emergency contraception among urban, minority adolescent girls: an in-depth interview study[J].

Pediatrics, 2008, 122(2): 395-401.

[111] Moon H , Miao L , Hanks L , et al. Peer-to-peer interactions: Perspectives of Airbnb guests and hosts[J]. International Journal of Hospitality Management, 2019, 77: 405-414.

[112] Morrison A M , Pearce P L , Moscardo G , et al. Specialist accommodation: definition, markets served, and roles in tourism development[J]. Journal of Travel Research, 1996, 35(1): 18-26.

[113] Newman C L, Howlett E, Burton S. Effects of objective and evaluative front-of-package cues on food evaluation and choice: The moderating influence of comparative and noncomparative processing contexts[J]. Journal of Consumer Research, 2016, 42(5): 749-766.

[114] Nuntsu N , Tassiopoulos D , Haydam N . The bed and breakfast market of Buffalo City (BC): South Africa: present status, constraints and success factors[J]. Tourism Management, 2004, 25(4):515-522.

[115] O' Leary R , Choi Y , Gerard C M . The skill set of the successful collaborator[J]. Public Administration Review, 2012, 72(1):70-83.

[116] Oberecker E M , Diamantopoulos A . Consumers' emotional bonds with foreign countries: does consumer affinity affect behavioral intentions [J]. Journal of International Marketing, 2011, 19(2): 45-72.

[117] Oberecker E M , Diamantopoulos R A . The consumer affinity construct: conceptualization, qualitative investigation, and research agenda[J]. Journal of International Marketing, 2008, 16(3): 23-56.

[118] Oliver R L , Swan J E . Consumer perceptions of interpersonal equity and satisfaction in transactions: a field survey approach[J]. Journal of Marketing, 1989a, 53(2): 21-35.

[119] Oliver R L , Swan J E . Equity and disconfirmation perceptions as influences on merchant and product satisfaction[J]. Journal of Consumer Research, 1989b, 16(3): 372-383.

[120] Oliver R L . A cognitive model for the antecedents and consequences of satisfaction[J]. Journal of Marketing Research, 1980, 17(4): 460-469.

[121] Oliver R L . Cognitive affective, and attribute bases of the satisfaction response[J].

Journal of Consumer Research, 1993, 20(3): 418-430.

[122] Orth U R, Limon Y, Rose G. Store-evoked affect, personalities, and consumer emotional attachments to brands[J]. Journal of Business Research, 2010, 63(11): 1202-1208.

[123] Pan L , Lu L , Zhang T . Destination gender: Scale development and cross-cultural validation, Tourism Management, 2021, 83.

[124] Parasuraman A , Zeithaml V A , Berry L L . A conceptual model of service quality and its implications for future research[J]. Journal of Marketing, 1985, 49(4): 41–50.

[125] Payne A F , Storbacka K , Frow P . Managing the co-creation of value[J]. Journal of the Academy of Marketing Science, 2008, 36(1): 83-96.

[126] Pennebaker J W , Chung C K , Frazee J , et al. When small words foretell academic success: the case of college admissions essays[J]. PLoS One, 2014, 9 (12): 115844.

[127] Pennebaker J W , Mehl M R , Niederhoffer K G . Psychological aspects of natural language use: our words, our selves[J]. Annual Review of Psychology, 2003, 54 (1): 547-577.

[128] Pizam A, Milman A. Predicting satisfaction among first time visitors to a destination by using the expectancy disconfirmation theory[J]. International Journal of Hospitality Management, 1993, 12(2): 197-209.

[129] Podsakoff P M , Mackenzie S B , Lee J Y , et al. Common method biases in behavioral research: A critical review of the literature and recommended remedies[J]. Journal of Applied Psychology, 2003, 88(5): 879-903.

[130] Poon K Y , Huang W J . Past experience, traveler personality and tripographics on intention to use Airbnb[J]. International Journal of Contemporary Hospitality Management, 2017, 29(9): 2425-2443.

[131] Priporas C , Stylos N , Vedanthachari L N , et al. Service quality, satisfaction, and customer loyalty in Airbnb accommodation in Thailand[J]. International Journal of Tourism Research, 2017,19(6): 693-704.

[132] Radojevic T , Stanisic N , Stanic N . Inside the rating scores: a multilevel analysis of the factors influencing customer satisfaction in the hotel industry[J]. Cornell Hospitality Quarterly, 2017, 58(2): 134-164.

［133］ Rank J , Carsten J M , Unger J M , Spector P E. Proactive Customer Service Performance: Relationships with Individual [J]. Task and Leadership Variables. Human Performance, 2007, 20: 363-390.

［134］ Richmond V P , Gorham J S , Furio B J . Affinity-seeking communication in collegiate female-male relationships [J]. Communication Quarterly, 1987, 35(4):334-348.

［135］ Rosenbaum M S . Exploring the social supportive role of third places in consumers' lives[J]. Journal of Service Research, 2006, 9(1): 59-72.

［136］ Scerri M , Presbury R . Airbnb Superhosts' talk in commercial homes[J]. Annals of Tourism Research, 2020, 80.

［137］ Shi S , Gursoy D , Chen L . Conceptualizing home-sharing lodging experience and its impact on destination image perception: a mixed method approach[J]. Tourism management, 2019, 75(12): 245-256.

［138］ Shin H W , Fan A , Lento X . Peer-to-peer accommodation: A meta‐analysis of factors affecting customer satisfaction and loyalty[J]. International Journal of Tourism Research, 2020.

［139］ So K K F , Kim H , Oh H .What Makes Airbnb Experiences Enjoyable? The Effects of Environmental Stimuli on Perceived Enjoyment and Repurchase Intention:[J].Journal of Travel Research, 2021, 60(5):1018-1038.

［140］ So K K F , Oh H , Min S . Motivations and constraints of Airbnb consumers: Findings from a mixed-methods approach[J]. Tourism Management, 2018, 67: 224-236.

［141］ Sthapit E , Del Chiappa G , Coudounaris D N , et al. Determinants of the continuance intention of Airbnb users: consumption values, co-creation, information overload and satisfaction[J]. Tourism Review, 2019, 75(3): 511-531.

［142］ Stoffelen A , Groote P , Meijles E , et al. Geoparks and territorial identity: A study of the spatial affinity of inhabitants with UNESCO Geopark De Hondsrug, The Netherlands[J]. Applied Geography, 2019: 1-10.

［143］ Stors N , Kagermeier A . Motives for using Airbnb in metropolitan tourism-Why do people sleep in the bed of a stranger[J]. Regions Magazine, 2015, 299(1): 17-19.

［144］ Su X , Zhang H , Cai X . Lifestyle, profit, and the selling of home to tourists in Lijiang, China[J]. Tourism Geographies, 2020, 2: 1-20.

［145］ Sweeney J C , Soutar G N . Consumer perceived value: The development of a multiple item scale[J]. Journal of Retailing, 2001, 77(2): 203-220.

［146］ Swift J S . Cultural closeness as a facet of cultural affinity: A contribution to the theory of psychic distance[J]. International Marketing Review, 1999, 16(3):182-201.

［147］ Taboada M, Brooke J, Tofiloski M, et al. Lexicon-based methods for sentiment analysis[J]. Computational linguistics, 2011, 37(2): 267-307.

［148］ Tang T . Competing through customer social capital: the proactive personality of bed and breakfast operators[J]. Asia Pacific Journal of Tourism Research, 2015, 20(2): 133-151.

［149］ Taylor A B , Mackinnon D P , Tein J , et al. Tests of the Three-Path Mediated Effect [J]. Organizational Research Methods, 2008, 11(2): 241-269.

［150］ Thompson J A . Proactive personality and job performance: a social capital perspective[J]. Journal of Applied Psychology, 2005, 90(5): 1011-1017.

［151］ Tichaawa T, Mhlanga O. Guest experiences of service quality in bed and breakfast establishments in East London, South Africa[J]. Journal of Human Ecology, 2015, 50(2): 93-101.

［152］ Toma C L , Hancock J T . What lies beneath: the linguistic traces of deception in online dating profiles[J]. Journal of Communication, 2012, 62 (1): 78-97.

［153］ Trump R K. Connected consumers' responses to negative brand actions: The roles of transgression self-relevance and domain[J]. Journal of Business Research, 2014, 67(9): 1824-1830.

［154］ Tussyadiah I P , Park S . When guests trust hosts for their words: Host description and trust in sharing economy[J]. Tourism Management, 2018, 67: 261-272.

［155］ Tussyadiah I P , Pesonen J . Impacts of peer-to-peer accommodation use on travel patterns[J]. Journal of Travel Research, 2016, 55(8):1022-1040.

［156］ Tussyadiah I P . Factors of satisfaction and intention to use peer-to-peer accommodation[J]. International Journal of Hospitality Management, 2016, 55: 70-80.

［157］ Van Doorn J , Lemon K N , Mittal V , et al. Customer Engagement Behavior: Theoretical Foundations and Research Directions[J]. Journal of Service Research, 2010, 13(3): 253-266.

［158］ Verleye K , Gemmel P , Rangarajan D . Managing Engagement Behaviors in a Network of Customers and Stakeholders Evidence from the Nursing Home Sector[J]. Journal of Service Research, 2014, 17(1): 68-84.

［159］ Walters G D. Reflected appraisals and self-view in delinquency development: An analysis of retrospective accounts from members of the Racine birth cohorts[J]. Journal of Criminal Justice, 2016, 47: 100-107.

［160］ Wang C , Jeong M . What makes you choose Airbnb again? An examination of users' perceptions toward the website and their stay[J]. International Journal of Hospitality Management, 2018, 74: 162-170.

［161］ Wang S , Hung K . Customer perceptions of critical success factors for guest houses[J]. International Journal of Hospitality Management, 2015, 48: 92-101.

［162］ Watson J, Ghosh A P, Trusov M. Swayed by the numbers: the consequences of displaying product review attributes[J]. Journal of Marketing, 2018, 82(6): 109-131.

［163］ Way K , Jimmieson N L , Bordia P . Supervisor conflict management climate and emotion recognition skills: implications for collective employee burnout[J]. International Journal of Conflict Management, 2019, 31(4): 559-580.

［164］ Wei M , Bai C , Li C S , et al. The effect of host-guest interaction in tourist co-creation in public services: evidence from Hangzhou[J]. Asia Pacific Journal of Tourism Research, 2020, 25(4): 457-472.

［165］ Westbrook R A . Product/consumption-based affective responses and post-purchase processes[J]. Journal of Marketing Research, 1987, 24(3), 258-270.

［166］ Whittaker A , Chee H L , Por H H , et al. Regional circuits of international medical travel: Prescriptions of trust, cultural affinity and history[J]. Asia Pacific Viewpoint, 2017, 58(2): 136-147.

［167］ Willis J , Todorov A . First impressions: making up your mind after a 100-ms exposure to a face[J]. Psychological Science, 2010, 17(7): 592-598.

［168］ Woo K , Fock H K , Hui M K , et al. An analysis of endorsement effects in affinity marketing: The case for affinity credit cards[J]. Journal of Advertising, 2006, 35(3): 103-113.

［169］ Wu S H, Gao Y. Understanding emotional customer experience and co-creation behaviours in luxury hotels[J]. International Journal of Contemporary Hospitality Management, 2019, 31 (11): 4247-4275.

[170] Xie K, Mao Z. The impacts of quality and quantity attributes of Airbnb hosts on listing performance[J]. International Journal of Contemporary Hospitality Management, 2017, 29(9): 2240-2260.

[171] Xu X , Li Y .The antecedents of customer satisfaction and dissatisfaction toward various types of hotels: A text mining approach[J].International Journal of Hospitality Management, 2016, 55:57-69.

[172] Xun X . How do consumers in the sharing economy value sharing? Evidence from online reviews[J]. Decision Support Systems, 2020, 128:113-162.

[173] Ye S , Xiao H , Zhang L . Commodification and perceived authenticity in commercial homes[J]. Annals of Tourism Research, 2018, 71(7): 39-53.

[174] Zhang H , Gordon S , Buhalis D , et al. Experience value cocreation on destination online platforms[J]. Journal of Travel Research, 2018, 57(8): 1093-1107.

[175] Zhang L , Yan Q , Zhang L . A computational framework for understanding antecedents of guests' perceived trust towards hosts on Airbnb[J]. Decision Support Systems, 2018, 115: 105-116.

[176] Zhang L, Yan Q, Zhang L. A text analytics framework for understanding the relationships among host self-description, trust perception and purchase behavior on Airbnb[J]. Decision Support Systems, 2020, 133.

[177] Zhang S , Lee D , Singh P V ,et al.What Makes a Good Image? Airbnb Demand Analytics Leveraging Interpretable Image Features[J]. Management Science, 2022, 68(8): 5644-5666.

[178] Zhang T C , Jahromi M F , Kizildag M . Value co-creation in a sharing economy: The end of price wars [J]. International Journal of Hospitality Management, 2018, 71:51-58.

[179] Zhu L , Cheng M , Wong I A . Determinants of peer-to-peer rental rating scores: the case of Airbnb[J]. International Journal of Contemporary Hospitality Management, 2019, 31(9): 3702-3721.

[180] Zhu L , Lin Y , Cheng M . Sentiment and guest satisfaction with peer-to-peer

accommodation: When are online ratings more trustworthy[J]. International Journal of Hospitality Management. 2020, 86.

［181］ Zhu Y , Cheng M , Wang J , et al. The construction of home feeling by Airbnb guests in the sharing economy: a semantics perspective[J]. Annals of Tourism Research, 2019, 75(3): 308-321.

［182］ 柴蒙．小学教师亲和力测量及提升策略研究 [D]. 南昌：江西师范大学，2017.

［183］ 陈虎，喻乐，王颖超，蒋婷，公学国．民宿消费领域价值共创的机理推导与实证研究 [J]. 旅游学刊，2020，35(8):117-131.

［184］ 董君．基于语义网络的城市设计策划方法研究 [D]. 哈尔滨：哈尔滨工业大学，2016.

［185］ 侯艳兴．提升城市亲和力的地方实践 [N]. 社会科学报，2012-01-12(6).

［186］ 侯玉霞，吴忠军．基于国内外游客 IPA 分析的民族特色主题民宿转型升级研究——以龙胜各族自治县平安寨、大寨为例 [J]. 社会科学家，2018，卷缺失 (5): 72-80.

［187］ 胡秋红．浅谈如何培育旅游城市的亲和力——以阳江市为例 [J]. 现代商业，2013(18):85.

［188］ 华生．一个行为主义者所认为的心理学 [J]. 心理学评论，1913.

［189］ 举白．室外空间亲和力影响因素探究 [J]. 中外建筑，2012(8):30-31.

［190］ 卡尼曼，胡晓姣，李爱民，等．思考，快与慢 [J]. 中国对外贸易，2013(3):60.

［191］ 李平，杨松．旅游景区亲和力建设研究——以泰山景区为例 [J]. 旅游纵览 (下半月):2013(4):109-111.

［192］ 李爽．历史文化街区复兴背景下的城市民宿设计研究 [D]. 开封：河南大学，2019.

［193］ 梁赛．民宿共享平台市场策略设计对用户在线行为的影响研究 [D]. 哈尔滨：哈尔滨工业大学，2018.

［194］ 林白鹏，臧旭恒．消费经济学大辞典 [M]. 北京：经济科学出版社，2000.

［195］ 凌超，张赞．"分享经济"在中国的发展路径研究——以在线短租为例 [J]. 现代管理科学，2014(10):36-38.

［196］ 刘德谦．亲和力与亲切感：旅游城市有待培育的第一引力——"杭州现象"带来的启示 [J]. 旅游学刊，2012，27(5):32-40.

［197］ 刘天祥．"亲和力"——城市居民区零售终端核心竞争力探讨 [J]. 湖南商学院学报，2004(4):22-25.

［198］ 刘学林 . 古文观止词典 [M]. 西安：陕西人民出版社，1994.

［199］ 龙飞，戴学锋，张书颖 . 基于 L-R-D 视角下长三角地区民宿旅游集聚区的发展模式 [J]. 自然资源学报，2021，36(5):1302-1315.

［200］ 龙肖毅，杨桂华 . 大理古城民居客栈中外游客满意度对比研究 [J]. 人文地理，2008(5):95-100，83.

［201］ 卢慧娟，李享 . 基于 IPA 分析法的民宿旅游吸引力研究——以北京城市核心区四合院民宿为例 [J]. 地域研究与开发，2020，39(1): 112-117.

［202］ 罗艳菊，黄宇，毕华，赵志忠 . 基于环境态度的城市居民环境友好行为意向及认知差异——以海口市为例 [J]. 人文地理，2012，27(5):69-75.

［203］ 马骏 . 浅议城市亲和力的缺失 [J]. 热带地理，2007(3):234-238.

［204］ 纳尔逊·格拉本，葛荣玲 . 好客，一种人类的共通精神：礼物还是商品 ?[J]. 广西民族大学学报 (哲学社会科学版)，2012，34(5):10-15.

［205］ 尼尔斯 . 哈佛思维课（亲和力自测）[M]. 南京：江苏文艺出版社 .2014.

［206］ 彭琳 . 群际刻板印象与元刻板印象研究 [D]. 杭州：浙江大学，2019.

［207］ 孙明月 . 基于家庭生命周期的游客乡村精品民宿选择动机研究 [D]. 上海：上海师范大学，2016.

［208］ 唐夕汐 . 游客感知视角下的昆明旅游亲和力研究 [D]. 昆明：云南大学，2015.

［209］ 汪文俊 . 室外空间亲和力研究 [D]. 武汉：武汉理工大学，2010.

［210］ 王美钰，李勇泉，阮文奇 . 民宿创业成功的关键要素与理论逻辑：基于扎根理论分析 [J/OL]. 南开管理评论，2021:1-19[2021-10-05 07:17].

［211］ 吴明隆 . 问卷统计分析实务 :SPSS 操作与应用 [M]. 重庆：重庆大学出版社，2010.

［212］ 武亮 . 共享经济下短租商业模式创新策略研究——基于途家短租模式的分析 [J]. 价格理论与实践，2019(1):149-152.

［213］ 辛文 . 传媒小词典：什么是"亲和力" [J]. 新闻与写作，2006(8):21.

［214］ 徐峰，张新，王高山，等 . 基于 Web of Science 的共享民宿研究综述 [J]. 旅游学刊，2020，35(10): 135-146.

［215］ 徐燕，戴菲 . 分享经济下在线短租商业模式画布创新研究——基于小猪短租商业模式与途家短租比较分析 [J]. 价格理论与实践，2019(6):137-140, 174.

［216］ 许凌 . 游客感知维度的民宿品质提升——以江苏省苏州市为例 [J]. 社会科学家，

2020，275(3): 80-87.

［217］ 杨欣，殷燕 . 两岸民宿比较研究 [J]. 经济研究导刊，2012(34):187-190, 209.

［218］ 张海洲，虞 虎，徐雨晨，等 . 台湾地区民宿研究特点分析——兼论中国大陆民宿研究框架 [J]. 旅游学刊，2019, 34(1):95-111.

［219］ 赵莉 . 新媒体科学传播亲和力的话语建构研究 [D]. 合肥：中国科学技术大学，2014.

［220］ 周恺，和琳怡，张一雯 . 共享短租平台的概念发展、市场影响和空间交互关系研究综述 [J]. 地理科学进展，2020，39(11):1934-1943.

［221］ 周琼 . 台湾民宿发展态势及其借鉴 [J]. 台湾农业探索，2014(1):13-18.

附录

我国房东亲和力调查研究问卷

尊敬的女士／先生：

您好！非常感谢您在百忙中填写这份问卷。

本问卷是关于我国房东亲和力研究的问卷。本次调研的主要目的是分析房东亲和力对游客情绪和行为的影响。您的支持和意见将对我们的研究有重大的帮助！

我们郑重声明：本次调查资料仅供我们研究使用，我们会对您的相关资料保密。恳请您大力支持，据实填写问卷。再次感谢您的支持！

民宿房东亲和力课题研究小组

1. 首先请回答以下问题。

您有没有住过民宿？□有　□没有

您住过几次民宿？□1次　□2次　□3次　□4次　□5次及以上

您在民宿时是否与房东有互动？□是　　　　□否

2.您对房东（或主要接待您的服务人员）的评价。请您根据最近一次入住民宿的经历，使用提供的评估级别，对以下陈述做出评价。

题项	非常不赞同	不赞同	一般	同意	非常同意
房东对我很热情	☐	☐	☐	☐	☐
房东对我态度友善	☐	☐	☐	☐	☐
房东说话温柔、自然	☐	☐	☐	☐	☐
房东有包容心	☐	☐	☐	☐	☐
房东有同理心，让我感觉很温暖	☐	☐	☐	☐	☐
房东把我当作朋友来看待，没有把我当作外人	☐	☐	☐	☐	☐
房东对我没有提出很多要求，让我感到放松、不拘束	☐	☐	☐	☐	☐
房东主动向我介绍民宿的基础设施和景观	☐	☐	☐	☐	☐
房东主动向我介绍民宿所在城市的旅游景点和餐饮	☐	☐	☐	☐	☐
房东主动问我的行程	☐	☐	☐	☐	☐
房东向我推荐合适的旅游产品	☐	☐	☐	☐	☐
房东主动为我的旅游行程安排提出建议	☐	☐	☐	☐	☐
房东主动帮我解决在旅行中遇到的问题	☐	☐	☐	☐	☐
房东提醒我们外出旅游的注意事项	☐	☐	☐	☐	☐
当我遇到问题时，房东会鼓励和支持我	☐	☐	☐	☐	☐
房东跟我随意地聊天	☐	☐	☐	☐	☐
房东耐心地倾听我讲话	☐	☐	☐	☐	☐
房东主动透露自己的信息	☐	☐	☐	☐	☐
房东主动分享自己的生活经历或旅游经历	☐	☐	☐	☐	☐
房东请我喝茶或吃东西	☐	☐	☐	☐	☐
房东组织和策划旅游与娱乐活动	☐	☐	☐	☐	☐
房东邀请我一起去旅游或就餐	☐	☐	☐	☐	☐
房东把其他游客或周围的朋友介绍给我认识	☐	☐	☐	☐	☐
房东表现得轻松自信，让人感觉舒服	☐	☐	☐	☐	☐
房东的举止自然得体	☐	☐	☐	☐	☐
房东的性格很好，他积极乐观、充满活力	☐	☐	☐	☐	☐
房东是一个独立、思想开放的人	☐	☐	☐	☐	☐

题项	非常 不赞同	不赞同	一般	同意	非常 同意
房东穿着得体	☐	☐	☐	☐	☐
房东是个非常有趣的人	☐	☐	☐	☐	☐
与房东沟通后，我的自我感觉更好了	☐	☐	☐	☐	☐
我和房东的品位、兴趣有相似之处	☐	☐	☐	☐	☐
我很喜欢房东的生活方式	☐	☐	☐	☐	☐
房东很真诚、可靠，值得信任	☐	☐	☐	☐	☐
房东与我的沟通很自然，不是刻意讨好	☐	☐	☐	☐	☐
房东对我的热情是真实的，不是虚假的	☐	☐	☐	☐	☐
房东没有向我提供虚假信息	☐	☐	☐	☐	☐
房东会经常出现在固定的位置，让我觉得很踏实	☐	☐	☐	☐	☐
房东主动添加我的微信或给我联系方式，让我觉得踏实	☐	☐	☐	☐	☐
房东保护了我的隐私	☐	☐	☐	☐	☐

3. 您对这家民宿的整体感受如何？

题项	非常 不赞同	不赞同	一般	同意	非常 同意
我喜欢这家民宿	☐	☐	☐	☐	☐
在这座城市旅行期间，我想一直住在这家民宿	☐	☐	☐	☐	☐
这家民宿让我感到放松	☐	☐	☐	☐	☐
住在这家民宿让我感觉很好	☐	☐	☐	☐	☐
住在这家民宿让我有回家的感觉	☐	☐	☐	☐	☐
我在这里有归属感	☐	☐	☐	☐	☐
这家民宿让我很有安全感	☐	☐	☐	☐	☐
这家民宿让我有一种亲切感	☐	☐	☐	☐	☐
这家民宿给我一种温馨的感觉	☐	☐	☐	☐	☐
住在这家民宿丰富了我的生活质量，让我难忘	☐	☐	☐	☐	☐
住在这家民宿增加了我对生活的总体满意度	☐	☐	☐	☐	☐
住在这家民宿让我感到很开心	☐	☐	☐	☐	☐

4. 您愿意做以下哪些事情?

题项	非常 不赞同	不赞同	一般	同意	非常 同意
我会更加真诚地听从房东的指示或建议	☐	☐	☐	☐	☐
我会更好地完成房东期望的行为(如不大声喧哗、保持卫生等)	☐	☐	☐	☐	☐
我会履行自己的责任	☐	☐	☐	☐	☐
我愿意对房东更有礼貌	☐	☐	☐	☐	☐
我愿意对房东的态度更加温和	☐	☐	☐	☐	☐
我会积极配合房东	☐	☐	☐	☐	☐
我会试图做一些事让房东的工作轻松一点	☐	☐	☐	☐	☐
我会向房东提供更多有用的信息,让民宿更好地运营	☐	☐	☐	☐	☐
当我获得好的服务时,我会给出好评	☐	☐	☐	☐	☐
当我遇到问题时,我会告诉房东	☐	☐	☐	☐	☐
我会向其他人介绍这家民宿的优点	☐	☐	☐	☐	☐
我会把这家民宿和房东推荐给其他人	☐	☐	☐	☐	☐
我会鼓励朋友和亲戚入住这家民宿	☐	☐	☐	☐	☐
如果其他游客需要我的帮助,我会帮助他们	☐	☐	☐	☐	☐
我会向其他游客介绍这家民宿提供哪些服务	☐	☐	☐	☐	☐
如果服务没有按预期提供,我愿意原谅他们	☐	☐	☐	☐	☐
如果房东或员工在服务过程中犯了错误,我愿意等待他们改正	☐	☐	☐	☐	☐
如果民宿的基础设施没有达到我的期望,我愿意接受	☐	☐	☐	☐	☐

5. 您的性别:

☐男　　　　　　　☐女

6. 您的年龄:

☐ 18 岁以下　　☐ 18~25 岁　　☐ 26~30 岁　　☐ 31~40 岁

☐ 41~50 岁　　☐ 51~60 岁　　☐ 60 岁以上

7. 您来自哪里？

_____省_____市

8. 您目前从事的职业：

□全日制学生 □生产人员 □销售人员

□市场 / 公关人员 □客服人员 □行政 / 后勤人员

□人力资源 □财务 / 审计人员 □文职 / 办事人员

□技术 / 研发人员 □管理人员 □教师

□顾问 / 咨询师

□专业人士（如会计师、律师、建筑师、医护人员、记者等）

□其他

后记

我开始对民宿房东经营策略产生兴趣是在 2020 年完成博士课题的那段时间。由于我的博士论文涉及旅游小企业之间矛盾的研究，我的导师邱汉琴教授建议我研究民宿，我很赞同。在 2020 年，我独自一人从天津乘机飞往大理，开始了一个多月的田野调查。当我抵达大理古城周边，询问关于民宿企业之间经营存在的矛盾问题时，当地的民宿经营者普遍表示他们之间没有太大的矛盾，他们将更多的精力放在与游客的沟通上，这使我在第一天的田野调查中吃了闭门羹，之前准备的所有访谈提纲一时间全部作废。加上当时处于新冠疫情发生期间，外出调研非常不容易，如果就此放弃，便不知何时能够再次成行。我只能当即修改访问提纲，询问房东如何吸引和接待游客，有什么记忆犹新的事。

经过几天的访谈后，我遇到了一个经营民宿的四川大姐，她表示自己小学毕业，离婚后独自经营一家民宿，生活非常不易。她非常热情，边接待顾客，边跟我聊天，她提出，"由于缺少标准化的服务，民宿与酒店相比缺乏竞争优势；民宿想要与酒店竞争，最重要的是房东要有亲和力"。我瞬间豁然开朗，当晚在民宿里查询关于亲和力的相关文献，惊喜地发现国内外关于亲和力的研究多集中于师生之间、夫妻之间和家庭成员之间，还没有研究者试图研究服务提供者的亲和力。在旅游领域中，现有文献聚焦于旅游目的地或景区的亲和力研究，缺乏针对服务提供者个体亲和力的研究。因此，我便找到了一个新的研究方向——民宿房东亲和力。我马上致电我的博导邱汉琴教授，向她汇报我的想法，她非常赞同我的想法，并鼓励我开展深入的研究。

自此，我便开始着力研究民宿房东如何展现亲和力，并在博导邱汉琴教授的指导下，于2021年顺利完成了博士论文《民宿房东亲和力的概念、维度及其对顾客满意度影响研究——基于顾客感知视角》。随后两年，我将该论文中的第三章至第五章内容转化成三篇JCR一区的国际期刊论文。2022年，我成功获批国家自然科学基金青年科学项目。在2023—2025年，我将继续开展题为"线上民宿房东亲和力对房客预定行为的影响机制研究——基于多源异构数据视角"的研究。

这本薄薄的小书，记载了本人近四年来对我国房东亲和力探索的一些重要成果，旅游管理专业本身是多学科的交叉领域，本人天资愚钝，才疏学浅，有幸得到众位专家和师友的帮助，获得些许成绩，错误难免，愿得同行指正，方家赐教。本书更是我亲爱的家人长期支持我研究工作的见证，感谢父母多年来的关爱和教导，并帮我照顾和培养我的女儿，为我解除后顾之忧。

我将继续努力，争取有更多的原创性发现，为国家旅游业的发展做出自己的贡献。

陈东芝

2023 年 07 月 31 日